Normkategorien im islamischen Recht

HANDBUCH ZUM ISLAMISCHEN RECHT

BAND II

Serdar Kurnaz

Normkategorien im islamischen Recht

ebv BERLIN

EBVERLAG

Bibliografische Information
der Deutschen Nationalbibliothek

Die Deutsche Nationalbibliothek verzeichnet diese Publikation in der Deutschen Nationalbibliografie; detaillierte bibliografische Daten sind im Internet über http://dnb.d-nb.de abrufbar.

Umschlagmotiv: Derya Kurnaz Eni

Umschlaggestaltung: Rainer Kuhl

Layout: Sina Nikolajew

ISBN: 978-3-86893-411-3

E-Mail: post@ebverlag.de
Internet: www.ebverlag.de

Druck und Bindung: Hubert & Co, Göttingen
Printed in Germany

Inhalt

Abbildungsverzeichnis 9

Verzeichnis der Textbeispiele 9

Vorwort 11

Einleitung: Normen und Normkategorien 15

1. Das Gute und Böse und ihr Verhältnis zu den Normkategorien 29
Zusammenfassung 36

2. Verpflichtende Normkategorien (*al-aḥkām at-taklīfīya*) 37
2.1 Das Verpflichtende bzw. die Pflicht (*al-farḍ wa-l-wāǧib*) 42
2.2 Das Empfohlene (*al-mandūb*) 48
2.3 Das Verbotene (*al-ḥarām, al-muḥarram*) 49
2.4 Das Verpönte (*al-makrūh*) 51
2.5 Das Freigestellte (*al-mubāḥ*) 52
2.6 Regulärer Vollzug von Handlungen und Ausnahmen 53
2.7 Textbeispiele 55
Textbeispiel 1: Koranexegetischer Eintrag zu Q 62:9 55
Textbeispiel 2: Normativer Status der Opfergabe I 59
Textbeispiel 3: Normativer Status der Opfergabe II 61
Zusammenfassung 63

3. Konditionen setzende Normen (*al-aḥkām al-waḍʿīya*) 65
3.1 Normen, die die Voraussetzungen und Rahmenbedingungen bestimmen 65
3.1.1 Die Ursache bzw. der Anlass (*as-sabab*) 66
3.1.2 Bedingung (*šarṭ*) 67
3.1.3 Hindernis (*māniʿ*) 68
3.1.4 Bestandteil (*rukn*) 69

3.2 Regelungskategorien, die die Handlungen bewerten: Gültigkeit (*ṣiḥḥa*) und Nichtigkeit (*buṭlān, fasād*) bzw. Anfechtbarkeit (*fasād*) ... 69
3.3 Der reguläre Vollzug einer Handlung bzw. die Nachholung... 71
Zusammenfassung ... 74

4. Rechtsansprüche: Gottes Recht und Menschen Recht ... 77
Textbeispiel 4: Diebstahl ... 81
Zusammenfassung ... 83

5. Die islamische Normenlehre – gottesdienstliche Handlungen, zwischenmenschliche Beziehungen und das Strafrecht ... 85
5.1 Die gottesdienstlichen Handlungen ... 92
5.1.1 Rituelle Reinheit (*ṭahāra*) ... 93
5.1.2 Das Gebet (*aṣ-ṣalāt*) ... 99
5.1.3 Das Fasten (*aṣ-ṣawm*) ... 108
5.1.4 Die Almosensteuer (*az-zakāt*) und Almosen (*ṣadaqa*) ... 112
5.1.5 Die Pilgerfahrt (*al-ḥaǧǧ*) ... 115
5.1.6 Speisegebote (*al-aṭʿima wa-l-ašriba*) ... 121
5.1.7 Dschihad (*ǧihād*) ... 127
5.1.8 Einordnung weiterer alltäglicher Handlungen ... 130
5.2 Die zwischenmenschlichen Beziehungen ... 137
5.2.1 Ehe- und Familienrecht ... 138
5.2.2 Erbrecht ... 147
5.2.3 Vertrags- und Wirtschaftsrecht ... 155
5.3 Das Strafrecht ... 164
5.3.1 Die *ḥadd*-Delikte (*ḥudūd*) ... 165
a) Straßenraub ... 166
b) Diebstahl ... 167
c) Unzucht und Verleumdung ... 169
d) Alkoholkonsum ... 170
e) Rechtsansprüche im Bereich der *ḥadd*-Strafen ... 170
5.3.2 Die Talion (*qiṣāṣ*), Tötungs- und Verletzungsdelikte (*ǧināyāt*) .. 171
5.3.3 Ermessensstrafen (Sg. *taʿzīr*) ... 172
Zusammenfassung ... 173

Schlusswort ... 175

Literaturempfehlungen und Bibliographie ... 177

Index **181**
Schlagwortverzeichnis 181
Personenverzeichnis 207

Anhang **211**
Link zu Schema 5: Normkategorien im islamischen Recht 211

Abbildungsverzeichnis

Schema 1: Verbindlichkeitskategorien ... 40
Schema 2: Kategorien der Pflichthandlungen ... 47
Schema 3: verpflichtende Normkategorien ... 54
Schema 4: Konditionen setzende Normkategorien ... 74
Schema 5: Normkategorien im islamischen Recht ... 211

Verzeichnis der Textbeispiele

Textbeispiel 1: al-Qurṭubī, *al-Ǧāmiʿ*, XX:474 f. ... 55
Textbeispiel 2: al-Marġīnānī, *al-Hidāya*, VII:146 f. ... 59
Textbeispiel 3: al-Baġawī, *at-Tahḏīb*, VIII:37 f. ... 61
Textbeispiel 4: Ibn Rušd, *Bidāya*, 984 ... 81

Vorwort

Das Handbuch zum islamischen Recht besteht aus sechs Bänden. Der vorliegende zweite Band fasst die theoretische Diskussion um Normkategorien zusammen. Er beinhaltet auch eine Zusammenfassung von ausformulierten Normen aus ausgewählten Bereichen des islamischen Rechts. Band I ist diesem Band vorgeschaltet: Er beschreibt die Entstehung und Entwicklung der islamischen Rechtswissenschaften, der Rechtsschulen sowie der Bildungseinrichtungen. Band III widmet sich im Anschluss an Band II der Frage nach den Quellen des islamischen Rechts und ausgewählten Methoden zur Herleitung von Normen. Band IV geht speziell auf Interpretationsmethoden und damit auf die Frage ein, wie Belege aus den anerkannten Rechtsquellen interpretiert und aus ihnen Normen hergeleitet werden können. Band V setzt im 19. Jahrhundert an und fasst die moderne Entwicklung im islamischen Recht zusammen. Dieser Band legt seinen Schwerpunkt auf die Entwicklung in Deutschland, speziell der universitären Auseinandersetzung mit dem islamischen Recht. Band VI umfasst die wichtigsten Begriffe, ihre Erklärung sowie die Kurzbiographien von allen Gelehrten und Wissenschaftler:innen[1], die in den Bänden vorkommen.

Die Reihenfolge der Bände ergibt sich aus meiner Beobachtung zur Entwicklung des islamischen Rechts: Zur Entstehungszeit des islamischen Rechts haben semi-professionelle Richter sowie Rechtsgelehrte

1 Das vorliegende Buch nimmt es sich zum Ziel, eine gendergerechte Sprache zu verwenden. In historischen Bezügen jedoch muss auf das Gendern zumeist verzichtet werden, da der historische Diskurs weit überwiegend männerdominiert war. Gibt es Ausnahmen, wie etwa im Falle von Prophetengefährt:innen, wird auf die gendergerechte Sprache geachtet.

in ihren Unterrichtszirkeln Normen formuliert. Es haben sich unterschiedliche Praktiken entwickelt, aus denen sich Rechtsschulen herausgebildet haben. Rechtstheoretische, -methodische, -dogmatische und -hermeneutische Überlegungen folgten auf bereits etablierte bzw. sich allmählich durchsetzende Korpora von Normen. Größere Umbrüche und die Suche nach Neujustierungsmöglichkeiten sowie neuen Zugängen finden wir ab dem 19. Jahrhundert. Das heißt nicht, dass es vor dem 19. Jahrhundert keine Änderungen gab – der Rahmen, in dem das Handbuch entstanden ist, erlaubt es jedoch nicht, auf alle Entwicklungen einzeln einzugehen, weshalb Band V spät im 19. Jahrhundert ansetzt. Eine differenzierte Betrachtung der verschiedenen Entwicklungsstufen des islamischen Rechts erfolgt in Band I gesondert.

Ziel des Handbuches ist es, Studierenden der Islamischen Theologie, der Islamwissenschaft sowie der Rechtswissenschaft einen Überblick über die islamischen Rechtswissenschaften zu geben und auf zentrale Entwicklungen, Veränderungen und Konzepte des islamischen Rechts sowie auf die Denkweise der muslimischen Rechtsgelehrten aufmerksam zu machen. Das Handbuch adressiert auf dieselbe Weise das interessierte Publikum, das sich mit der muslimischen Rechtstradition auseinandersetzen möchte.

Obwohl alle Bände inhaltlich zusammenhängen, können sie unabhängig voneinander gelesen werden. Sie sind als in sich geschlossene, eigenständige Einführungen in das jeweilige Thema konzipiert. Dennoch gibt es Querverweise innerhalb der Bände, um auf nähere Informationen an anderer Stelle aufmerksam zu machen. Die Bände I bis V enthalten Übersetzungen aus Primärquellen, die ich so wörtlich wie möglich vorgenommen habe. Sie sollen das Fremde und Bemerkenswerte des Originals in der Zielsprache so verständlich wie möglich wiedergeben und als Diskussions- und Vertiefungsgrundlage des jeweiligen Themas dienen. Sofern die zitierte Quelle des arabischen Originals Vokalzeichen beinhaltete, wurden diese übernommen. Die Vokalisationen in den Textbeispielen sind daher nicht einheitlich. Studierende und Leser:innen ohne Arabischkenntnisse, für die die Auseinandersetzung mit den Primärquellen von sekundärer Wichtigkeit ist, können den Inhalt in jedem Fall auch rein aus der Übersetzung verstehen. Jedes Kapitel endet mit einer Zusammenfassung, die die wichtigsten Punkte des jeweiligen Kapitels zusammenträgt.

Das Handbuch gibt die bekanntesten Theorien und Ansätze zu den islamischen Rechtswissenschaften sowie ihrer Entstehung und Entwicklung wieder. Daher wird nur für solche Informationen im Fußnotenapparat auf Belegstellen verwiesen, für die ein direktes Zitat (inklusive Koran- und Hadithzitate) vorliegt, eine Textstelle übersetzt oder eine bestimmte Deutung wiedergegeben wird, die nur von vereinzelten Personen vertreten wird. Für jeden Band habe ich eine Literaturauswahl getroffen, die als Leitlektüre diente. Das Literaturverzeichnis umfasst daher nicht nur die im Fußnotenapparat vorkommenden Quellen, sondern darüber hinaus auch solche, die ich inhaltlich einbezogen, aber im Fußnotenapparat nicht kenntlich gemacht habe. Ferner umfasst es Literaturempfehlungen und fällt deshalb länger aus als eine reine Auflistung der tatsächlich einbezogenen Quellen. Ich habe alle technischen Begriffe, alle explizit genannten Werke aus den islamischen Rechtswissenschaften und auch die Gelehrten in den folgenden Werken nachgeschlagen und die dortigen Aussagen in paraphrasierter Form angeführt. Da es unzählige Einträge sind, seien hier die Enzyklopädien nur genannt und die konsultierten Einträge nicht gesondert aufgelistet: *Encyclopaedia of Islam*, Second Edition (*EI*²), *Encyclopaedia of Islam – Three* (*EI*³), *Türkiye Diyanet Vakfı İslâm Ansiklopedisi, Lexikon für Kirchen- und Religionsrecht*. Für die *EI*³ gilt zu beachten, dass einige islamrechtlich relevante Themen nicht mithilfe der Transkription des arabischen Terminus gefunden werden können, sondern mit der englischen Übersetzung, wie etwa »courts of law« und »education«. Die bibliographischen Informationen zu den Enzyklopädien sind im Literaturverzeichnis komplett angeführt; man beachte auch ihre online abrufbaren Versionen. Neben den dortigen Einträgen habe ich mich in diesem Band besonders an den folgenden Studien orientiert, die im Literaturverzeichnis vollständig aufgelistet sind: Apaydın, *İslam Hukuk Usulü*; Ebert/Heilen, *Islamisches Recht*; Hallaq, *Sharīʿa*; Ibn Rušd, *Bidāyat al-muǧtahid*; Müller, *Recht und historische Entwicklung der Scharia* und Rohe, *Das islamische Recht*; Šaʿbān, *Uṣūl*.

Mit einem Schlagwort- und Personenverzeichnis und einem Anhang, der einen QR-Code sowie einen Link zu einer weiteren Übersichtsskizze enthält, wird das Buch abgeschlossen.

Jeder der Bände des Handbuchs zum islamischen Recht profitierte von kritischen Rückmeldungen von Freund:innen und Kolleg:innen. Einige von ihnen haben einzelne oder alle Bände gegengelesen, manche unterstützten mich bei der Literaturbeschaffung und -auswahl, andere gingen sorgfältig die Konzeption des Handbuchs mit mir durch. Ich habe in diesem Sinne Aydın Süer, Bahattin Akyol, Hatem Elliesie, Hureyre Kam, Irem Kurt, Ufuk Topkara und Usama Abdurahman zu danken. Danken möchte ich auch Sina Nikolajew für das umsichtige Lektorat sowie die geduldige und genaue Publikationsvorbereitung. Derya Kurnaz Eni möchte ich für das schöne Motiv, das sie für das Handbuch entworfen hat, danken. Gedankt sei auch Rainer Kuhl vom EB-Verlag für die Betreuung der Reihe und die Aufnahme in das Publikationsprogramm.

Berlin, im Juli 2023

Einleitung: Normen und Normkategorien

Teheran, wir schreiben das Jahr 2011: Eine Pflegerin pflegt einen dementen alten Mann. Der Mann lebt mit der Familie seines Sohnes zusammen. Eines Tages ist die Pflegerin allein mit dem alten Mann. Er nässt sich ein und kann weder seine Kleidung wechseln noch sich waschen. Die Pflegerin ist Muslima und tiefreligiös. Sie will dem Mann helfen; das sieht man ihr an. Jeder Versuch, dem alten Mann zu erklären, was zu tun ist, scheitert. Er schafft es noch, den Namen seiner Schwiegertochter auszusprechen, die aber gar nicht anwesend ist. Verwirrt sitzt er im Bad. Die verzweifelte Pflegerin steckt in einem moralischen Dilemma. Auf der einen Seite will sie ihm helfen, auf der anderen Seite weiß sie, dass sie als Frau auf die Schambereiche eines Mannes nicht blicken darf. Diese Handlung ist verboten, also *ḥarām*. Begeht man sie, ist das eine Sünde. Was tun? Sie ruft einen Gelehrten an, der sich mit den Handlungsvorschriften für Muslim:innen auskennt. Wir hören nur, wie sie am Telefon sagt: »Ich möchte fragen, ob ich seine Kleidung wechseln darf. Wäre das eine Sünde? … Es ist keiner da … Er ist ein alter Mann, 70 oder 80 Jahre alt, an Demenz erkrankt. Da ist Urin; er sitzt hier seit einer halben Stunde so herum … Darf ich?!« In der nächsten Szene sehen wir, wie sie ihre Handschuhe anzieht, an ihrer Tochter, die sie während der Arbeit begleitet, vorbeigeht und sich um den Mann kümmert.

Dieses Geschehnis ist ein Ausschnitt aus dem iranischen Film *Nader und Simin – Eine Trennung* (pers. *Ǧodāī-ye Nāder az Sīmīn*) aus dem Jahre 2011. Nehmen wir ein wenig die Dramatik heraus und schauen uns einen relativ unwichtigen Fall an. Ein Jugendlicher geht durch die Reihen eines Supermarktes. Er steht vor Süßigkeiten, nimmt sich eine Packung heraus, schaut auf die Zutaten und findet die Angabe »Gelatine«. Er weiß, dass Gelatine in Deutschland möglicherweise aus

Schweinsknochen hergestellt wird. Alles, was vom Schwein hergestellt wird, dürfen Muslim:innen nicht konsumieren. Gilt das auch für Gelatine? Was passiert, wenn ich diese Süßigkeiten esse? Was bedeutet es, wenn der Verzehr *ḥarām* wäre?

Solche Bewertungen und Vorstellungen strukturieren das alltägliche Leben von Muslim:innen und setzen ihm Grenzen. Bewertungskategorien wie *ḥarām* werden in der muslimischen Tradition *ḥukm* (Pl. *aḥkām*) genannt. Übersetzt wird dieser Begriff gewöhnlich mit ›Normen‹ und ›Regelungen‹. Ziel der vorliegenden Einführung ist es, die verschiedenen Regelungs- und Normkategorien zusammenfassend darzustellen. Es soll gezeigt werden, wie die Handlungen der Gläubigen rechtlich wie moralisch eingeordnet werden.

In der muslimischen Tradition, an der ich mich hier orientieren will, werden Handlungsanweisungen in rechtswissenschaftlichen Disziplinen diskutiert. Sie werden dort besprochen, da das islamische Recht (*fiqh*) die Summe der Handlungsanweisungen ist, die die Gelehrten aus Koran, Sunna und weiteren Rechtsquellen mithilfe von ausgewählten Methoden ableiten. Noch eine weitere Begriffsklärung: *Fiqh* unterscheidet sich von ›Scharia‹ (arab. *šarīʿa*). Scharia ist ein göttliches Normensystem, das aus Glaubensnormen (*aḥkām iʿtiqādīya*), Handlungsnormen (*aḥkām ʿamalīya*) und ethischen Normen (*aḥkām ḫuluqīya*) besteht. Sie ist aber nicht nieder- bzw. festgeschrieben. Die Aussagen in Koran und Sunna sind daher nicht *die* Scharia. Scharia macht die Summe aller göttlichen Beurteilungen menschlicher Handlungen aus, die der Mensch nicht zur Gänze erfassen kann. Das islamische Recht (*fiqh*) ist Teil der Scharia und zugleich die Bestrebung der Gelehrten, sich den göttlichen Beurteilungen bezüglich der Handlungsnormen anzunähern. Diese Bestrebung ist menschlicher Natur.

Normen im islamischen Recht werden unterschiedlich definiert. Häufig treffen wir die Definition an, dass die Norm die ›Ansprache des Gesetzgebers‹ (*ḫiṭāb aš-šarʿ*) sei. Mit Gesetzgeber ist Gott und im übertragenen Sinne der Prophet gemeint. Viele Gelehrte, insbesondere Hanafiten, definieren dagegen Normen als *die Folge* der Ansprache des Gesetzgebers. Diese scheinbar nur leicht voneinander abweichenden Definitionen haben unterschiedliche Folgen: Nach der ersten Definition sind die konkreten Aussagen in Koran und Sunna die Norm.

Nach der zweiten ist die Norm die Eigenschaft, die man den Aussagen in den Rechtsquellen entnimmt. Die Gelehrten wissen, dass jede Aussage in Koran und Sunna erst mittels Methoden ausgelegt werden muss, damit eine Norm formuliert werden kann. Die erste Definition wird jedoch unter theologischen Vorbehalten formuliert. Sie dient dem Zweck, zu signalisieren, dass jede Norm von Gott stammt. Dies geht auf die Diskussion zurück, ob der Mensch unabhängig von der Offenbarung befugt sei, Handlungen zu bewerten. Dieses Thema werde ich in Kapitel 1 noch gesondert besprechen. Die andere Definition geht auf diese theologische Diskussion nicht ein; Normen sind in jedem Fall die Folge der Bewertung der Aussagen des Gesetzgebers. Sie werden von ihnen hergeleitet. Eine weitere Unterscheidung zu Normen finden wir in der späteren zwölferschiitischen Tradition. Zwölferschiiten unterscheiden zwischen *scheinbaren* Urteilen und Normen (Sg. *al-ḥukm aẓ-ẓāhirī*) und *tatsächlichen* Urteilen und Normen (Sg. *al-ḥukm al-wāqiʿī*). Erstere geben Normen wieder, die nicht ohne Zweifel für den jeweiligen Fall bestimmt werden können, da etwa klare Belege aus den anerkannten Rechtsquellen fehlen. *Ḥukm al-wāqiʿī* dagegen sind solche Normen, die ohne Zweifel tatsächlich für den untersuchten Fall gelten und gültig sind, wie etwa, dass die Verpflichtung, das Gebet zu verrichten, unzweifelhaft für das Gebet gilt, da wir klare Textstellen dafür in den Rechtsquellen haben. Auf diese Unterscheidung werde ich im Folgenden nicht eingehen können und schließe sie daher bei den weiteren Erläuterungen aus.

Normen beinhalten konkrete Handlungsanweisungen und regeln diverse Bereiche des Alltags. Es sind von den Gelehrten in Anlehnung an Koran und Sunna hergeleitete Vorschläge, sich an bestimmten Handlungsmustern zu orientieren. Jede Gesellschaft lebt nach bestimmten Normen, die sich in rechtliche und soziale Normen unterscheiden lassen. Soziale Normen sind informell gültige gesellschaftliche Handlungsanweisungen und Vorstellungen. Sie können je nach Ort und Zeit variieren. Zu ihnen zählen z. B. Anstandsregeln und Konventionen, wie etwa Begrüßungsformen, Tischmanieren und Höflichkeitshandlungen. Missachtet man sie, fällt man zwar gesellschaftlich auf, jedoch sind damit keine Sanktionen verbunden, die bestimmte Instanzen durchsetzen dürfen. Das schließt gesellschaftlichen Tadel aber nicht aus. Moralische Normen werden sozialen untergeordnet. Sie folgen bestimmten Grundsätzen, die Handlungen als gut und böse einordnen. Moralische Handlungen sind somit ein Ausdruck des Guten und des Bösen. Die Instanz, die über die Frage nach dem Guten und Bösen entscheidet, kann variieren: von der Vernunft bis hin zu den religiösen Schriften. Für die muslimische Rechtstradition ist die übergeordnete Instanz, die über die Qualität der Handlungen entscheidet, Gott. Nach der islamischen Theologie offenbarte er seinen Willen im Koran und befugte seinen Gesandten Muhammad, weitere Konkretisierungen hinsichtlich der Frage nach dem Gutem und Bösem vorzunehmen. Entsprechend orientiert sich die muslimische Gelehrsamkeit an den religiösen Schriften, um eine Handlung moralisch zu bewerten. Die schiitische Tradition berücksichtigt ferner die Einschätzung der Imame, denen verborgenes Wissen zuteilwird und die nach ihr vor Fehlern geschützt sind. Die Schiiten gehen wie die Mutaziliten zudem davon aus, dass die menschliche Vernunft die Fähigkeit hat, unabhängig von den Quellen das Gute und Böse zu erkennen. Entsprechend kann der Mensch rein vernunftbasierte moralische Entscheidungen treffen. Kapitel 1 der Einführung wird sich daher mit dieser Frage befassen.

Rechtliche Normen sind nicht vollständig unabhängig von sozialen Normen. Sie sind aber, zumindest so wie wir sie heute verstehen, formell gültig und von Instanzen wie etwa dem Staat durchsetzungsfähig. Idealerweise sind sie berechenbar; widerspricht man ihnen, werden durchsetzbare Sanktionen fällig. Der Unterschied zwischen rechtlichen und moralischen Normen ist der, dass moralische Normen nach Maßstäben wie Gut und Böse, rechtliche Normen dagegen nach ihrer Rechtmäßigkeit bzw. Rechtswidrigkeit bemessen werden. Obwohl es diese grundsätzlichen Unterschiede zwischen moralischen und rechtlichen Normen gibt, finden sich dennoch zwischen ihnen Überschneidungen, ja sogar eine Wechselwirkung, der wir heute auch folgen. So können soziale und moralische Normen als Grundlage für die Legislative (Gesetzgebung) dienen. Die Ethikkommission z. B. diskutiert als Vorlage für Gesetzesentwürfe kritische Fälle wie Sterbehilfe (Euthanasie). Solidarität etwa gilt als Rechtsprinzip für strafrechtliche Normen (darunter Normen zur unterlassenen Hilfeleistung oder zum Notstand). Grundsätzlich sollen Rechtsnormen sozial akzeptierbar sein, was aber nicht als ultimativer Maßstab für die Gültigkeit von Normen gilt. Andererseits können Rechtsnormen soziale Normen beeinflussen bzw. einen Beitrag dazu leisten, Vorurteile abzubauen. Wir können dies insbesondere bei Diskriminierungsverboten sehen.

Normen im traditionellen islamischen Recht fallen sowohl in den Bereich moralischer wie auch rechtlicher Normen. Dies hat damit zu tun, dass das islamische Recht nicht nur Recht im engeren Sinne ist, denn es umfasst zwei Bereiche des Lebens: Zum einen regelt das islamische Recht die Beziehung zwischen Gott und Mensch. Es beschreibt, welche Gehorsamspflichten bzw. gottesdienstlichen Handlungen (*ʿibādāt*) Menschen vollziehen müssen. Dazu gehören z. B. das Gebet und das Fasten. Der zweite Bereich regelt die zwischenmenschlichen Beziehungen (*muʿāmalāt*), und hier nicht nur Geschäftsbeziehungen. Darunter fallen auch Strafen (*ʿuqūbāt*). Islamische Rechtsregelungen umfassen damit religiös-moralische sowie rechtliche Normen.

Entsprechend gibt es Normen, die eine Sache aus religiöser Sicht einordnen und andere, die es aus rechtlicher Sicht tun. Religiös-moralisch betrachtet sind Handlungen verpflichtend, empfohlen, freigestellt, verpönt oder verboten. Zu rechtlichen Kategorien gehören z. B. die Gültigkeit (*ṣiḥḥa*), Nichtigkeit (*buṭlān*) und Anfechtbarkeit (*fasād*). Obwohl dies – religiös-moralische sowie rechtliche Normen – zwei unterschiedliche Kategorien sind, gibt es keine vollständige Trennung zwischen beiden Bereichen. Z. B. ist es religiös verboten, Schweinefleisch zu verzehren, und entsprechend ist es auch verboten, Schweinefleisch zum Gegenstand von Kaufverträgen zu machen. Ein Vertrag, der den Verkauf von Schweinefleisch vorsieht, wäre demnach nichtig bzw. rechtswidrig. Religiöse Handlungen, wie etwa das Gebet zu verrichten, können ebenfalls nach den Kategorien ›gültig‹ und ›nichtig‹ bewertet werden. So ist etwa der Vollzug des Gebets nichtig bzw. ›rechtswidrig‹ und damit ungültig, wenn währenddessen der:die Betende den Zustand der rituellen Reinheit verliert. Dennoch kann man beide Arten von Normen voneinander trennen: Religiöse Normen sind nur jenseitig sanktioniert. So ist es etwa verboten, während des Freitagsgebets Verträge zu schließen. Der Vertrag, der zur Zeit des Freitagsgebets geschlossen wird, wäre zwar gültig insofern, als er rechtswirksam wäre, stellt aber zugleich eine Sünde dar, weil man mit ihm eine Gehorsamspflicht gegenüber Gott übertritt.

Damit sind wir bei einem weiteren, signifikanten Unterscheidungsmerkmal angelangt. Religiöse Normen besitzen keinen Rechtsgrund. Sie sind *taʿabbudī*, somit Gehorsamsverpflichtungen. Das heißt nicht, dass man sie nicht rational nachvollziehen kann oder sie keinen tieferen Sinn haben. Sie sind nur nicht darauf zu reduzieren. Ein Beispiel: Der Vollzug der rituellen Reinigung (das Waschen der Hände bis zu den Ellenbogen, des Gesichts, der Füße und das Anfeuchten der Haare, vgl. Q 5:6) soll von Sünden reinigen. In Anlehnung an diese Bedeutung können wir nicht sagen, dass man die rituelle Reinigung nicht mehr vollziehen muss, weil man sich auf anderen Wegen von Sünden reinigen kann, wie etwa durch Gottgedenken (*ḏikr*) oder stetige Reue (*tawba*). Dagegen haben Handlungsanweisungen im Bereich der zwischenmenschlichen Beziehungen einen Rechtsgrund (*ʿilla*). Entsprechend gelten Normen, solange der Rechtsgrund existiert. Eine gemischte Haltung haben wir im Strafrecht: Dort werden die koranisch vorgeschriebenen Strafen für bestimmte Taten (sog. *ḥadd*-Strafen, wie z. B. die Strafe für Unzucht, vgl. Q 24:2, oder die Handamputation als Strafe für den Diebstahl, vgl. Q 5:38) von sonstigen Ermessensstrafen (*taʿzīr*) unterschieden. *Ḥadd*-Strafen können einen Rechtsgrund haben; eine Gruppe von Gelehrten entscheidet, dass man den Rechtsgrund nicht mit Sicherheit ermitteln könne, sodass angrenzende Fälle nicht analog bewertet werden dürften. Viele Gelehrte sehen dies anders; eine Übertragung sei sehr wohl möglich.

Trotz dieser Unterschiede gibt es Fälle in der vormodernen Literatur, die beide Bereiche vermengen. Dazu gehört z. B. die Strafe für die Apostasie. Fällt jemand vom Glauben ab, sieht die vormoderne Literatur die Todesstrafe vor. Zeitgenössische Gelehrte und Autoren sehen hierfür einen eher weltlichen als religiösen Grund. Der Abfall vom Glauben wird mit modernen Begriffen und Vorstellungen wie ›Staatsverrat‹ und ›Aufruhr‹ zusammengebracht. Das sei der Grund, weshalb die traditionelle Literatur eine Strafe vorsehe. Entsprechend wird dazu aufgerufen, von dieser traditionellen Auffassung abzusehen.

Normen lassen sich bis zum 19. Jahrhundert (also in der Vormoderne) vornehmlich in rechtspraktischen Werken finden. Der Sammelname dafür ist *furūʿ al-fiqh* (wörtl. ›Zweige des Rechts‹). Die dort vorzufindenden Normen sind alle Ableitungen aus Rechtsquellen. Zu diesen gehören der Koran und die Sunna. Dort sind keine ›fertigen‹ bzw. ausformulierten Normen vorzufinden; die Gelehrten leiten sie mit verschiedenen Methoden aus den Rechtsquellen ab. Es handelt sich in der Summe der Normen also nicht um göttliches Recht im engeren Sinne, sondern um ein von Menschen hergeleitetes (Gelehrten-)Recht. Das ist letztlich auch der Grund, weshalb es verschiedene Rechtsschulen (*maḏāhib*, Sg. *maḏhab*) gibt. Die Rechtsschulen befürworten verschiedene Methoden und legen die Quellen unterschiedlich aus. Auch innerhalb der jeweiligen Rechtsschule kann dieselbe Handlung unterschiedlich bewertet werden. Das islamische Recht ist also Juristen- bzw. Gelehrtenrecht. Die von den Juristen und Gelehrten hergeleiteten Normen wurden von den Richtern in Gerichten angewandt, sofern der Herrscher sie als Richter berufen hat. Erst dann handelte es sich um geltendes Recht. Die Normen in den *furūʿ al-fiqh* sind nicht unbedingt solche, die praktische Anwendung fanden. Sie stellen eher die für die Gelehrten ideale Praxis dar. Es gibt daneben Werke und Sammlungen, die die tatsächliche Rechtspraxis zusammentragen. Je nach Rechtsschule werden sie unterschiedliche bezeichnet, etwa als *fatwā*- und *nawāzil*-Werke. Auch Gerichtsakten (z. B. *siǧillāt* und *šurūṭ*) lassen Einblicke in die tatsächliche Rechtspraxis zu. Wir werden in dieser Einführung für die rechtspraktischen Fälle nur einen kurzen Blick auf die allseits bekannten *furūʿ*-Werke werfen können.

Die in den *furūʿ*-Werken aufgeführten Normen sind nicht einheitlich. Sie unterscheiden sich je nach Rechtsschule und auch innerhalb dieser. Zu einem Rechtsfall kann es mehrere Normvorschläge geben. Mit der Entwicklung des islamischen Rechts haben sich je nach Rechtsschule Begriffe entwickelt, die signalisieren, welche Meinung die bekannteste bzw. vorzüglichste unter den anderen sind. Es werden aber dennoch alle Meinungen tradiert für den Fall, dass man ausnahmsweise die schwächere Norm berücksichtigen muss, weil sie für die jeweilige Situation passender ist. Mehrheitlich haben sich die Juristen und Richter jedoch an den ›vorzüglichen Meinungen‹ der jeweiligen Rechtsschule orientiert. Das islamische Recht war damit ein Einzelfallrecht.

Die Rechtsnormen in den *furūʿ al-fiqh* wurden bis in das 19. Jahrhundert hinein nicht kodifiziert. Es gibt in der Geschichte Dekrete und Erlasse einiger Herrscher, die Gesetzeskraft hatten und Rechtsbereiche deckten, welche das traditionelle Recht offenließ. Diese Dekrete werden u. a. *Qānūnnāma* (osman.-türk., auch *Yasaqnāme*, arab. *Qawānīn*) genannt. Beispiel dafür sind die Erlasse des osmanischen Sultans Mehmed II. (reg. 1444–1446, 1451–1481) oder Süleymans I., dem Prächtigen (reg. 1520–1566). Letzterer trug sogar den Beinamen ›*Qānūnī*‹, also ›derjenige, der Gesetze erlässt‹.

Das traditionelle islamische Recht wird in der Sekundärliteratur oft als Pflichtenlehre (Deontologie) beschrieben. Die Normadressat:innen bzw. juristisch verantwortlichen Personen (*mukallafūn*, Sg. *mukallaf*) haben sich demnach an diese Pflichten zu halten und dementsprechend ihren Alltag wie auch ihre Rechtsgeschäfte zu organisieren. Die Pflichtenlehre bedingt, dass man Handlungen nach den bestehenden verpflichtenden Regeln zu vollziehen hat. Dies ist auch der Grund dafür, weshalb die Gelehrten im Bereich der Gottesdienste Handlungen nach formalen Gesichtspunkten als gültig oder nichtig bewerten. Jedoch sind im traditionellen Recht auch Haltungen vorhanden, die man als ›Handlungsutilitarismus‹ bezeichnen kann. Handlungsutilitarismus bedeutet, dass nicht nur darauf geschaut wird, ob eine Handlung der Regel entsprechend vollzogen wurde, sondern auch, ob die Handlung zu einer religionsrechtlich vertretbaren Lösung führt. Das Ergebnis einer Handlung ist damit zentral. Erkennbar ist dies in den Maßnahmen, die nicht nur die Handlung selbst etwa verbieten, sondern auch die Mittel, die dazu führen.

Wir haben bereits gesehen, dass sowohl Rechtsnormen im engeren Sinne als auch moralische Normen durchsetzungsfähig sind. In der Vormoderne wurden rein rechtliche Normen im Bereich der zwischenmenschlichen Beziehungen durch Gerichte und Gerichtsentscheidungen durchgesetzt. Urteilten Richter (*quḍāt*, Sg. *qāḍī*) mit den Regelungen, die aus den Quellen hergeleitet wurden, so mussten sich die Normadressat:innen daran halten. Die jeweiligen Urteile (Sg. *qaḍāʾ*) sind rechtsverbindlich und als Einzelfallentscheidungen nicht auf andere Fälle übertragbar. Die Richter urteilten für gewöhnlich nicht im Bereich der gottesdienstlichen Handlungen. Für diesen Rechtsbereich waren – und sind noch – Rechtsgelehrte (Sg. *muftī*) zuständig. Sie erteilen Rechtsgutachten (*fatāwā*, Sg. *fatwā*, zu Deutsch ›Fatwa‹), die allgemeingültig sein können, haben aber nur eine beschränkte Durchsetzbarkeit: sie haben im Grunde genommen insofern Autorität, als dass die Normadressat:innen sie als verbindlich anerkennen.

Natürlich wollen Rechtsschulen durch die ihnen zugesprochene Autorität solche Fatwas (Rechtsgutachten) durchsetzen. Fatwas zielen zwar auf Einzelfälle ab und richten sich an die Person, die eine Rechtsauskunft einholen und die religiös-moralische Legitimität ihrer Handlung überprüfen lassen möchte. Man kann sich diese Fatwas aber zu eigen machen, sofern man sich in derselben Lage befindet. Das ist für richterliche Urteile ausgeschlossen. Z. B. kann eine Händlerin beim *muftī* eine Auskunft darüber erbitten, ob der Kaufvertrag, den sie schließen möchte, religionsrechtlich gerechtfertigt ist, um sicher zu gehen, dass kein Verstoß gegen das *ribā*-Verbot vorliegt. *Ribā* ist z. B. der Überschuss in einem Tauschgeschäft, der keinen Gegenwert hat und – im Gegensatz zum legitimen Gewinn – damit eine der beiden Vertragsparteien benachteiligt. Erteilt der *muftī* eine Fatwa für die Gültigkeit des Vertrags, so heißt dies nicht zwangsläufig, dass der Vertrag vor Gericht nicht angefochten werden kann. Umgekehrt gilt, dass nach dem Urteil eines Richters über die Ungültigkeit eines Vertrages keine Fatwa ihn gegen dieses Urteil in Kraft zu setzen vermag. Jedoch sei hier angemerkt, dass in vielen Fällen die Richter die Rechtsgelehrten konsultierten, um umstrittene Gerichtsfälle zu lösen. So konnten auch bestehende Fatwas und damit die Rechtsgelehrten das Recht mitgestalten.[2]

Da auch gottesdienstliche Handlungen nach rechtlich-formalen Kriterien und denselben Methoden hergeleitet werden wie rein rechtliche Normen, ist es nicht verkehrt, von religionsrechtlichen Normen zu sprechen, wenn wir uns im Bereich der gottesdienstlichen Handlungen bewegen. Das ist auch der Grund, weshalb Rechtsgelehrte darüber entscheiden, ob eine gottesdienstliche Handlung in der Art und

2 Für eine Übersicht siehe Band I, Kapitel 4.

Weise vollzogen wurde, die sie als gültig bewerten lässt. Diese Gültigkeitsbewertungen erklären, ob und unter welchen Bedingungen die Gläubigen ihre Pflicht erfüllt haben.

Ab dem 19. Jahrhundert trat graduell eine andere Entwicklung ein. Islamrechtliche Regelungen wurden bis zu diesem Jahrhundert nicht kodifiziert. Es gab zwar frühere Ansätze dazu, die aber nicht konsequent vollzogen wurden, siehe das obige Beispiel der *Qānūnnāme*. Erste umfassende Kodifikationsunternehmungen sehen wir im 19. Jahrhundert, etwa in der Entstehung des osmanischen Zivilgesetzbuches *Mecelle-i aḥkām-ı ʿadlīye* (1876). Dieses Gesetz beinhaltete neben Gesetzen Rechtsprinzipien (*qawāʿid*), die das notwendige Instrumentarium für die Herleitung von Normen boten. Bis zur Gründung der modernen Türkei wurden viele Gesetze aus nichtmuslimischen Rechtssystemen übersetzt und in das türkisch-osmanische Rechtssystem integriert. Mit der Gründung der türkischen Republik wurde der Rest des traditionellen islamischen Rechts aufgehoben. Seither gilt im türkischen Recht nicht mehr das islamische Recht. Das Gleiche gilt auch in muslimisch geprägten europäischen Ländern wie Bosnien oder in zentralasiatischen Staaten.

Anders sieht es z. B. in der arabischen Welt aus. Insbesondere durch die Kolonialerfahrung wurden gravierende Einschnitte im Rechtssystem vorgenommen. Die Kolonialverwaltungen unternahmen zumeist weitreichende Umstrukturierungen in einigen Rechtsbereichen; Personenstands-, Familien- und Erbrecht dagegen wurden weitestgehend unberührt gelassen. Sie wurden mit der Zeit in das arabische Nationalrecht integriert, das aber von nichtislamischen Rechtssystemen beeinflusst ist und teilweise diesen folgt. Diese Kodifikation wiederum führte dazu, dass die Dynamik der islamrechtlichen Normen, die aus der traditionellen Literatur stammen, weitestgehend verloren ging. Man stützte sich dabei meist auf die Lehren einer bestimmten Rechtsschule, war aber auch dazu bereit, Lösungen aus anderen Rechtsschulen aufzunehmen. Durch weitreichende Reformen nahm aber auch die Vielfalt der Rechtsanwendung zu.

Diese hier in kurzem Abriss dargestellten Entwicklungen haben vielerorts dazu geführt, dass das islamrechtliche Erbe heute stark in die Privatsphäre der Gläubigen gerückt ist. Es wird nun auch als kulturelles Erbe verstanden, nach dem sich die Gläubigen richten, sofern die geltenden nationalen Rechtssysteme dies zulassen. Islamisches Recht wurde, außer den Teilen, die in das nationalstaatliche Rechtssystem überführt wurden, weitestgehend zu einem Fatwa-Recht. All diese Entwicklungen haben dazu geführt, dass die Gelehrsamkeit vom Prozess der dynamischen Ausgestaltung des Rechtssystems und der Begründung von Normen ausgeschlossen wurde. Ihre Haltung heute ist gespalten: Viele wollen das traditionelle Erbe des islamischen Rechts beibehalten. Eine relativ große Gruppe will Reformen anbahnen, damit das islamrechtliche Erbe unter den neuen Bedingungen von Nationalstaaten Anwendung finden kann. Dabei entstehen zwar Konfliktfelder, die aber durch religiöse Reformansätze wie etwa die Betonung des Idschtihad und der übergeordneten Ziele der Scharia (wozu die meisten die allgemeinen Menschenrechte zählen) zu lösen versucht werden. Nur kleine fundamentalistische Gruppen fordern die Einführung des traditionellen Rechts oder gar der Scharia, wobei nicht klar ist, was darunter verstanden werden soll. Insbesondere in Europa, wo Muslim:innen sich bereitwillig dem jeweiligen Rechtssystem zugehörig fühlen, findet das islamische Recht als kulturelles und religiöses Erbe Anwendung, sofern keine Kollision mit geltendem Recht vorliegt. So können etwa Verträge nach geltendem deutschen Recht gleichzeitig nach muslimischer Auffassung gültig gestaltet werden: Das deutsche Recht sieht ja z. B. nicht verbindlich vor, dass man unbedingt verzinste Kaufverträge abschließen soll. Auch lassen sich muslimische Beisetzungen auf deutschen Friedhöfen umsetzen.[3]

Unverändert geblieben sind vor allem die gottesdienstlichen Handlungen. Sie werden nach dem traditionellen Recht ausgestaltet, in Teilen aber an die neuen Umstände angepasst, wie etwa bei der Besteuerung von Vermögen als Almosensteuer. Es sind zudem neue Vermögensbestände entstanden, die die vormoderne Literatur nicht

3 Für nähere Informationen zum islamischen Recht in der Moderne siehe Band V.

kennt. Islamrechtliche Vorschriften finden auch unter säkularen Bedingungen Anwendung, so etwa alternative Geschäftsmodelle zur Umgehung von Zinsen wegen des Zinsverbotes. Damit verbunden ist eine umfangreiche Literatur zum Islamischen Wirtschaften entstanden. Viele Muslim:innen fragen unabhängig davon im Rahmen von Fatwas nach der islamrechtlichen Legitimität ihrer Handlungen, ungeachtet der Zuordnung der Handlung in die diversen Bereiche des islamischen Rechts. Aus all diesen Gründen lohnt sich der Blick auf die traditionellen Normkategorien, nach denen Muslim:innen Teile ihres Alltags ausrichten, wenn auch in veränderter Form. Zudem rekurrieren die meisten reformorientierten Gelehrten auf das traditionelle Erbe, sodass ein grundsätzliches Verständnis des traditionellen Rechts in seinen Grundzügen weiterhin notwendig ist.

Die bisher beschriebenen Normen werden in zwei größere Kategorien eingeteilt. Zum einen gibt es Normen, die den Menschen dazu beauftragen, Handlungen zu vollziehen oder zu unterlassen. Diese sind *al-aḥkām at-taklīfīya* (Verpflichtungskategorien). Dazu gehören die fünf Kategorien ›verpflichtend, empfohlen, freigestellt, verpönt und verboten‹. Sie kategorisieren, in welcher Verbindlichkeit religiöse Handlungsvorschriften befolgt werden müssen. Die meisten (rein) rechtlichen Normen im Bereich der zwischenmenschlichen Handlungen fallen unter die Kategorie ›freigestellt‹: Man kann z. B. Handel treiben oder auch darauf verzichten. Der Handel ist freigestellt. Bei anderen Normen kann die Bewertung individuell variieren. So wird einigen Personen je nach Charaktereigenschaften, Vermögen oder anderen Aspekten die Ehe empfohlen, einigen verboten, anderen wiederum freigestellt. Dagegen gibt es Bewertungskategorien, die auf die äußere Form und die Gültigkeit von Handlungen abzielen. Diese sind ›Konditionen setzende Normen‹ (*al-aḥkām al-waḍʿīya*). Dazu gehören u. a. Gültigkeit, Nichtigkeit, Bedingung und Hinderungsgrund. Beide Normkategorien sind Gegenstand dieser Einführung.

Aus dem bisher Dargestellten ergeben sich die Kapitelinhalte der Einführung. In Kapitel 1 werde ich die Diskussion darum, ob der Mensch das Gute und Böse erkennen kann, zusammenfassen. Denn die Normkategorien sollen dem Menschen dazu verhelfen, das Gute zu tun und das Böse zu vermeiden. Kapitel 2 befasst sich mit der ersten Normkategorie: *al-aḥkām at-taklīfīya.* Kapitel 3 behandelt *al-aḥkām al-waḍʿīya.* Diese letzten beiden Kapitel orientieren sich hauptsächlich an der *uṣūl al-fiqh*-Literatur. Kapitel 4 beschäftigt sich mit einer weiteren Einteilung: Die Gelehrten teilen die Bereiche der Rechtsnormen in Gottes Recht und Menschen Recht ein. Es handelt sich dabei um den Rechtsanspruch gegenüber den Normadressat:innen, die entweder von Gott oder vom Menschen ausgehen. Diese Einteilung ist zwar besonders bei den Hanafiten geläufig, aber auch sonst im islamischen Recht und in modernen Einführungswerken bekannt. Die letzten beiden Kapitel 5 und 6 fassen exemplarisch ritualrechtliche, gottesdienstliche und (zivil)rechtliche Normen zusammen. Mit einem Schlusswort endet die Einführung. Im Anhang steht eine Übersichtsdarstellung (Schema 5) zu den Normkategorien unter dem angegebenen Link bzw. QR-Code zum Download bereit.

Die Einführung zielt nicht darauf ab, die historische Entwicklung der Normen und Normkategorien darzustellen. Vielmehr ist das Ziel, den kleinsten gemeinsamen Nenner unter den Rechtsschulen herauszuarbeiten und einen Überblick über etablierte Vorstellungen und Konzepte zu geben. Es wird auch nicht beansprucht, darzustellen, wie Muslim:innen gelebt haben bzw. leben sollen. Die religiöse bzw. rechtliche Praxis der Muslim:innen in Geschichte und Gegenwart konnte bzw. kann aufgrund unterschiedlicher Lebenswelten variieren. Die im Folgenden vorzustellenden Ideen, Konzepte und Meinungen stammen, sofern nicht anders angegeben, den Vorstellungen der Gelehrten aus der Vormoderne.

Kapitel 1: Das Gute und Böse und ihr Verhältnis zu den Normkategorien

Im Einleitungskapitel haben wir gesehen, was unter islamischem Recht verstanden wird. Es sei noch einmal festgehalten, dass das islamische Recht die Summe der Handlungsanweisungen an juristisch verantwortliche Personen ist. Dabei gibt es nicht *das eine islamische Recht,* sondern eine Pluralität von islamrechtlichen Meinungen. Das Ziel des islamischen Rechts ist es, den Menschen zum diesseitigen und jenseitigen Glück zu führen. Dabei gilt das Prinzip, dass das Nützliche herbeigeführt und das Schädliche abgewendet werden soll. Das Gute führt entsprechend zum Nützlichen und schützt damit das Interesse (*maṣlaḥa*) der Menschen. Das Schlechte führt zum Schaden (*mafsada*), den es abzuwehren gilt.

Die Normen zeigen nach der Mehrheitsmeinung der Gelehrten die Grenzen für gutes und schlechtes Handeln. Offen bleibt, woran sich das Gute (*ḥusn*) und Böse (*qabīḥ*) messen lassen. Die Gelehrten sind sich in dieser Frage nicht einig. Dieses theologische Thema wird in Werken, die sich mit den Grundlagen des islamischen Rechts (den *uṣūl al-fiqh*) befassen, in unterschiedlichem Umfang diskutiert. Die dortigen Informationen korrelieren in der Regel mit den Ausführungen im Bereich des *kalām* (systematische Theologie). In manchen Rechtsschulen wird dieses Thema unter einer gesonderten Überschrift mit dem Titel ›der Normsetzer‹ (*al-ḥākim*) besprochen.

Nicht selten werden Definitionen für das Gute und Böse unter verschiedenen Kapiteln, in denen Termini wie *ḥusn* (das Gute) und *qubḥ* (das Böse), *ḥasan* (gut) und *qabīḥ* (böse) sowie *taḥsīn* (für gut erklären) und *taqbīḥ* (für böse erklären) vorkommen, diskutiert. Rechtsschulübergreifend kommt in *uṣūl al-fiqh*-Werken diese Diskussion spätestens im Kapitel zu der Bewertung von gebietenden und verbietenden Aussagen in Koran und Sunna vor. Dort wird erörtert, in welchem Verhältnis gebietende bzw. verbietende Aussagen zum Guten bzw. Bösen stehen und wie sich dieses Verhältnis auf die Gültigkeit von Handlungen bzw. die Wirksamkeit von Rechtsgeschäften auswirkt. In späten schiitischen Werken wird ein weiterer Begriff geprägt, den es in früheren Werken nicht gibt: das ist der Begriff *mulāzama* (›Abhängigkeit‹). Darunter versteht man das Verbot, das notwendig erfolgen muss, wenn eine Handlung als böse kategorisiert wird.

Insgesamt lassen sich an den verschiedenen Diskussionen in den *uṣūl al-fiqh* drei Grundhaltungen wiederfinden, um zu bestimmen, ob der Mensch in der Lage ist, unabhängig von den religiösen Quellen Koran und Sunna das Gute und Böse zu erkennen:

1) Gutes und Böses werden durch die Vernunft erkannt, da beide als solche existieren. Das ist die überwiegende mutazilitische und schiitische Haltung.
2) Gutes und Böses können durch die Vernunft erkannt werden, die sich aber irren kann. Die Offenbarung greift korrigierend und ergänzend ein. Das ist die maturiditisch-sunnitische Position (der sich einige spätere Mutaziliten anschließen).
3) Gutes und Böses werden durch die Offenbarung erkannt. Nur sie bestimmt, was gut und böse ist. Das ist die überwiegende ascharitisch-sunnitische Haltung.

Die erste Position geht davon aus, dass es Dinge gibt, die an sich gut und böse sind. Sie kann der Mensch durch rationale Reflexion erkennen. Entsprechend hat er die Verantwortung, nach dem Guten zu handeln bzw. sich vom Schlechten abzuwenden. Diese Verantwortung ist unabhängig davon, ob eine Offenbarung das erkannte Gute und Böse als solche bestätigt. Das bedeutet, der Mensch ist auch ohne eine Offenbarung dazu verpflichtet, Gott zu erkennen, an ihn zu glauben, gute Taten zu vollbringen und schlechte zu vermeiden. Gott wird die Menschen entsprechend zur Rechenschaft ziehen. Handlungen haben demnach eine Wesenseigenschaft, die einordnen lässt, ob sie gut oder schlecht sind. Gott gebietet entsprechend das Gute und verbietet das

Böse. Nach einigen Mutaziliten ist er sogar dazu verpflichtet, sich an dem existierenden Guten und Bösen zu orientieren. Handelt der Mensch nicht entsprechend dessen, was er erkennt, begeht er eine Sünde. Handelt er entsprechend, wird ihm jenseitiger Lohn zuteil. Spätere Mutaziliten modifizieren diese Haltung ein wenig: Sie sind immer noch der Auffassung, dass man im Prinzip das Gute und Böse in den Handlungen erkennen kann. Um aber genau einschätzen zu können, ob eine Handlung tatsächlich gut oder böse ist, müssten wir alle Umstände kennen, unter denen eine Handlung zustande komme. Daher seien Fehleinschätzungen nicht auszuschließen. Eben hier spielt die Offenbarung für viele Gelehrte eine Rolle: Sie greift ergänzend ein und zeigt die Einschätzung von Handlungen im Bereich der gottesdienstlichen Handlungen, da sie dem Menschen verschlossen sind. Die dschafaritisch-schiitische Position stimmt dem zu und geht zusätzlich davon aus, dass neben der Offenbarung auch die Imame dieselbe Aufgabe übernehmen.

Der Grund, weshalb die Gelehrten, die der ersten Position folgen, die Rationalität von Gut und Böse betonen, liegt im Kern darin, dass der Mensch ansonsten für seine Handlungen nicht verantwortlich gemacht werden könne. Wenn der Mensch frei in seinem Handeln sei, dann müsse er auch das Gute und Böse erkennen können. Es wäre zudem ungerecht, wenn Gott sich nicht am Guten und Bösen orientieren würde. Dadurch entsteht aber eine Spannung mit der Vorstellung, dass es Offenbarungen gibt. Wenn der Mensch das Gute und Böse erkennen kann, wieso soll es dann noch Offenbarungen geben? Das ist u. a. der Grund dafür, weshalb viele Gelehrte die erste Position relativieren und einer anderen Meinung folgen.

Die zweite Meinung versucht diese Spannung zwischen Vernunft und Offenbarung herauszunehmen. Die Gelehrten, die dieser Meinung folgen, gehen davon aus, dass die Vernunft bestimmte Handlungen als gut und böse einstufen kann. Das tut die Vernunft aber in beschränktem Maße. Einige Handlungen sind klar als böse erkennbar, etwa Tyrannei und Ungerechtigkeit. Der Glaube an Gott dagegen ist rational erkennbar gut. Entsprechend vertreten frühe Maturiditen wie die Mutaziliten, dass der Mensch dazu verpflichtet ist, an Gott zu glauben, ungeachtet dessen, ob es eine Offenbarung gibt, die über die

Existenz Gottes berichtet. Spätere Maturiditen sehen davon ab und bedingen, dass nur die Offenbarung dazu verpflichten kann, an Gott zu glauben. Die Konsequenz ist, dass, wenn jemand keine Kunde von der Offenbarung hat und nicht an Gott glaubt, er im Jenseits nicht zur Rechenschaft gezogen werden wird. Daneben vertreten viele Gelehrte, dass man sich an das halten muss, was man selbst erkennen könne. Alle weiteren Bereiche des Lebens werden von der Offenbarung geregelt, insbesondere gottesdienstliche Handlungen. Das schließt aber nicht aus, dass die Offenbarung zwischenmenschliche Beziehungen ebenfalls regelt. So wissen wir etwa nicht mit Sicherheit, welche Bedingungen Verträge erfüllen sollen, damit kein Schaden entsteht. Viele Maturiditen nehmen dagegen die Haltung ein, dass die Befolgung einer Handlung nur durch die Offenbarung angeordnet werden darf: Handlungen werden erst mit der Offenbarung sanktioniert. Also entsteht juristische Verantwortung auch erst mit der Existenz der Offenbarung.

Diesen letzten Gedanken denkt die dritte Position weiter: Sie geht davon aus, dass eine Verantwortung für den Menschen nur dann entsteht, wenn Gott dies durch eine Offenbarung mitteilt. Das hat vor allem damit zu tun, dass nach der Auffassung der Vertreter dieser dritten Position Handlungen von ihrem Wesen her weder gut noch böse sind. Daher kann der Mensch sie auch nicht erkennen. Die Instanz, die über das Gute und Böse für den Menschen entscheidet, ist Gott. Alles, was er gebietet, ist gut; alles, was er verbietet, ist böse und schlecht. Der Grund für diese Auffassung liegt darin, dass Handlungen je nach Kontext unterschiedlich bewertet werden können. So darf der Mensch lügen, um sein Leben zu schützen. Lügen ist aber unter gewöhnlichen Umständen böse und verboten. Damit wäre es also zulässig, unter bestimmten Bedingungen eine böse Handlung zu vollziehen. Entsprechend müssten Handlungen einen doppelten Charakter haben; sie müssten zugleich gut und böse sein, wenn böse Handlungen unter Umständen doch vollzogen werden dürften. Dies alles bedeutet jedoch nicht, dass die Vertreter dieser Position die rationale Erkennbarkeit von Handlung vollständig negieren; ganz im Gegenteil: Mithilfe von rationalen Methoden sollen die Offenbarungstexte bewertet werden. Die Ratio hat aber ihre Grenzen, da es außerhalb der Offenbarungsschriften keine Hinweise darauf gibt, ob eine Handlung gut oder böse ist bzw. basierend auf dieser Vorstellung sanktioniert werden darf. Dass bestimmte Empfindungen auf das Gut-Sein einer Handlung schließen lassen oder dass man etwas als gut ansieht, wenn es vollkommen ist, widerspricht dieser Grundhaltung nicht. Denn die Vollkommenheit einer Sache oder einer Handlung bemisst sich nach den Offenbarungsschriften.

Die Auswirkung, die diese Einordnung des Guten und Bösen auf das Recht hat, ist komplex. Nicht alles, was böse oder als schlecht eingeordnet wird, führt zur gleichen Konsequenz. Wie wir unten noch sehen werden besteht eine Übereinkunft darin, dass das Böse in essentiell (*li-ʿaynihi*) und akzidentiell (*li-ġayrihi*) Böses eingeteilt wird. Essentiell böse Handlungen sind allesamt nichtig. Vollzieht jemand solche Handlungen, entstehen damit keine positiven Folgen, die man rechtlich einfordern könnte. Oft geht mit dem Vollzug solcher Handlungen eine Strafe einher. Einige Gelehrte und Rechtsschulen unterscheiden hier zwischen rein rational erkennbaren bösen Handlungen – sie werden von manchen als materielle Handlungen (*afʿāl ḥissīya*) bezeichnet.

Darüber hinaus kann der Gesetzgeber, in unserem Falle Gott und der Prophet, weitere Handlungen als verboten und damit böse einordnen. Dazu gehören gottesdienstliche Handlungen (wie z. B. Essensvorschriften) und zwischenmenschliche Beziehungen Betreffendes wie die Kategorisierung von bestimmten Dingen als wertlose Verkaufsgegenstände – wertlose Gegenstände dürfen nicht verkauft werden. Die Offenbarung kann bestimmen, welche Gegenstände als wertvoll einzustufen sind und welche nicht. Entsprechend nennen einige Gelehrte diese Kategorie ›rechtliche Handlungen‹ (*taṣarrufāt šarʿīya*).

Neben dieser Art des essentiell Bösen gibt es akzidentiell Böses. Dies sind Handlungen oder ihre Bestandteile, die als böse bzw. verboten markiert wird. Die Eigenschaft kann der Handlung selbst zugehören. Es kann aber auch etwas sein, was nicht zur Handlung gehört, aber mit ihr in Verbindung steht. Ersteres liegt z. B. vor, wenn ein verzinster Kaufvertrag geschlossen wird. Verzinst zu sein gehört zur Eigenschaft des Kaufvertrags – sie sind nicht getrennt voneinander zu denken. Für den letzten Fall gilt das Beispiel, dass man einen Kaufvertrag zur Zeit des Freitagsgebets schließt. Der Vertrag käme auch sonst zustande, wird aber zu einer Zeit geschlossen, in der Vertragsschlüsse verboten sind (vgl. Q 62:9). Für solche Handlungen nehmen viele Gelehrten an, dass sie rechtswirksam sind. Beispiele dazu werden wir unter der Überschrift zur Nichtigkeit und Anfechtbarkeit sehen (siehe Kapitel 3.2).

Manche Gelehrte beschränken positive Konsequenzen nur auf Handlungen, die eine nicht wesentliche verbotene Eigenschaft haben. So ist es zwar eine Sünde, den Vertrag zur Zeit des Freitagsgebets zu schließen, aber er ist gültig. Andere Gelehrte dagegen beziehen die unterschiedliche Bewertung nur auf die Unterscheidung von gottesdienstlichen Handlungen und zwischenmenschlichen Beziehungen. Im letzten Rechtsbereich haben Handlungen nach dieser Auffassung eine beschränkte Gültigkeit. Eine Alternative ist, dass man je nach Rechtsanspruch die Gültigkeit verbotener Handlungen bewertet. Die verschiedenen Rechtsansprüche werden wir unter Kapitel 4 näher besprechen. Ähnliche Diskussionen werden in Bezug auf das Gutsein gebotener Handlungen geführt und darüber, inwiefern sie rational erfassbar sind.

Wir können festhalten, dass alle Positionen im Endeffekt dazu führen, dass man zur Beantwortung von islamrechtlichen Fragen sich im Bereich des islamischen Rechts an den Texten von Koran und Sunna orientiert, unabhängig davon, ob die Vernunft auch unabhängig von der Offenbarung das Gute und Böse erkennen kann. Denn die Offenbarungstexte greifen zumindest ergänzend und wegweisend ein, um diverse Bereiche des Rechts zu regeln.

Große Unterschiede gibt es dagegen in der Frage, wie die Fälle behandelt werden sollen, die von den Offenbarungstexten nicht geregelt worden sind oder wenn die reguläre Ausführung einer Handlung, die mittels der Textauslegung als eine Verpflichtung eingeordnet wird, zu Mühsal und Erschwernis führt. Darf der Mensch Alternativen vorschlagen? Die unterschiedlichen Positionen haben somit eine Auswirkung auf Methoden zur Herleitung von Normen und ihre

Legitimität sowie auf die Frage, ob der Mensch das Recht selbstständig fortentwickeln und an neue Umstände anpassen kann.[4]

Schon in der Vormoderne gehen die Gelehrten davon aus, dass der Mensch, wenn auch beschränkt, das Gute und Böse (unabhängig von der Offenbarung) erkennen kann. Die theoretischen Diskussionen, die oben zusammengefasst wurden, werden in der konkreten Umsetzung des Rechts und in der rechtspraktischen Literatur nicht konsequent befolgt. Denn dies würde dazu führen, dass man das Recht an unterschiedliche Umstände nicht anpassen und neuentstehende Fälle nicht adäquat bewerten könnte, wenn man z. B. streng der oben ausgeführten dritten Position folgen würde (also: nur die Offenbarung kann zeigen, was gut und böse ist). Heute ist man eher dazu bereit, von rational begründeten abstrakten Kategorien wie Gerechtigkeit, Gleichheit und Freiheit ausgehend neue Normen zu formulieren. Trotzdem sind die meisten darum bemüht, neue Normen durch Koran und Sunna bestätigen zu lassen; entweder durch direkte Verweise auf die religiösen Texte oder koranisch belegte Konzepte, die dazu befähigen, solche Kategorien herzuleiten (z. B. die natürliche Veranlagung des Menschen, *fiṭra*, vgl. z. B. Q 30:30, die den Menschen, wenn er sich darum bemüht, zum Guten und zum Eingottglauben führe). Die Gelehrten gestehen dem Menschen meist implizit die Fähigkeit zu, das Gute und Böse zu erkennen. Die Grundhaltung in systematisch-theologischen wie auch *uṣūl al-fiqh*-Diskussionen wird heute zwar immer noch reproduziert, aber man erkennt in der Haltung der Gelehrten einen Wandel. Das ist auch der Grund dafür, weshalb die Gelehrten vermehrt die Forderung formulieren, dass das islamische Recht neu strukturiert und den neuen Umständen der Moderne angepasst werden müsse. Ebenso viele Gelehrte wollen das traditionelle System beibehalten.[5]

4 Für diese Methoden siehe Band III, Kapitel 3 und 4, Band IV, Kapitel 5 und Band V.

5 Für neuere Ansätze siehe Kurnaz, »*Maqāṣid*«; Johnston, »A Turn«; Albrecht, *Islamisches Minderheitenrecht*.

Zusammenfassung

Die Mehrheit der Gelehrten geht davon aus, dass letztlich die religiösen Quellen darüber informieren, ob eine Handlung sanktioniert werden kann und schlussendlich als gut oder böse einzustufen ist. Der Mensch kann dabei zwar die Fähigkeit haben, Handlungen als gut oder böse zu erkennen und einzuordnen; über die Sanktionierung entscheide aber Gott. Umstritten ist zudem, wie mit Interessen umzugehen ist, die als schützenswert erachtet werden bzw. wie Dinge, die als schädlich eingestuft werden, vermieden werden können. Damit in Verbindung steht die Frage, ob Regelungen, die ein Interesse schützen sollen, verändert werden können, sofern sie das Interesse nicht mehr wirksam schützen können. Ferner ist die Auswirkung der Frage des Guten und Bösen sowie der schützenswerten Interessen auf das Recht komplex; nicht alles, was verboten ist, ist rechtlich unwirksam. Schließlich führt die Haltung, dass die religiösen Quellen über die Legitimität von Handlungen entscheiden, dazu, dass eine textzentrierte Herangehensweise zur religiösen Einordnung von Handlungen zumindest in der Theorie bevorzugt wird.

Kapitel 2: Verpflichtende Normkategorien *(al-aḥkām at-taklīfīya)*

Beauftragt der Gesetzgeber die juristisch verantwortlichen Personen, eine Handlung zu vollziehen, zu unterlassen oder stellt er sie darin frei zu entscheiden, ob sie eine Handlung vollziehen oder unterlassen möchten, so handelt es sich um *al-aḥkām at-taklīfīya*. Wie diese Beschreibung zeigt, gibt es 5 Typen davon:

1) Wird der Vollzug einer Handlung verbindlich gemacht, wird diese Aufforderung als *īǧāb* (Verpflichtung) bezeichnet. Die Folge dieser Aussage ist *wuǧūb* (zu Deutsch etwa ›Verpflichtend-Sein‹). Der Vollzug der Handlung ist verpflichtend (*wāǧib*).
2) Wird der Vollzug einer Handlung nur erwartet, aber nicht verbindlich gemacht, wird diese Aufforderung und ihre Folge als *nadb* (Empfehlung) bezeichnet. Der Vollzug der Handlung ist empfohlen (*mandūb*).
3) Wird weder erwartet, dass eine Handlung vollzogen oder unterlassen wird, und sind die Personen frei in ihrer Entscheidung etwas zu tun oder zu unterlassen, wird diese Aufforderung und ihre Folge als *ibāḥa* (Freistellung) bezeichnet. Der Vollzug ist freigestellt (*mubāḥ*).
4) Wird die Unterlassung einer Handlung nur erwartet, aber nicht verbindlich gemacht, wird diese Aufforderung und ihre Folge als *karāha* (›Verpönung‹) bezeichnet. Der Vollzug ist verpönt (*makrūh*).

5) Wird die Unterlassung einer Handlung verbindlich gemacht, wird diese Aufforderung als *taḥrīm* (Verbotserklärung, auch *ḥaẓr*) bezeichnet. Die Folge dieser Aussage ist *ḥurma* (zu Deutsch ›das Verboten-Sein‹). Der Vollzug ist verboten (*ḥarām, muḥarram,* auch: *maḥẓūr*).

Diese fünf Regelungskategorien (sog. *al-aḥkām al-ḫamsa*) beziehen sich alle auf Handlungen der Menschen. Nach ihnen werden die Taten bewertet und daraus geschlossen, ob jemand gesündigt hat. Die Gültigkeit der Handlungen, die in den gottesdienstlichen Bereich des islamischen Rechts fallen, ist von diesen Kategorien ebenfalls betroffen. Sie können auch eine Auswirkung auf die Gültigkeit von Handlungen im Bereich der zwischenmenschlichen Beziehungen haben. Wie eingangs angemerkt, können beispielsweise verzinste Kaufverträge nichtig sein.

Die typische Gegenüberstellung von *ḥalāl* (erlaubt) und *ḥarām* (verboten), die wir sowohl im Koran als auch in der Sunna wiederfinden, ist der *uṣūl al-fiqh*-Literatur ebenfalls bekannt. Jedoch spielt der Begriff *ḥalāl* in der Systematik der Normen eine untergeordnete Rolle, obwohl viele Muslim:innen im Alltag in der Binarität *ḥalāl–ḥarām* ihre Handlungen einem der Pole des Spektrums zuordnen. Im Koran geben *ḥalāl* und *ḥarām* nicht nur erlaubte oder verbotene Handlung wieder. *Ḥalāl* bezieht sich auch auf Objekte (vgl. Q 5:5 »[D]ie Speisen derer, denen das Buch gegeben ward, sind euch erlaubt.«[6]), was für die spätere *uṣūl al-fiqh*-Tradition nicht gilt. *Ḥarām* und seine Derivate (wie z. B. *ḥurum*) im Koran werden darüber hinaus u. a. für Orte im Sinne eines geschützten Raumes (wie z. B. *masǧid al-ḥarām,* also die Umgebung der Kaaba) und für Zeitabschnitte oder Zustände wie für den Weihezustand während der Pilgerfahrt (vgl. Q 5:1) sowie für bestimmte Monate verwendet (*al-ašhur al-ḥurum,* vgl. Q 2:194). Der Grund dafür, dass hier das Wort *ḥarām* benutzt wird, wird in der Regel damit erklärt, dass entweder in einem bestimmten Zustand, an einem bestimmten Ort oder zu einer bestimmten Zeit

6 Koranübersetzungen sind nach Bobzin; Änderungen sind durch eckige Klammern markiert.

gewisse Handlungen nicht vollzogen werden dürfen, womit ein besonderer Schutz einhergeht. Diese Verwendung sehen wir auch in der nachkoranischen Literatur, in der die Unversehrtheit des menschlichen Körpers mit *ḥurma* wiedergegeben wird.

Wie umfangreich *ḥalāl* (›erlaubt‹, das Erlaubt-Sein wird mit *ḥill* wiedergegeben) in der nachkoranischen *uṣūl al-fiqh*-Literatur definiert werden soll, ist unter den Gelehrten umstritten. Nach einigen umfasst *ḥalāl* verpflichtende, empfohlene und freigestellte Handlungen. Damit ist es ein Oberbegriff für alle im weitesten Sinne zulässigen Handlungen, zu denen es keine Verbote gibt. Das hat damit zu tun, dass *ḥalāl* der Komplementärbegriff, also das Gegenstück, von *ḥarām* ist. Wenn *ḥarām* die verbindliche Untersagung einer Handlung umfasst, dann muss dies *ḥalāl* für erlaubte Handlungen ebenfalls tun. Andere wiederum bestimmen den Bereich des *ḥalāl* nach seinem Wortsinn, dass der Vollzug einer Handlung erlaubt ist. Das umfasst dann demzufolge nur die Kategorien der Empfehlung und Freistellung. Die Gegenüberstellung von *ḥalāl* und *ḥarām* gewann im 20. Jahrhundert wieder an Bedeutung, indem Gelehrte wie Yūsuf al-Qaraḍāwī (gest. 2022) Bücher unter diesem Titel (z. B. ›Das Erlaubte und das Verbotene im Islam‹, arab. *al-Ḥalāl wa-l-ḥarām fī l-Islām*) geschrieben haben. Es sind mittlerweile zahlreiche solcher Bücher entstanden. In der vormodernen Literatur finden wir entsprechende Kapitel und diese direkte Gegenüberstellung von *ḥalāl* und *ḥarām* ebenfalls – mit kritischen Anmerkungen und einem Gegenmodell – z. B. im *Iḥyāʾ ʿulūm ad-dīn* des einflussreichen schafiitischen Gelehrten Abū Ḥāmid al-Ġazālī (gest. 505/1111).[7]

Ein weiterer Begriff, der in dieser Systematik nicht erwähnt wird, aber insbesondere in der rechtspraktischen Literatur (*furūʿ al-fiqh*), in Fatwa-Verzeichnissen, Gerichtsdokumenten (z. B. *siǧill* und *šurūṭ*) sowie in Sammlungen, die real zutage getretene Fälle dokumentieren (z. B. *nawāzil* unter den Malikiten), vorkommt, ist *ǧāʾiz* (zulässig).

7 Vgl. z. B. al-Ġazālī, *Iḥyāʾ*, 534–545. Für die deutsche Übersetzung siehe al-Ġazālī, »Erlaubtes und verbotenes Gut«, 4–31.

Die Zulässigkeit einer Handlung wird entsprechend mit dem Wort *ǧawāz* wiedergegeben. Die Kategorie ›zulässig‹ wird fast in allen Bereichen des Rechts angewandt. Sie kennzeichnet meist freigestellte (neutrale) Handlungen. In der Literatur zu den *uṣūl al-fiqh* definieren manche Gelehrte neben diesem weitverbreiteten Verständnis *ǧā'iz* wiederum so weit, dass es auch Verpflichtungen umfasst. Damit wären zulässige Handlungen solche, die aus religiöser wie auch rationaler Sicht erlaubt sind. Das sind nach diesem Verständnis alle Handlungen, die außerhalb der beiden Bereiche ›verpönt‹ und ›verboten‹ bleiben. Es kommt vor, dass Aufforderungen, die den Menschen die Entscheidung überlassen, etwas zu tun oder zu unterlassen, als *ǧawāz* anstatt als *ibāḥa* bezeichnet wird (siehe oben Nr. 3). Die Folge bleibt aber gleich: Die Handlung ist freigestellt, also *mubāḥ*. In der Regel wird *ǧawāz* in der rechtspraktischen Literatur im Sinne der religiösen Zulässigkeit von Handlungen verwendet. Damit signalisieren die Gelehrten, dass bestimmte Handlungen, so auch z. B. Vertragsmodelle, aus religiöser Sicht unbedenklich sind. *Ǧawāz* unterscheidet sich somit von den rein formellen Kategorien wie Gültigkeit (*ṣiḥḥa*) und Nichtigkeit (*buṭlān*).

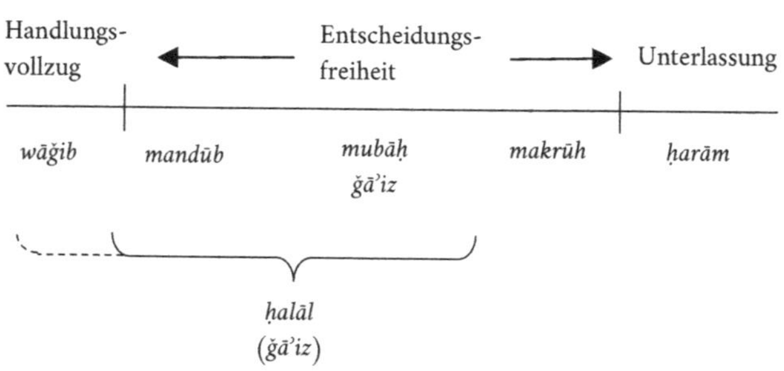

Schema 1: Verbindlichkeitskategorien

In der *furūʿ al-fiqh*-Literatur kommen noch weitere Begriffe vor, die Handlungen kategorisieren. Sie können je nach Rechtsschule variieren. Nicht alle verwenden die folgenden Unterscheidungen – oft werden sie anderen Kategorien zugeordnet. Im Grunde genommen werden Verträge (*ʿuqūd*, Sg. *ʿaqd*) auf ihre Wirksamkeit und Gültigkeit hin kategorisiert; dazu gehört das Begriffspaar wirksam (*munʿaqid*) und unwirksam (*ġayr munʿaqid*). Kommen alle Bedingungen eines Vertrages zustande, dann ist der Vertrag gültig, was mit dem Begriff *munʿaqid* wiedergegeben. Ist er nichtig, wird er als *ġayr munʿaqid* bezeichnet. Entsprechend ist ein Vertrag sofort durchsetzbar (*nāfiḏ*), wenn er wirksam ist. Es kann aber verschiedene Hinderungsgründe geben, etwa wenn bestimmte Zuständigkeiten nicht eingehalten werden, diese unklar sind oder Dritte bestimmte Rechte haben, die sie einfordern können. Solche Verträge werden dann als *mawqūf* (nicht durchsetzbar, wörtl. ›abwartend‹) bezeichnet. Sie werden erst durchsetzbar, wenn z. B. etwaige Mängel behoben werden. Als Beispiel dafür gelten Investitionen von Personen, die unter erschwerten Bedingungen ihre Schulden zu begleichen versuchen und dabei solche Verträge abschließen, die die Rückzahlung der Schulden gefährden würden. Erst wenn die Gläubiger dem Zustandekommen des Vertrags zustimmen, werden solche Verträge für wirksam erklärt. Ähnliches gilt auch für Gegenstände, die sich in einem Mietverhältnis befinden: Wenn der Eigentümer sie verkaufen möchte, so wird der Vertrag solange zurückgestellt, bis der Mieter sich dazu äußern kann.

Ferner wird eingeordnet, welche Verträge eine sofortige Bindung (*luzūm*) erfordern, wann sie also bindend (*lāzim*) sind. Ist ein Vertrag bindend, so ist eine einseitige Annullierung bzw. Anfechtung (*fasḫ*) nicht möglich. Doch können Verträge auch nicht bindend (*ġayr lāzim*) sein, wenn z. B. ein Rücktrittsrecht (*ḫiyār*) vereinbart wird bzw. vorliegt.

Im Folgenden möchte ich den in den *uṣūl al-fiqh* detailliert diskutierten Normkategorien nachgehen. Ich werde zunächst die Pflicht und dann das Empfohlene vorstellen. Darauf folgen die Komplementärbegriffe das Verbotene und das Verpönte. Zuletzt werde ich das Freigestellte präsentieren, das die Bereiche umfasst, die die restlichen Kategorien offenlassen.

2.1 Das Verpflichtende bzw. die Pflicht *(al-farḍ wa-l-wāǧib)*

Ordnet der Gesetzgeber an, dass eine Handlung vollzogen werden muss, und wird bei der Unterlassung (die eine Sünde darstellt) eine Strafe vorgesehen, was auch eine jenseitige Strafe einschließt, wird diese Handlung als verpflichtend (*wāǧib*) kategorisiert. Beispiele dafür sind das Verrichten des Pflichtgebets, die Entrichtung der Almosensteuer oder das Einhalten von Versprechen und Bündnissen. Die Sanktion wird aber nicht sofort fällig, da man eine Handlung auch aus Versehen unterlassen kann. Daher wird die Definition so modifiziert, dass man von der vorsätzlichen und definitiven Unterlassung spricht, die zur Strafe führt. Solange man noch lebt, gibt es schließlich die Möglichkeit, Reue (*tawba*) zu zeigen und sich nach dem *wāǧib* zu orientieren. Von diesem langfristigen Verständnis sind aber nur die jenseitigen Sanktionen betroffen. Sind für das Unterlassen einer Pflichthandlung (auch) diesseitige Sanktionen vorgesehen, so werden sie durch Unterlassung auch im Diesseits fällig. Andererseits führt der Vollzug der Pflichthandlung zu einem jenseitigen Lohn (*ṯawāb*) und/oder verhindert Strafen.

Die Hanafiten treffen eine begriffliche Unterscheidung unter den Pflichthandlungen. Sie unterscheiden *farḍ* von *wāǧib*. Die Mehrheit der Gelehrten aber nimmt solch eine Aufteilung nicht vor. Der Grund für diese Unterscheidung hat erkenntnistheoretische Gründe: Die Gelehrten unterscheiden die textuellen Quellen nach dem Kriterium, wie sicher eine Aussage vom Propheten Muhammad stammt. Der Prophet ist derjenige, der die koranische Botschaft verkündet, den Koran erklärt und selbst rechtsrelevante Aussagen formuliert. Seine Aussagen werden in Form von Berichten tradiert, die Hadith genannt werden.

Dass der uns vorliegende Koran komplett dem Textkorpus entspricht, das der Prophet verkündet hat, steht nach den Gelehrten definitiv fest. Das ermittelt man dadurch, dass der Koran in seiner jetzigen Form über Generationen hinweg vielfach und von zahlreichen Zeugen tradiert wurde. Diesen Traditionsweg nennen die Gelehrten *tawātur.* Alles, was im Wege des *tawātur* tradiert wird, wird *mutawātir* genannt. Ein Irrtum wird hier ausgeschlossen: Wir stellen definitiv (*qaṭʿī*) fest, dass der Koran in der uns vorliegenden Form vom Propheten stammt.

Bei Hadithen verhält es sich anders: Einige Hadithe sind *mutawātir.* Die meisten Hadithe wurden aber nicht in dieser Masse überliefert. Sie sind daher Einzeltraditionen (Sg. *āḥād*) und nur vermutlich (*ẓannī*) auf den Propheten zurückführbar. Diese Unterscheidung bezüglich der Wahrscheinlichkeit der Feststellbarkeit, ob eine Aussage vom Propheten stammt, beeinflusst die Unterscheidung von Pflichthandlungen unter Hanafiten:

a) *Farḍ*: Liegt eine Verpflichtung für den Handlungsvollzug in einem Bericht vor, der *mutawātir* ist (also Koran oder *mutawātir*-Hadith) und definitiv eine Verpflichtung darstellt, dann sprechen die Hanafiten von einer definitiven Pflicht.
b) *Wāǧib*: Liegt eine Verpflichtung für den Handlungsvollzug in einem Bericht vor, der nur wahrscheinlich auf den Propheten zurückgeht, und nur wahrscheinlich eine Verpflichtung darstellt, sprechen sie von wahrscheinlichen Pflichten.

Obwohl wir in anderen Rechtsschulen auch sehen können, dass sie Hierarchisierungen unter den Pflichthandlungen aufstellen, nehmen sie keine terminologische Unterscheidung vor; die Hierarchisierung hat bei ihnen keine Konsequenzen. Bei den Hanafiten dagegen hat sie Folgen, die sich auf den Glauben auswirken. Für beide Kategorien gilt: Die Unterlassung wird sanktioniert. Sie unterscheidet voneinander, dass die Leugnung des *farḍ* zum Unglauben führt, die des *wāǧib* dagegen nicht. Der Grund für diese Unterscheidung könnte in einer (modifizierten murdschiitischen) Haltung früher hanafitischer Gelehrter liegen. Unter Murdschiiten verstehen wir Gelehrte, die u. a. der Auffassung waren, dass man über den Glauben und Unglauben von Menschen nicht entscheiden kann. Nur Gott könne im Jenseits darüber urteilen, ob jemand gläubig ist oder nicht. Man dürfe daher aufgrund der Handlungen von Menschen nicht über ihren Glauben entscheiden. Handlungen seien daher nicht Teil des Glaubens, sondern von ihm unabhängig zu verstehen und zu bewerten. Einige Murdschiiten versuchten dieser Auffassung jedoch Grenzen zu setzen, damit nicht jede Haltung geduldet werden muss. So könne man an der Leugnung zumindest von definitiven Pflichten sehr wohl erkennen, dass jemand vorsätzlich eine Verpflichtung verwirft und damit absichtsvoll Gott widerspricht. Diesen den Quellen definitiv zu entnehmenden Verpflichtungen sollten Muslim:innen daher Folge leisten.[8] Ob bereits die frühen Hanafiten wie z. B. Muḥammad ibn al-Ḥasan aš-Šaybānī (gest. 189/805) – unabhängig ihrer theologischen Haltung – solch eine Unterscheidung vorgenommen haben, ist ungewiss. Bei aš-Šaybānī sehen wir dennoch eine Hierarchisierung mit dem Begriff ›noch mehr verpflichtend‹ (*awǧab*) als andere Verpflichtungen. Spätestens ab dem 4./10. Jahrhundert gab es dann eine klare terminologische Trennung, jedoch meist ohne einen theologischen Bezug.

Die Unterscheidung von *farḍ* und *wāǧib* hat neben dieser theologischen Konsequenz auch praktische Folgen, die für die *uṣūl* und die Diskussionen im Recht wichtig sind. Beispielsweise nehmen die Hanafiten an, dass zwar die Rezitation des Korans während des Gebets eine Pflicht ist, jedoch sehen sie es als *wāǧib* an, die erste Sure (*al-Fātiḥa*) zu rezitieren. Wer auf die Rezitation verzichtet und eine andere Sure rezitiert, dessen Gebet ist gültig, obwohl diese Handlung verpönt ist. Dies hat damit zu tun, dass Hanafiten den Hadith »Das Gebet ist nur durch die Rezitation der *al-Fātiḥa* gültig« als Einzeltradition (also als *ẓannī*) einstufen. Die Aufforderung kann daher nur eine wahrscheinliche und keine definitive Pflicht sein. Die restlichen Rechtsschulen sehen die Rezitation der ersten Sure dagegen als Pflicht an. Ein weiterer bekannter Fall ist, dass die Hanafiten das Schlachten eines Opfertieres zum Opferfest als *wāǧib* einstufen. Die Mehrheit der Gelehrten bewertet das Opfer aber nur als eine erstrebenswerte Handlung (*sunna*). Zu beachten gilt, dass Hanafiten insbe-

8 Vgl. Reinhart, »Heaven and Earth«.

sondere in ihren *uṣūl al-fiqh*-Werken *wāǧib* oft synonym zu *farḍ* verwenden, wie etwa in der Diskussion darüber, wie rechtsrelevante Aussagen in Koran und Sunna bewertet werden sollen.

Ungeachtet der Unterscheidung zwischen *farḍ* und *wāǧib* werden Pflichthandlungen unter verschiedenen Gesichtspunkten kategorisiert. Im Folgenden werde ich das Wort *wāǧib* im weitesten Sinne für Pflichthandlungen verwenden.

Generell unterscheiden die Gelehrten Pflichthandlungen in Bezug auf die Normadressaten in zwei Arten: individuelle Pflicht (*al-wāǧib al-ʿaynī*) und kollektive Pflicht (*al-wāǧib al-kifāʾī*). Individuelle Pflichten verpflichten jede verantwortliche Person dazu, die vorgeschriebene Handlung zu vollziehen. Dazu gehören Pflichten wie das Verrichten des Gebets, das Entrichten der Almosensteuer und die Erfüllung geschlossener Verträge sowie der damit entstehenden Verpflichtungen. Kollektive Pflichten dagegen verpflichten eine Gesellschaft dazu, bestimmte Aufgaben zu erfüllen, ohne dass bestimmte Gruppen und Individuen dazu aufgerufen werden, die Handlung zu vollziehen. Dazu gehören z. B. das Verrichten des Totengebets (*ṣalāt al-ǧanāza*), die Errichtung von Krankenhäusern, Pflegeeinrichtungen, Brücken und Schulen sowie die Ausbildung des jeweiligen Personals. Erfüllt die Gesellschaft diese Pflicht, entfällt die Verpflichtung des Einzelnen. Prominent sind diese kollektiven Pflichten heute als eine Untermauerung der Wichtigkeit gemeinnütziger Tätigkeiten.

Mit Rücksicht auf die Frage, ob eine Pflichthandlung stets sofort befolgt werden muss, teilen die Gelehrten die Pflichthandlungen in zeitlich absolute (*al-wāǧib al-muṭlaq*) und relative Pflichten (*al-wāǧib al-muqayyad*). Zeitlich unbeschränkte Pflichten dürfen jederzeit befolgt werden. Davon betroffen sind meist Sühneleistungen, etwa für den Schwurbruch. Zeitlich beschränkte Pflichten dagegen müssen in der vorgesehenen Zeit befolgt werden. Die Zeiteinteilung sieht wie folgt aus (Typ 1 und 2 sind in der vormodernen Literatur geläufiger als Typ 3, der meist von Hanafiten angeführt wird):

1) Zeitlich ausgedehnte (*muwassaʿ*) Pflichten: Das sind Pflichthandlungen, die in einer Zeitspanne vollzogen werden, die es erlaubt, dieselbe Handlung prinzipiell mehrfach vollziehen zu können.
2) Zeitlich enggehaltene (*muḍayyaq*) Pflichten: Die Zeitspanne lässt nur einen einfachen Vollzug zu. Eine Wiederholung ist ausgeschlossen.
3) Zeitlich den beiden (vorherigen) ähnelnde (sog. *ḏū š-šabhayn*) Pflichten.

Ein Beispiel für Typ 1 ist das Pflichtgebet. So ist es z. B. möglich, das Mittagsgebet bis zum Nachmittagsgebet wiederholt zu vollziehen. Das Beispiel für Typ 2 ist das Fasten: Da das Fasten mit dem Sonnenaufgang beginnt und mit dem Sonnenuntergang endet, ist ein wiederholtes Fasten am selben Tag nicht möglich. Paradebeispiel für Typ 3 ist die Pilgerfahrt: Die Pilgerfahrt kann nur einmal im Jahr vollzogen werden, aber ihre Bestandteile sind so beschaffen, dass man sie während ihrer Durchführung oft wiederholen kann, wie etwa die Umrundung der Kaaba. Diese Unterscheidung ist u. a. deswegen wichtig, um die Gültigkeit einer Handlung zu ermitteln. Wer z. B. nicht die Intention formuliert, das Mittagsgebet zu verrichten, hätte ja ein anderes Gebet verrichtet haben können, da eine wiederholte Handlung möglich ist. Man darf nicht einfach die Absicht haben, irgendein Gebet zu verrichten. Bei Typ 2 könnte man die spezifische Nennung unterlassen, da es z. B. im Ramadan ausgeschlossen ist, eine andere Art Fasten im Sinn zu haben, etwa ein freiwilliges Fasten. Ferner lassen diese Kategorien den verantwortlichen Personen einen bestimmten Spielraum, innerhalb dessen sie ihrer Pflicht je nach den Gegebenheiten flexibel nachgehen können.

Neben der zeitlichen Dimension kann der Gesetzgeber die Quantität einer Pflichthandlung festlegen. In diesem Falle spricht man von quantitativ-bestimmten (*muḥaddad*) Pflichten. Dazu gehört das fünfmalige tägliche Pflichtgebet. Wird die Häufigkeit bzw. Frequenz nicht festgelegt, wird die Pflicht als quantitativ-unbestimmt (*ġayr muḥaddad*) bezeichnet. Die erste Art erfordert, dass man sich nach der exakt angegebenen Menge richten muss. Die zweite Art sieht keine Menge vor, also ist die konkrete Erfüllung dem Menschen überlassen – man hat einen Ermessensspielraum, wie etwa bei der Menge der entrichteten Almosen.

Eine letzte Unterscheidung nehmen die Gelehrten in Bezug auf die Frage vor, ob es gestattet ist, eine Pflichthandlung unter mehreren Alternativen auszuwählen. Sind Wahlmöglichkeiten nicht vorgesehen, so spricht man von konkreten Pflichten (*al-wāǧib al-muʿayyan*). Dazu gehören die Gebete, das Fasten, die Zahlung des Preises für die gekaufte Ware oder die Begleichung des Mietvertrags. Andernfalls gibt es Optionen und es handelt es sich um Pflichten, die eine Auswahl zulassen (sog. *al-wāǧib al-muḫayyar* bzw. *ġayr muʿayyan*). Ein Beispiel dafür ist der Schwurbruch: Wer seinen Schwur bricht, soll entweder zehn Bedürftigen zu Essen geben, einen Sklaven befreien oder drei Tage fasten. Die juristisch Verantwortlichen sind frei darin zu entscheiden, welche der drei Optionen sie befolgen möchten.

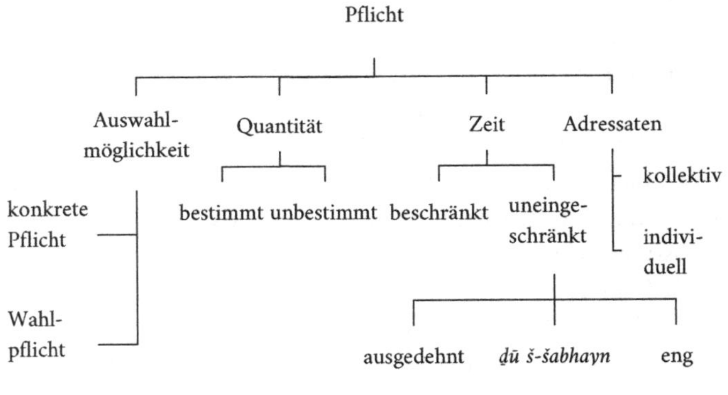

Schema 2: Kategorien der Pflichthandlungen

2.2 Das Empfohlene *(al-mandūb)*

Fordert der Gesetzgeber zu einer Handlung auf und ordnet für die Unterlassung keine Strafe an, ist die Handlung empfohlen. Der Vollzug ist damit vorzüglicher als die Unterlassung und wird dementsprechend jenseitig belohnt. Der Verzicht auf die Strafe bei Unterlassung ist das Hauptunterscheidungsmerkmal zu Pflichthandlungen. Empfohlene Handlungen kommen in den autoritativen Texten nicht nur in Wortkonstruktionen vor, die klar auf eine Empfehlung schließen lassen. Sie erscheinen auch in Form von klaren Anweisungen. So etwa sieht ein Teil von Q 2:282 vor, Schuldverhältnisse schriftlich festzuhalten: »Wenn ihr euch untereinander verschuldet für eine festgelegte Frist, dann schreibt es auf!« Dem Hinweis verschiedener Indizien folgend legen die Gelehrten den Vers im Sinne einer Empfehlung aus.[9]

Empfohlene Handlungen werden in verschiedene Kategorien unterteilt. Diese können sich je nach Rechtsschule unterscheiden, drücken aber insgesamt dasselbe aus. Daher sehen viele Gelehrte keine Hierarchie innerhalb der verschiedenen Arten des Empfohlenen. Dennoch möchte ich sie hier nennen. Einig ist man sich weitgehend, dass die Handlungen, die der Prophet selbst oft vollzogen hat, erstrebenswert sind. Unterlässt man sie, ist dies keine Sünde, aber es ist doch unerwünscht, ihnen nicht zu folgen. Diese Handlungen werden als *sunna* qualifiziert. Hanafiten (und auch einige Malikiten) bezeichnen diese Art als *as-sunna al-mu'akkada* (›bestätigte Sunna‹) oder *sunnat al-hudā* (›Sunna der Rechtleitung‹). Es muss darauf geachtet werden, dass der Begriff ›Sunna‹ im hier verwendeten Sinne keine Rechtsquelle wiedergibt, sondern eine Art Handlungsempfehlung ist. Die Sunna als Rechtsquelle ist die Grundlage für alle Normkategorien und nicht nur für empfohlene Handlungen!

Handlungen, die der Prophet zwar durchaus vollzogen, aber oft auch unterlassen hat, nennen die Malikiten *raġība* (wünschenswert).

9 Für ein Beispiel siehe Kapitel 2.5.2 in Band IV.

Bei einigen Rechtsschulen kommt dies der Kategorie *mustaḥabb* (empfehlenswert) oder *as-sunna ġayr al-muʾakkada* (›nicht bestätigte Sunna‹) gleich. Sonstige freiwillige Handlungen, die lobenswert sind, tragen unterschiedliche Namen: *nāfila* im Sinne von zusätzlichen Handlungen zu vorgegebenen Gebeten, *taṭawwuʿ* (freiwillige Tat), *faḍīla* (Vorzüglichkeit), *iḥsān* (Wohltat) und *qurba* (Annäherung [an Gott]). Im Grunde genommen geben alle Begriffe zusätzliche empfohlene Handlungen zu den Pflichthandlungen wieder. Besondere Gewichtung hat dabei die Sunna. Viele Gelehrte sehen sogar die Nachahmung der rein menschlichen Handlungen und Vorzüge des Propheten als eine Art Sunna, wie etwa seine Kleidung und seine Art und Weise zu essen, zu trinken und zu sitzen nachzumachen. Das wird u. a. *sunnat az-zawāʾid* (zusätzliche Sunna) genannt.

2.3 Das Verbotene *(al-ḥarām, al-muḥarram)*

Fordert der Gesetzgeber dazu auf, eine Handlung verbindlich zu unterlassen und droht beim Vollzug dieser Handlung eine Strafe, handelt es sich um eine verbotene (*ḥarām*) Handlung. Verbotene Handlungen können diesseitige und/oder jenseitige Strafen nach sich ziehen. In jedem Fall ist der Vollzug eine Sünde (*iṯm, ǧunāḥ, ḏanb, maʿṣiya*), sofern der:die Handelnde Kenntnis darüber hat, dass die vollzogene Handlung verboten ist. Unkenntnis befreit (oft) von der Sünde. Leugnet man eine klar vorliegende verbotene Handlung, fällt man vom Glauben ab. Die Hanafiten unterscheiden hier zwei Typen von Verboten. Die Unterscheidung ist komplementär zu ihrer Unterscheidung zwischen *farḍ* und *wāǧib*. Ist durch einen definitiven Hinweis aus den Quellen festzustellen, dass eine Handlung unterlassen werden soll, dann ist das für Hanafiten ein Fall von *ḥarām*. Seine Leugnung führt zum Abfall vom Glauben. Geht das Verbot auf einen präsumtiven (vermuteten) Hinweis zurück, sprechen die Hanafiten von *makrūh taḥrīman*, einer verpönten Handlung, die dem *ḥarām* ähnelt. Leugnet man dieses Verbot, fällt man vom Glauben nicht ab.

Der Vollzug beider Arten ist aber eine Sünde und führt zu einer Strafe. Darin ist man sich einig.

Abgesehen von der Frage danach, wie sicher *ḥarām* aus den Quellen nachweisbar ist, unterteilen die Gelehrten *ḥarām* in zwei Arten. Eine Handlung kann aufgrund der Handlung selbst verboten sein: das ist *ḥarām li-ḏātihi* bzw. *li-ʿaynihi*. Dazu zählen Handlungen die substantiell als böse (*qabīḥ*) eingestuft werden und grundsätzlich verboten sind, z. B. Totschlag, Mord, Diebstahl, Eheschließung mit Personen, die der Koran aus dem Kreis der erlaubten Heiratspartner ausschließt, oder der Verzehr von Schweinefleisch. Eine Handlung kann aber auch aufgrund anderer Faktoren verboten sein: das ist *ḥarām li-ġayrihi*. Solche Handlungen können zwar ursprünglich zulässig sein, werden aber durch die Vermischung mit verbotenen Taten selbst verboten. Dazu gehören das Fasten an religiösen Festen, der Vertragsschluss zur Zeit des Freitagsgebets oder das Verrichten des Gebets auf einem widerrechtlich besetzten Stück Land. Dies sind alles an sich legitime Handlungen, die nur verboten sind, weil sie mit verbotenen Handlungen vermischt werden, wie etwa die Usurpation. Darin, dass solche Handlungen oft zu einer Sünde führen, sind sich die Gelehrten einig. Ob sie rechtswirksam sind, ist umstritten. Dass eine gestohlene Ware jedenfalls nicht zu Eigentum wird, darin ist man sich einig. Die verbotene Aneignung hat also keine Wirksamkeit. Dagegen sehen die Gelehrten solche Verträge, die zur Zeit des Freitagsgebets geschlossen wurden, zwar als Sünde, die Vereinbarungen bewerten sie aber weitestgehend als rechtswirksam. Diese unterschiedliche Bewertung hat mit der methodischen Frage zu tun, ob verbietende Aussagen in den Quellen die Nichtigkeit verbotener Handlungen erfordern. Obwohl es hier auch kategorische Entscheidungen unter den Gelehrten gibt, so unterscheiden viele Gelehrte verschiedene Arten des Bösen, um zu bestimmen, ob eine Handlung rechtswirksam ist. In groben Zügen haben wir ja die Frage nach Gut und Böse in Kapitel 1 bereits besprochen.

In der rechtspraktischen Literatur kommen zusätzliche Begriffe vor, die repräsentativ für eine Unterlassung stehen. Dazu gehört *manʿ* (Unterlassung), was sich aber von *manʿ* im Sinne einer Kondition setzenden Norm (siehe Kapitel 3) unterscheidet. Weitere Synonyme sind *manhī ʿanhu* (wobei dies auch das Verpönte umfassen kann), *maḥẓūr* und *muḥarram*. Nicht selten werden die oben genannten Varianten für ›Sünde‹ angeführt.

Die Gelehrten sind sich darin einig, dass man sich vor verbotenen Handlungen hüten soll. Einig ist man sich ferner darin, dass verbotene Handlungen in Notsituationen begangen werden dürfen, denn dort greift das Prinzip »Notwendigkeiten erlauben Verbotenes« (wörtl. *aḍ-ḍarūrātu tubīḥu l-maḥẓūrāt*). Begründet wird dies u. a. mit Q 2:173. Die rechtspraktische wie auch die *uṣūl al-fiqh*-Literatur geht nicht den Optionen nach, wie man sich vor solchen verbotenen Handlungen hüten soll. Dies geschieht andernorts, etwa im Werk *Iḥyāʾ* von al-Ġazālī. Dieser beschreibt dort vier Stufen der Behutsamkeit (*waraʿ*), beginnend bei der Einhaltung der klar vorliegenden Gebote und Verbote bis hin zum Fernhalten von solchen Handlungen, die auch nur in geringstem Maße zu Ungerechtigkeit und verbotenen Dingen führen könnten.[10] Auch in Werken zur Ethik (*aḫlāq*), in Abhandlungen zur Askese (*zuhd*) sowie in sogenannten *adab*-Werken werden Fragen der Behutsamkeit und das Fernhalten vom Bösen und Schädlichen diskutiert.

2.4 Das Verpönte *(al-makrūh)*

Fordert der Gesetzgeber die Unterlassung einer Handlung nicht verbindlich und sieht er für den Vollzug keine Strafe vor, sondern empfiehlt die Unterlassung, dann wird die Handlung als verpönt (*makrūh*) eingestuft. Die Unterlassung ist damit vorzüglicher als der Vollzug. Der Gesetzgeber kann solche Aussagen treffen, die auf eine empfohlene Unterlassung verweisen, wie z. B. ›es ist besser zu unterlassen‹. Es können aber auch Imperative als verpönt gedeutet werden, obwohl

10 Vgl. al-Ġazālī, *Iḥyāʾ*, 541–545; für die deutsche Übersetzung, siehe al-Ġazālī, »Erlaubtes und verbotenes Gut«, 18–31.

sie in der Regel auf ein Verbot verweisen. Ein Beispiel für verpönte Handlungen sind Gebete zu bestimmten Zeiten, zu denen es untersagt ist, über Pflichtgebete hinaus zusätzliche Gebete zu verrichten, wie z. B. kurz vor Sonnenuntergang. In der hanafitischen Terminologie sind solche Handlungen *makrūh tanzīhan*. Die andere hanafitische Kategorie des *makrūh taḥrīman* wird von der Mehrheit der Gelehrten als zu *ḥarām* gehörig eingestuft.

Es wird unter den Gelehrten darauf verwiesen, dass die Gelehrten in der früheren Literatur oft vom Verpönt-Sein sprechen, obwohl sie damit Verbote andeuten. Dies hat damit zu tun, dass sie oft vorsichtig waren, etwas als Verbot zu bestimmen, da Verbote weitaus schwerere Konsequenzen haben als verpönte Handlungen. Eine klare terminologische Unterscheidung erfolgte erst später mit dem 4./10. Jahrhundert. Daher müssen Aussagen von Gelehrten aus früheren Jahrhundert, die Derivate von *k-r-h* verwenden, nicht unbedingt auf *makrūh* verweisen.

Da viele Fälle als verpönt eingestuft werden, weil man nicht mit Sicherheit auf ein Verbot schließen kann, machen die Gelehrten darauf aufmerksam, dass man trotzdem bestrebt sein sollte, solche Handlungen zu unterlassen. Der kollektive Vollzug von vielen verpönten Handlungen könne der Gesellschaft schaden oder eine Degeneration zur Folge haben.

2.5 Das Freigestellte *(al-mubāḥ)*

Alle Handlungen, die nicht unter die beschriebenen Kategorien fallen, sind freigestellte Handlungen. Angedeutet werden sie mit Aussagen wie in Q 5:5 »Heute sind euch erlaubt die guten Dinge, und die Speisen derer, denen das Buch gegeben ward, sind euch erlaubt. Und eure Speisen sind ihnen erlaubt«. Dazu zählen auch Aussagen, die die Bewertung einer Handlung als eine Sünde negieren. Der Gesetzgeber kann bezüglich einer Handlung auch vollständig schweigen. Dann gilt nach der Mehrheit der Gelehrten das Prinzip des grundsätzlichen Erlaubtseins (*al-ibāḥa al-aṣlīya*) von Handlungen. Hieran entfacht sich die Diskussion unter den Gelehrten, ob dies ein Grundsatz ist, der sich aus den Aussagen des Gesetzgebers ableiten lässt, oder ein rational begründetes Prinzip, das auch vor der Herabsendung der Offenbarung gültig war – eine Diskussion, die eher von theologischer Relevanz als rechtsrelevant ist. Je nach Haltung der Gelehrten wird in Abrede gestellt, dass *mubāḥ* überhaupt eine rechtlich begründete Kategorie ist. Darüber hinaus gibt es vereinzelt Stimmen, die *mubāḥ* insofern als eine Kategorie verwerfen, als dass jede religionsrechtlich korrekte Handlung der Vermeidung einer verbotenen Handlung gleichkomme. Jede freigestellte Handlung wäre somit gleichzusetzen mit dem verpflichteten Unterlassen eines Verbots. Daher könnten sie im strengen Sinne gar nicht freigestellt sein. Diese Haltung hat sich nicht durchgesetzt, da freigestellte Handlungen weder eine Sünde zur Folge haben noch einen Lohn. Abschließend sei erwähnt, dass Wahlpflichthandlungen (*al-wāǧib al-muḫayyar*) nicht mit freigestellten Handlungen verwechselt werden dürfen. Im ersten Fall *muss* eine Entscheidung getroffen und *eine* Handlung vollzogen werden. Im Falle von *mubāḥ* kann man jedwede Handlung sowohl tun als auch unterlassen. Der Status einer freigestellten Handlung kann je nach Kontext und Umständen auf die Stufe der empfohlenen Handlungen heraufgestuft oder auf das Verpönte herabgestuft werden.

2.6 Regulärer Vollzug von Handlungen und Ausnahmen

Die reguläre Einhaltung der bisher beschriebenen Handlungskategorien wird in der Literatur als *ʿazīma* bezeichnet. Wörtlich bedeutet *ʿazīma* die Absicht zu haben, etwas zu tun. Es beschreibt somit die unter gewöhnlichen Umständen zu vollziehende Handlung, die aus den Quellen mit unterschiedlichem normativen Status hergeleitet wird. Nicht immer können diese Handlungen befolgt werden. Bestehen Entschuldigungsgründe, wie etwa, dass sich jemand auf einer Reise befindet oder krank ist, oder gibt es ein besonderes Bedürfnis bzw. eine Notwendigkeit, eine Ausnahme zu machen, handelt es sich um juristische Lizenzen bzw. Konzessionen (*ruḫaṣ*, Sg. *ruḫṣa*).

Ruḫṣa hat verschiedene Typen. Es gibt solche *ruḫaṣ*, die eingehalten werden müssen; dazu gehören Notzustände, die verbotene Handlungen für erlaubt erklären. Ein Beispiel dazu haben wir oben gesehen. Ferner gibt es Ausnahmen, die es erlauben, von der allgemeinen Regel abzuweichen. Dazu gehört der Verzicht auf das Fasten im Ramadan im Falle einer Krankheit oder der körperlichen Schwäche. Es ist empfohlen, sich nach dieser Ausnahme zu richten. Viele Gelehrte sehen es trotzdem als wünschenswert an, sich so gut es geht an der gewöhnlichen Handlungsvorschrift zu orientieren. Es gibt noch weitere Konstellationen, über die die Gelehrten im Sinne einer *ruḫṣa* sprechen. Die meisten davon sind aber keine juristischen Lizenzen oder Konzessionen im engeren Sinne.

Ob die beiden Kategorien *ʿazīma* und *ruḫṣa* zu *al-aḥkām at-taklīfīya* oder *al-waḍʿīya* gehören, ist umstritten. Ich habe sie hier aufgeführt, da sie sich auf die reguläre oder alternative Ausführung beziehen, was sie von den *al-aḥkām al-waḍʿīya* unterscheidet. Doch spricht auch vieles dafür, sie unter den *al-aḥkām al-waḍʿīya* aufzuführen, denn bestimmte Ursachen führen dazu, dass man die reguläre Ausführung unterlässt. Da Ursachen zu *al-aḥkām al-waḍʿīya* gehören, können *ʿazīma* und *ruḫṣa* dort ebenfalls aufgeführt werden.

Die nachfolgende Grafik fasst die bisher beschriebenen Normkategorien zusammen:

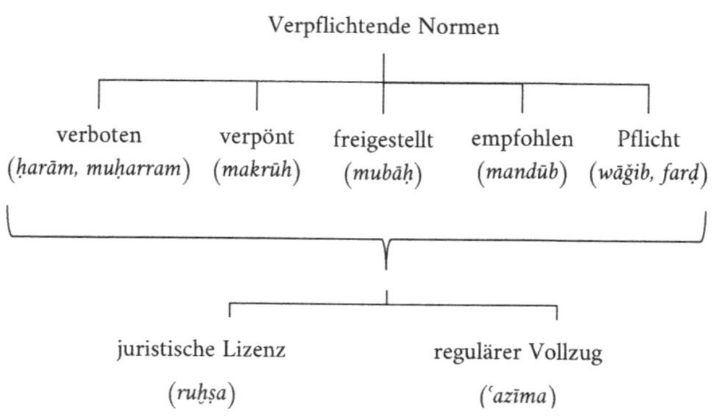

Schema 3: verpflichtende Normkategorien

2.7 Textbeispiele

Die folgenden Textbeispiele sollen zeigen, wie stark die Gelehrten auf die normative Zuordnung der Texte in Koran und Sunna einwirk(t)en. Als erstes Textbeispiel möchte ich den juristisch-exegetischen Eintrag des malikitischen Gelehrten Abū ʿAbdallāh Muḥammad al-Qurṭubī (gest. 671/1273) zu Q 62:9 übersetzen. Q 62:9 schreibt vor: »Ihr Gläubigen! Wenn am Tag der Versammlung zum Gebet gerufen wird, so macht euch auf, um Gottes zu gedenken, und lasst den Verkauf ruhen. Das ist für euch das Beste, sofern ihr Wissen habt.« Der Eintrag bezieht sich auf die Aufforderung, den Verkauf ruhen zu lassen (wörtl. *wa-ḏarū l-bayʿ*). Das Textbeispiel zeigt eindrücklich, dass je nachdem, wie man argumentiert, der Vertragsschluss zur Zeit des Freitagsgebets verboten ist oder es eine Empfehlung zur Unterlassung gibt. Ferner wird zu sehen sein, dass die Gelehrten bestimmen, welchen Umfang diese Aufforderung hat: Sind mit dem Wort *bayʿ* nur reine Kaufverträge gemeint oder darüber hinaus weitere Vertragstypen? Die Frage stellt sich deswegen, weil die Gelehrten Vertragstypen nach dem Prototyp ›Kaufvertrag‹ systematisch besprechen. Die Auslegung dieser Koranpassage ist bis heute relevant. Die Frage ist, ob jede Art von Gewinn (*ribḥ*) zur Zeit des Freitagsgebets verboten ist.

Textbeispiel 1: Koranexegetischer Eintrag zu Q 62:9

Rn. 1	13. Die Aussage Gottes »Lasst den Verkauf ruhen!«: Gott der Erhabene verbietet ihn [d. h. den Handel] während des Freitagsgebets. Er verbietet ihn zu dieser Zeit für all diejenigen, die dazu verpflichtet sind, es [das Freitagsgebet] zu verrichten.	الثالثة عشرة: قوله تعالى: (وَذَرُوا الْبَيْعَ) منع الله عزَّ وجلَّ منه عند صلاة الجمعة، وحرَّمه في وقتها على من كان مخاطباً بفرضها.

Rn. 2 Der Verkauf kommt ohne den Kauf nicht zustande. Daher begnügt er [d. h. Gott] sich damit, nur eine der beiden zu nennen, wie z. B. in der Aussage Gottes »Und er machte euch Gewänder, die euch vor der Hitze schützen, und Gewänder, die euch schützen vor eurer Gewalt.« [vgl. Q 16:81]. Er führt den Verkauf speziell an, denn er ist das, womit sich die Händler [auf dem Markt] beschäftigen.

والبيع لا يخلو عن شراء، فاكتفى بذكر أحدهما، كقوله تعالى: (سَرابِيلَ تَقِيكُمُ الْحَرَّ وَسَرابِيلَ تَقِيكُمْ بَأْسَكُمْ) [النحل: 81]. وخصَّ البيع؛ لأنَّه أكثر ما يشتغل به أصحاب الأسواق.

Rn. 3 Für all diejenigen, die nicht zum Freitagsgebet erscheinen müssen, sind Verkauf und Kauf nicht verboten.

ومن لا يجب عليه حضور الجمعة فلا ينهى عن البيع والشِّراء.

Rn. 4 Was die Zeit des Verbots anbelangt, so gibt es zwei Meinungen dazu: [1.] Sie beginnt nach der Mittagszeit bis zu ihrem Ende. Das ist die Meinung von aḍ-Ḍaḥḥāk [ibn Muzāḥim gest. 105/723], al-Ḥasan [al-Baṣrī, gest. 110/728] und ʿAṭāʾ [ibn Abī Rabāḥ, gest. 114/732]. 2. [Sie beginnt] mit der Zeit des Rufes zur Freitagspredigt bis zur Zeit des Gebets. Das vertritt [Muḥammad ibn Idrīs] aš-Šāfiʿī [gest. 204/820].

وفي وقت التحريم قولان: إنَّه من بعد الزوال إلى الفراغ منها، قاله الضحَّاك والحسن وعطاء. الثاني: من وقت أذان الخطبة إلى وقت الصلاة، قاله الشافعيُّ.

Rn. 5 Die Ansicht Māliks [ibn Anas, gest. 179/795] ist, dass der Verkauf, sobald zum Gebet gerufen wird, unterlassen werden soll. Wird während dieser Zeit ein Verkauf vollzogen, so ist er seiner Meinung nach zu annullieren. Die Freilassung [eines Sklaven], die

ومذهب مالك أن يترك البيع إذا نُودِيَ للصلاة، ويفسخ عنده ما وقع من ذلك من البيع في ذلك الوقت. ولا يفسخ العتق

	Eheschließung, die Scheidung und weitere [Formen] werden nicht annulliert, denn es gehört nicht zur Gewohnheit der Menschen, sich mit diesen [Vertragstypen] zu beschäftigen wie sonst mit dem Verkauf. Sie [d. h. die Malikiten?] sagen [oder: man sagt]: Ebenfalls sind Gesellschaftsverträge, Schenkung und Almosen selten, sodass sie nicht annulliert werden.	والنكاح والطلاق وغيره؛ إذ ليس من عادة الناس الاشتغال به كاشتغالهم بالبيع. قالوا: وكذلك الشركة والهبة والصدقة نادر لا يفسخ.
Rn. 6	Ibn al-ʿArabī [gest. 543/1148, sagt]: Korrekt ist die Annullierung aller [Vertragstypen], denn der Verkauf wurde verboten, weil man sich mit ihm beschäftigte. Alle Vertragstypen, die vom Freitag[sgebet] ablenken, sind rechtlich verboten, [sie werden] annulliert, um [die Menschen] davon abzuhalten.	ابن العربيّ: والصحيح فسخ الجميع؛ لأنَّ البيع إنما مُنع منه للاشتغال به، فكلُّ أمرٍ يشغل عن الجمعة من العقود كلها فهو حرام شرعا، مفسوخ رَدْعًا.
Rn. 7	[Abū l-ʿAbbās] al-Mahdawī [gest. 440/1048–49, sagt]: Einige Gelehrte bewerten den Verkauf zur genannten Zeit als zulässig. Sie legen das diesbezügliche Verbot als Empfehlung aus und argumentieren mit der Aussage Gottes »Das ist für euch das Beste« [vgl. Q 62:9].	المهدويُّ: ورأى بعض العلماء البيع في الوقت المذكور جائزًا، وتأوَّل النهيَ عنه ندبًا، واسْتدلَّ بقوله تَعَالَى: «ذٰلِكُمْ خَيْرٌ لَكُمْ».
Rn. 8	Ich sage [dazu]: Das ist die Meinung aš-Šāfiʿīs. Der Verkauf kommt bei ihm zustande und wird nicht annulliert.	قلت: وهذا مذهب الشافعي، فإنَّ البيع ينعقد عنده ولا يفسخ.
Rn. 9	[Abū l-Qāsim] az-Zamaḫšarī [gest. 538/1144] sagt in seinem *Tafsīr*: Die	وقال الزَّمَخْشَرِيُّ في «تفْسِيرِهِ»: إنَّ عامة العلماء

Mehrheit der Gelehrten ist der Meinung, dass dies nicht zur Nichtigkeit des Verkaufs führt. Sie [d. h. die Gelehrten] sagen: »Denn der Verkauf ist nicht aufgrund seiner selbst verboten, sondern aufgrund dessen, dass er von der Pflicht ablenkt. Es ist wie [der Fall in Bezug auf] das Gebet auf usurpiertem Land und mit usurpierter Kleidung oder die rituelle Waschung mit usurpiertem Wasser.« Von einigen Gelehrten [wird berichtet], dass er nichtig sei.

على أنّ ذلك لا يؤدّي فساد البيع. قالوا: لأنّ البيع لم يُحرَّم لعينه، ولكن لما فيه من الذهول عن الواجب، فهو كالصلاة في الأرض المغصوبة والثوب المغصوب، والوضوء بماء مغصوب. وعن بعض الناس أنّه فاسد.

Rn. 10 Ich sage: Die korrekte Meinung ist seine Nichtigkeit und Annullierung durch seine Aussage [d. h. die des Propheten] – Friede und Segen auf ihm –: »Jede Handlung, die nicht unserer Sache entspricht, ist eine Erwiderung«, d. h., sie wird verworfen. Gott weiß es am besten!

قلت: والصحيح فساده وفسخه؛ لقوله عليه الصلاة والسلام: «كل عمل ليس عليه أمْرُنا فهو رَدٌّ». أي: مردود. والله أعلم.

Textbeispiel 1: al-Qurṭubī, *al-Ǧāmiʿ*, XX:474 f.

Das zweite und dritte Textbeispiel zeigen exemplarisch, wie die Hanafiten und Schafiiten die Aufforderung, am Opferfest ein Opfertier zu schlachten, normativ einordnen. Der erste Text ist ein Auszug aus dem Werk *al-Hidāya* des Hanafiten Burhān ad-Dīn ʿAlī ibn Abī Bakr al-Marġīnānī (gest. 593/1197). Al-Marġīnānī kommentiert in diesem Werk seine eigene Zusammenfassung der beiden Standardwerke von Muḥammad ibn al-Ḥasan aš-Šaybānī und Abū l-Ḥusayn Aḥmad ibn Abī Bakr al-Qudūrī (gest. 428/1037). Der Titel seiner eigenen Zusammenfassung heißt *Bidāyat al-mubtadī*.

Textbeispiel 2: Normativer Status der Opfergabe I

Rn. 11 Er [d. h. al-Qudūrī] sagt: Ein Opfertier zu schlachten ist eine Pflichthandlung [im Sinne von *wāǧib*] für jeden freien, sesshaften und vermögenden Muslim am Opferfest, und zwar für ihn selbst und seine minderjährigen Kinder.

قال: الأضحية واجبة على كل حر مسلم مقيم موسر في يوم الأضحى عن نفسه وعن ولده الصغار،

Rn. 12 Dass es eine Verpflichtung ist, sagen Abū Ḥanīfa [gest. 150/767], Muḥammad [ibn al-Ḥasan aš-Šaybānī, gest. 189/805], Zufar [ibn Huḏayl, gest. 158/775] und al-Ḥasan [ibn Ziyād, gest. 204/819] sowie nach einer von zwei Überlieferungen von Abū Yūsuf [gest. 182/798.] – Möge Gott sich ihrer erbarmen.

أما الوجوب فقول أبي حنيفة ومحمد وزفر والحسن وإحدى الروايتين عن أبي يوسف رحمهم الله.

Rn. 13 Von ihm [d. h. Abū Yūsuf] stammt [die zweite Auffassung], dass es [d. h. das Opfern] eine Sunna ist. Er erwähnt es in *al-Ǧawāmiʿ*[11]. Das ist [auch] die Meinung aš-Šāfiʿīs [gest. 204/820]. Aṭ-Ṭaḥāwī [gest. 321/933] erwähnt, dass [das Opfern] nach der Meinung Abū Ḥanīfas eine Pflicht ist, nach der von Abū Yūsuf und Muḥammad *sunna muʾakkada* [d. h. eine vom Propheten oft wiederholte Sunna] ist. Auf diese Weise berichten

وعنه أنها سنة، ذكره في «الجوامع»، وهو قول الشافعي، وذكر الطحاوي أن على قول أبي حنيفة: واجبة، وعلى قول أبي يوسف ومحمد: سنة مؤكدة، وهكذا ذكر بعض المشايخ الاختلاف.

11 Es wird berichtet, dass Abū Yūsuf ein Werk mit dem Titel *al-Ǧawāmiʿ* verfasst habe.

einige Autoritäten diesen Meinungsunterschied.

Rn. 14 Der Beleg dafür, dass es Sunna ist, ist seine Aussage [also die des Propheten] – Friede auf ihm –: »Wer von euch ein Opfertier schlachten will, der soll von seinem Fell und seinen Hufen nichts [in Anspruch] nehmen.« Wird etwas an den [freien] Willen angebunden, negiert dies, dass es eine Verpflichtung ist. Wäre es [ferner] eine Pflicht für den Sesshaften, wäre es auch für den Reisenden [eine Pflicht], denn sie werden, was die finanziellen Verpflichtungen wie die Almosensteuer anbelangt, nicht unterschiedlich behandelt. Es ist also wie die ʿUtrīya.[12]

وجه السنة قوله عليه الصلاة والسلام: «من أراد أن يضحي منكم فلا يأخذ من شعره وأظفاره شيئًا»، والتعليق بالإرادة ينافي الوجوب، ولأنها لو كانت واجبة على المقيم لوجبت على المسافر؛ لأنهما لا يختلفان في الوظائف المالية كالزكاة، وصار كالعترية.

Rn. 15 Der Beleg für die Verpflichtung ist seine Aussage [d. h. die des Propheten] – Friede auf ihm –: »Wer die finanziellen Mittel hat und kein Opfertier schlachtet, der soll sich unseren Gebetsorten bloß nicht nähern.« Solche Drohungen werden nur an Pflichthandlungen angebunden. Da es eine gottgefällige Tat ist, wird dazu eine [spezielle] Zeit angeordnet.

ووجه الوجوب قوله عليه الصلاة والسلام: «من وجد سعة ولم يضحّ فلا يقربن مصلانا»، ومثل هذا الوعيد لا يلحق بترك غير الواجب؛ ولأنها قربة يضاف إليها وقتها.

Textbeispiel 2: al-Marġīnānī, *al-Hidāya,* VII:146 f.

12 *ʿUtrīya* ist die rituelle Schlachtung von Opfertieren im Monat Raǧab, die abrogiert worden sei. Die Argumentationslogik ist: Ist dieses rituelle Schlachten für den Reisenden keine Pflicht, so ist es auch keine Pflicht für den Sesshaften.

Das dritte Textbeispiel ist ein Auszug aus *at-Tahḏīb* des Schafiiten Abū Muḥammad al-Ḥusayn ibn Muḥammad al-Farrāʾ al-Baġawī (gest. 516/1122). Al-Baġawīs Werk ist ein einflussreiches Werk, das dieser auf Grundlage des Werks *at-Taʿlīqa* seines Lehrers Abū ʿAlī al-Ḥusayn ibn Muḥammad al-Marwarrūḏī (gest. 462/1069) geschrieben hat.

Textbeispiel 3: Normativer Status der Opfergabe II

Rn. 17	Gott der Erhabene sagt: »[S]o bete für deinen Herrn und opfere« [Q 108:2]. ʿIkrima [gest. 105/723] und ʿAṭāʾ [ibn Abī Rabāḥ, gest. 114/732] sagen: Bete für deinen Herrn das Festgebet und opfere dein Leben [für ein gottgefälliges Leben].	قَالَ اللهُ تَعَالَى: (فَصَلِّ لِرَبِّكَ وَانْحَرْ) [الكوثر: 2]، قال عكرمةُ وعطاءٌ: فَصَلِّ لِرَبِّكَ صَلَاةَ العِيدِ، وَانْحَرْ نُسُكَكَ.
Rn. 18	Das Opfern ist eine empfehlenswerte Sunna.[13] Es ist eine Bezeichnung für das Vieh, das am Opferfest geschächtet wird. Es wird [bei Gott] reichlich entlohnt.	الأضحيةُ: سنةٌ مستحبّةٌ، وهي اسْمٌ للنَّعَمِ التي تُذْبَحُ يَوْمَ الأضحى، وثوابُها جزيلٌ؛
Rn. 19	Von ʿĀʾiša [bt. Abī Bakr, gest. 58/678] – Möge Gott an ihr Wohlgefallen haben – wird überliefert, dass der Gesandte Gottes – Friede und Segen auf ihm – sagte: »Es gibt keine menschliche Handlung am Tag des Opferns, die Gott lieber ist als Blut zu vergießen. Am Jüngsten Tag wird es [d. h. das Opfertier] mit seinen Hörnern,	رُوِيَ عن عائشة - رضي الله عنها-؛ أَنَّ رسُولَ الله - صلى الله عليه وسلم - قَالَ: « مَا عَمِلَ آدَمِيٌّ مِنْ عَمَلٍ يَوْمَ النَّحْرِ أَحَبَّ إِلَى اللهِ مِنْ إِهْرَاقِ الدَّمِ إِنَّهَا لَتَأْتِي يَوْمَ الْقِيَامَةِ بِقُرُونِهَا

13 Al-ʿImrānī ist der Auffassung, dass das Opfern eine *sunna muʾakkada* ist; vgl. al-ʿImrānī, *al-Bayān*, IV:434.

	seinem Fell und seinen Hufen erscheinen. Das Blut wird von Gott akzeptiert bevor es auf den Boden fällt. So reinigt damit eure Seele.« [...]	وَأَشْعَارِهَا وَأَظْلافِهَا وَإِنَّ الدَّمَ لَيَقَعُ مِنَ اللَّهِ بِمَكَانٍ قَبْلَ أَنْ يَقَعَ مِنَ الأَرْضِ فَطِيبُوا بِهَا نَفْسًا». [...]
Rn. 20	Das Opfern ist keine Pflicht, aufgrund dessen, dass von Abū Bakr [gest. 13/634] und ʿUmar [ibn al-Ḫaṭṭāb, gest. 23/644] – Möge Gott an ihnen Wohlgefallen haben – berichtet wird, dass sie keine Opfertiere schlachteten. Das hindert daran, es als eine Pflicht zu sehen.	وليست الأضحيةُ بواجبةٍ؛ لما رُوِيَ أن أبا بكر وعمر- رضي الله عنهما- كانا لا يُضَحِّيَانِ؛ كَراهيَةَ أن يُرَى أَنَّهَا واجبةٌ،
Rn. 21	Nach Abū Ḥanīfa [gest. 150/767] ist es eine Pflicht für alle Sesshaften, die die Mindestmenge [für die Almosensteuer] in Form einer der beiden Währungen [d. h. Gold- und Silbergeld, *dīnār* und *dirham*] besitzen, ein Opfertier zu schlachten, [und zwar] für sich selbst und für all die, für die sie unterhaltspflichtig sind.	وعند أبي حنيفة: هي واجبةٌ على كُلِّ مقيمٍ مَلَكَ نصاباً من أَحَدِ النَّقْدَيْنِ أنْ يُضَحِّيَ عَنْ نَفْسِهِ، وعَمَّنْ يلزمه نفقته.
Rn. 22	Es ist für jeden, der ein Opfertier schlachten möchte, eine empfehlenswerte Handlung, wenn der 10. Tag im [Monat] Ḏū l-Ḥiǧǧa eintritt.	ويستحبُّ لِمَنْ أَرَادَ الأضحيةَ، إذا دخَلَ عَشْرُ مِنْ ذي الحِجَّة.

Textbeispiel 3: al-Baġawī, *at-Tahḏīb*, VIII:37 f.

Zusammenfassung

Die verpflichtenden Normkategorien ordnen menschliche Handlungen nach ihrer Verbindlichkeit ein. Sie beantworten die Frage, wie verbindlich der Vollzug oder die Unterlassung einer bestimmten Handlung ist. So kann es verpflichtend bzw. empfohlen sein, eine Handlung zu vollziehen oder zu unterlassen. Es kann auch sein, dass es freigestellt ist, eine Handlung zu unterlassen oder zu vollziehen. Je nach der Einordnung von Handlungen wird auch impliziert, ob eine Handlung als gut oder böse einzustufen ist. Gebote und Verbote können in unterschiedlichen Konstellationen eine Auswirkung darauf haben, ob eine Handlung als gültig, nichtig, anfechtbar oder rechtswirksam eingestuft wird. Kann eine Handlung nicht unter gewöhnlichen Umständen vollzogen werden, bietet das islamische Recht die Möglichkeit, von juristischen Lizenzen Gebrauch zu machen. Wie genau eine Handlung einzuordnen ist, ist Gegenstand der Interpretation der Gelehrten, da diese Normen z. B. aus Aussagen in Koran und Sunna hergeleitet werden müssen.

Kapitel 3: Konditionen setzende Normen *(al-aḥkām al-waḍʿīya)*

Der Gesetzgeber fordert die Menschen nicht nur dazu auf, Handlungen zu vollziehen oder zu unterlassen. Er stellt auch dar, unter welchen Bedingungen eine Handlung erfolgen soll. Diese Bedingungen veranlassen in der Regel die Handlungsverpflichtung. Daneben müssen Handlungen selbst beschrieben werden: Woraus besteht z. B. das Gebet, das verrichtet werden soll? Es gibt also zusätzlich Normkategorien, die die äußeren Rahmenbedingungen von Handlungen beschreiben. Erst nach der Konstituierung dieser Rahmenbedingungen kann man bewerten, ob eine Handlung gültig, nichtig oder anfechtbar ist. Also haben wir zwei Typen von Regelungen, die die Rahmenbedingungen darstellen. Das sind die sogenannten Konditionen setzenden Normen (*al-aḥkām al-waḍʿīya*): 1.) Normen, die die Voraussetzungen und Rahmenbedingungen darstellen und 2.) Normen, die auf die Bewertung der Gültigkeit und Nichtigkeit von Handlungen abzielen. Im Folgenden werde ich nacheinander beide Kategorien vorstellen. Abschließend werde ich noch die Begriffe präsentieren, die den Vollzug einer Handlung zur vorgegebenen Zeit darstellen bzw. beschreiben, dass eine Handlung nachgeholt wurde.

3.1 Normen, die die Voraussetzungen und Rahmenbedingungen bestimmen

Zu den Normen, die die Voraussetzungen und Rahmenbedingungen festsetzen, gehören die Ursache bzw. der Anlass (*sabab*), die Bedingung (*šarṭ*), das Hindernis (*māniʿ*) und der Bestandteil (*rukn*). Die Reihenfolge ergibt sich aus der folgenden Logik: Erst wenn eine Verpflichtung durch bestimmte Faktoren veranlasst wird, müssen noch weitere Bedingungen und Hinderungsgründe geprüft werden, um den Handlungsvollzug zu ermöglichen. Entsprechend muss zuletzt noch gefragt werden, welche Bestandteile die Handlung hat, damit der Vollzug der Handlung vollständig wird.

3.1.1 Die Ursache bzw. der Anlass *(as-sabab)*

In Bezug auf die Definition von *as-sabab* sind sich die Gelehrten nicht einig. Generell wird *as-sabab* definiert als das, dessen Existenz bzw. Absenz der Gesetzgeber als Zeichen für die Existenz bzw. Absenz einer Norm bestimmt. Der Grund, weshalb hier die Gelehrten vorsichtig sind und nicht von einer Kausalität im Sinne einer Verursachung sprechen, ist theologischer Natur. Die Mehrheit der sunnitischen Gelehrten geht davon aus, dass bestimmte Faktoren als Anlass für Verpflichtungen dienen können. Es liegt aber keine selbstständige Kausalität zwischen *sabab* und *musabbab* (das Veranlasste bzw. das Verursachte) vor. Befürwortete man die Kausalität, so würde dies bedeuten: Sobald eine Ursache vorliegt, kommt die Verpflichtung selbstständig zustande. Das aber negieren viele Gelehrte: Es sei nicht selbstverständlich, dass diese Verpflichtung zustande komme, sondern Gott bestimme sie als solche aus einem frei von ihm gewählten Anlass. Diese Gelehrten negieren eine von göttlichem Wirken unabhängige Kausalität auf der Welt. Es gibt viele unterschiedliche Ansätze, die Frage nach der Kausalität zu beantworten, auf die wir nicht näher eingehen können. Schließlich hat es sich im islamrechtlichen Diskurs durchgesetzt, dass *sabab* als Zeichen für die Existenz einer Norm gilt. Beide, also Ursache und Verursachtes bzw. Anlass und Veranlasstes werden von Gott quasi separat erschaffen.

Eine weitere Diskussion dreht sich darum, ob der Anlass mit dem Rechtsgrund (*ʿilla*) einer Norm identisch ist. Beide Meinungen werden vertreten. Der Rechtsgrund einer Norm begründet die Norm;

mit seiner Existenz existiert sie. Fällt er weg, fällt die Norm ebenfalls weg. Der Rechtsgrund ist zentral für den *qiyās*, also die analoge Bewertung von zwei sich ähnelnden Sachverhalten: Er ist das Bindeglied z. B. in der Übertragung des Verbots des Weinkonsums auf alle weiteren alkoholischen Getränke. Da der Rechtsgrund das Verbot veranlasst, wird er von vielen Gelehrten als *sabab* betrachtet. In diesem Fall sind *sabab* und *ʿilla*, also Anlass und Rechtsgrund, synonym. Viele Gelehrte unterscheiden aber auch beide voneinander. Der Unterschied ist dann, dass der Anlass nicht unbedingt rational erfassbar und passend für einen Fall sein muss. Vielmehr wird eine Sache vom Gesetzgeber (willkürlich) als Anlass festgelegt. Das bedeutet nicht, dass der Anlass irrational ist, sondern dass er sich nicht auf eine bestimmte Ratio festlegen lässt; er übertrifft und transzendiert die Ratio; er ist transrational. Ein Beispiel dafür ist, dass die unterschiedlichen Positionen der Sonne am Himmel als Anlass für die Verrichtung von diversen Gebeten bestimmt werden. Die Verpflichtung zum Gebet hätte auch anders bestimmt werden können.

3.1.2 Bedingung *(šarṭ)*

Generell werden zwei Typen von Bedingungen unterschieden: rechtliche (*šarʿī*) und selbst festgelegte (wörtl. *ǧaʿlī*, ›positive‹). Die zweite Kategorie gilt für Bedingungen, die die Vertragspartner während des Vertragsschlusses selbst setzen. Rechtliche Bedingungen sind dagegen solche, die vom Gesetzgeber vorgegeben sind. Es handelt sich dabei um Dinge, durch deren Existenz die angebundene Sache existieren kann, ihre Existenz aber nicht zwangsläufig bewirkt. Entsprechend existiert die Sache nicht, wenn die Bedingung nicht eingehalten wird. Dabei ist die Bedingung aber kein Teil der Sache, die sie bewirkt. So ist etwa eine Ehe bei fehlenden Zeugen nichtig, aber rein durch die Zusammenkunft der zwei Zeugen kommt keine Ehe zustande, denn dafür braucht es mehr, z. B. Ehepartner. Für das Gebet ist die rituelle Reinigung eine Bedingung. Dadurch aber, dass man die rituelle Reinigung vollzogen hat, entsteht nicht die Pflicht, das Gebet zu verrichten.

Die Bedingung kann sich auf den Anlass einer Norm beziehen oder auf die Norm selbst. Das obige Beispiel zur Eheschließung ist ein Beispiel für die Bedingung der Norm (*šarṭ al-ḥukm*). Ein Beispiel für die Bedingung für den Anlass (wörtl. *šarṭ as-sabab*) ist die vorsätzliche Tötung, um als Strafe die Talion (Vergeltung) verhängen zu können. Der Totschlag ist der Anlass für die Strafe, die aber den Vorsatz (*ʿamd, taʿammud*) als Bedingung hat. Fehlt diese Bedingung, darf diese Strafe nicht angeordnet werden. Ähnlich ist es beim Beginn des Ramadans: Der Monat Ramadan ist der Anlass dafür, dass gefastet werden soll; die Sichtung der Mondsichel ist die Bedingung für den Anlass. Solange man sie nicht sichtet oder ihre potentielle Sichtung berechnet, beginnt der Monat Ramadan und somit die Fastenzeit nicht.

3.1.3 Hindernis *(mäniʿ)*

Die moderne Einführungsliteratur diskutiert Hinderungsgründe als unabhängige Kategorie unter *al-aḥkām al-waḍʿīya*. Das kommt bei vielen Gelehrten in vormoderner Literatur ebenfalls vor. Viele Gelehrte diskutieren sie dagegen unter *ʿazīma* und *ruḫṣa*, andere unter der Überschrift zur Spezifikation (*taḫṣīṣ*) – Spezifikation ist die Methode, die es erlaubt, z. B. allgemeine Aussagen und Handlungsaufforderungen auf eine bestimmte Gruppe zu beschränken. Insgesamt lässt sich sagen, dass ein Hindernis (*māniʿ*) beschrieben wird als etwas, das die Existenz einer Norm oder eines Anlasses unterbindet. Im Grunde genommen erfüllen Hinderungsgründe dieselbe Funktion wie Bedingungen. Daher gibt es Hinderungsgründe für die Norm (sog. *māniʿ al-ḥukm*) und für den Anlass (sog. *māniʿ as-sabab*). Tötet etwa ein Erbberechtigter den Erblasser, verhindert der Mord als Hinderungsgrund den Erhalt des Erbanteils. Der Mörder wird vom Erbe ausgeschlossen, obwohl er eigentlich erbberechtigt wäre, da ein Hadith seinen Ausschluss vorsieht. Hat jemand Schulden und besitzt gleichzeitig die Mindestmenge, die es verpflichtend macht, eine Almosensteuer zu zahlen, so verhindern die Schulden als Hinderungsgrund die Verpflichtung, Almosensteuer zu entrichten. Der Anlass der Pflicht zur Entrichtung der Almosensteuer ist der Besitz der geforderten Mindestmenge (*niṣāb*). Die Schulden zeigen aber, dass man im Grunde genommen weniger als die Mindestmenge besitzt, die für die Verpflichtung zur Entrichtung der Almosensteuer notwendig ist.

3.1.4 Bestandteil *(rukn)*

Rukn (Pl. *arkān*) ist ein Bestandteil einer Handlung. Nicht immer werden Bestandteile als eine unabhängige Kategorie aufgelistet. Die Mehrheit der Gelehrten versteht Bestandteile als eine Bedingung von Handlungen. Insbesondere Hanafiten aber unterscheiden Bestandteile von Bedingungen: Für sie gehören Bedingungen nicht zur Handlung selbst, Bestandteile dagegen schon. So wird die Rezitation des Korans im Gebet als Bestandteil des Gebets betrachtet, die rituelle Reinigung aber als Bedingung. Im letzten Fall sind beide Handlungen voneinander unabhängig. Die Gelehrten sind sich zwar darin einig, dass man sowohl bei gottesdienstlichen als auch zwischenmenschlichen Beziehungen die Bestandteile einer Handlung bestimmen muss. Sie sind sich aber oft nicht einig, was alles zu diesen Bestandteilen gehört. Unterlässt man die Bestandteile einer Handlung, führt dies oft zur Nichtigkeit der vollzogenen Handlung. In den zwischenmenschlichen Beziehungen ist man sich allerdings nicht einig: Es kann sein, dass Handlung nicht nichtig werden, sondern nur anfechtbar. Im weiteren Verlauf werden wir dafür noch Beispiele sehen.

3.2 Regelungskategorien, die die Handlungen bewerten: Gültigkeit *(ṣiḥḥa)* und Nichtigkeit *(buṭlān, fasād)* bzw. Anfechtbarkeit *(fasād)*

In der vormodernen Literatur ist es umstritten, ob die Kategorien zur Gültigkeit und Nichtigkeit einer Handlung zu *al-aḥkām at-taklīfīya* oder zu *al-aḥkām al-waḍʿīya* gehören. Es werden beide Meinungen vertreten. Viele sind der Ansicht, dass gültige Handlungen zumindest in den Bereich der freigestellten Handlungen fallen und, wenn eine Handlung nichtig ist, der Handlungsvollzug verboten oder verpönt ist. Daher seien sie den *al-aḥkām at-taklīfīya* zuzuordnen. Andere sehen hierin eine rein formale Bewertung bereits bestehender Normen, die in den Bereich der *al-aḥkām at-taklīfīya* fallen. Daher müssten Bewertungskategorien wie Gültigkeit und Nichtigkeit den *al-aḥkām al-waḍʿīya* zugeordnet werden; sie beauftragen ja nicht, eine Handlung zu vollziehen oder zu unterlassen, sondern ordnen zu, ob die vollzogene Handlung gültig oder nichtig ist. Ich teile diese Auffassung und ordne die Nichtigkeit und Gültigkeit den *al-aḥkām al-waḍʿīya* zu.

Erfüllt eine Handlung alle Bedingungen und tritt z. B. der Anlass für ihre Verpflichtung ein, liegen keine Hinderungsgründe vor und wurden alle Bedingungen eingehalten, so ist die Handlung gültig (*ṣaḥīḥ*; Gültigkeit wird mit *ṣiḥḥa* wiedergegeben). Diese Kategorie gilt sowohl für gottesdienstliche Handlungen als auch für Handlungen aus dem Bereich der zwischenmenschlichen Beziehungen.

Wir finden in der Literatur einen weiteren Begriff, der ähnlich ist. Das ist *iǧzāʾ* (zu Deutsch etwa ›das Genügen‹). *Iǧzāʾ* bezieht sich eher auf die gottesdienstlichen Handlungen und bedeutet, dass man die notwendigen Vorschriften für die Gültigkeit der Handlung eingehalten hat, sodass die Verantwortung, diese Handlung zu vollziehen, entfällt. Es wird auch die Meinung vertreten, *iǧzāʾ* bedeute, dass die Verpflichtung, eine Handlung nachzuholen, entfällt.

Werden die Vorschriften für eine Handlung nicht eingehalten, so ist die Handlung nichtig. Bei den gottesdienstlichen Handlungen sind sich die Gelehrten einig, dass die beiden Begriffe *fāsid* und *bāṭil* im Sinne von ›nichtig‹ verwendet werden. Die Nichtigkeit wird entsprechend mit *fasād* und *buṭlān* wiedergegeben. Verrichtet man etwa das Gebet ohne die rituelle Reinigung, ist es nichtig. Man muss es von Neuem verrichten, da die Verantwortung, diese Handlung zu vollziehen, durch die nichtige Handlung noch nicht entfallen ist. Im Bereich der zwischenmenschlichen Beziehungen scheiden sich die Geister: Die Mehrheit der Gelehrten verwendet beide Begriffe synonym und geht davon aus, dass sie ›nichtig‹ bedeuten. Hanafiten dagegen unterscheiden in diesem Bereich zwischen den Kategorien ›nichtig‹ (*bāṭil*) und ›anfechtbar‹ (*fāsid*). Verträge können z. B. eine wesentliche Eigenschaft haben, die selbst verboten ist, wie etwa der Vertragsschluss ohne Angebot und Annahme oder ein Vertrag mit einer Person, die die Bedingungen für geschäftsfähige Personen nicht erfüllen. Solche Handlungen sind nichtig (*bāṭil*). Bezieht sich der Defekt aber auf eine Eigenschaft des Vertrags und betrifft er ihn nicht wesentlich, so ist der Vertrag zwar gültig, aber anfechtbar. Er ist nur teilweise rechtswirksam. Ein Beispiel: Schließt jemand einen verzinsten Kaufvertrag ab und hat die Besitzübertragung stattgefunden, dann gehört dieses erworbene Gut zum Eigentum des Käufers. Wird eine Ehe in Abwesenheit von Zeugen geschlossen, dann wird, sofern das Paar Geschlechtsverkehr hatte, die Zahlung des Brautgeldes fällig, und im Falle einer Scheidung muss die Frau die Wartezeit einhalten.

Es gibt in jeder Rechtsschule diesbezüglich nuancierte Ansichten, die hier nicht alle besprochen werden können. Der Meinungsstreit geht auf die Frage zurück, ob verbietende Aussagen in Koran und Sunna auf die Nichtigkeit von verbotenen Handlungen verweisen. Dies hängt zugleich mit den Subkategorien vom Bösen und der Unterscheidung von wesentlich und akzidentiell ›bösen‹ Eigenschaften von Handlungen ab.

3.3 Der reguläre Vollzug einer Handlung bzw. die Nachholung

In der Literatur werden noch drei weitere Begriffe diskutiert, die in der Systematik an verschiedenen Stellen vorkommen. Der schafiitische Gelehrte Badr ad-Dīn az-Zarkašī (gest. 794/1392) ordnet sie unter *al-aḥkām al-waḍʿīya*, worin ich ihm folgen möchte. Es handelt sich um die Begriffe *adāʾ* (regulärer Vollzug), *qaḍāʾ* (Nachholung) und *iʿāda* (Wiederholung).[14]

14 Vgl. az-Zarkašī, *al-Baḥr al-muḥīṭ*, I:332. Er nennt diese Kategorien als »Ansprache des Setzens [von Konditionen usw.]« (*ḫiṭāb al-waḍʿ*).

Hält jemand eine Verpflichtung zu der vorgeschriebenen Zeit ein, spricht man vom regulären Vollzug. (Je nach Rechtsschule kann die Definition variieren.) Einige definieren *adāʾ* eng und beschränken es auf gottesdienstliche Handlungen, die feste Zeiten haben. Andere wiederum sehen jede Art regulären Handlungsvollzugs als *adāʾ*, sei es im Bereich der gottesdienstlichen Handlungen oder der zwischenmenschlichen Beziehungen. Es ist klar, dass die Handlung zur vorgegebenen Zeit vollzogen werden muss, wenn die Verpflichtung zeitlich nicht flexibel, sondern *muḍayyaq* (eng) ist. Umstritten ist, wann eine Handlung wirklich zu einer Verpflichtung wird, wenn das vorgesehene Zeitfenster flexibel ist; hierbei geht es um zeitlich ausgedehnte (*muwassaʿ*) Verpflichtungen. Einig ist man sich, dass eine Verpflichtung zum letztmöglichen Zeitpunkt besteht; das Zeitfenster davor ist umstritten. Diese Diskussion hat meist theologische Konsequenzen: Führt jemand eine Verpflichtung zur erstmöglichen Zeit aus und folgt er der Meinung, dass eine Verpflichtung erst zum letztmöglichen Zeitpunkt des Vollzugs vorliegt, stirbt aber vor dem Eintritt der letztmöglichen Zeit für den Vollzug, wäre diese Handlung als eine erwünschte Handlung (*nāfila* oder *mandūb*) zu kategorisieren. Diese Person ist im Jenseits nicht verantwortlich für die Unterlassung: Sie hat die Handlung ja vollzogen, jedoch nicht zu jener Zeit, in der sie verpflichtend gewesen wäre – diese Zeit aber hat die Person nicht mehr miterlebt und ist daher entschuldigt.

Jede Handlung soll in der Regel von den Individuen selbst ausgeführt werden. Der Vollzug kann allerdings in Ausnahmefällen übertragen werden. Dazu gehört die Begleichung der Schulden eines Verstorbenen und der Vollzug von Handlungen, zu deren Ausführung man einen Eid geleistet hat. Ferner kann man für Verstorbene die Pilgerfahrt vollziehen und auch für kranke Personen, die es selbst nicht tun könnten. Heute ist außerdem die Praxis verbreitet, dass die Gläubigen nicht selbst ein Opfertier am Opferfest schlachten, sondern die Schlachtung delegieren; das Gleiche gilt für die Verteilung der Almosensteuer. Es wird aber bedingt, dass die Person, die sich vertreten lässt, Kenntnis über den Stand des Handlungsvollzugs haben und selbst die Vertretung anordnen muss.

Wird eine Handlung nicht in der vorhergesehenen Zeit vollzogen, handelt es sich um *qaḍāʾ* (Nachholung). Das Wort *qaḍāʾ* kann jedoch in anderen Kontexten ein richterliches Urteil wiedergeben oder sich auf den Schicksalsglauben beziehen. In unserem Kontext bezieht es sich nur auf die Nachholung von Pflichthandlungen. Die Auffassung darüber, wie *qaḍāʾ* definiert werden soll, läuft analog zur Diskussion um den regulären Handlungsvollzug (*adāʾ*).

Umstritten ist, ob auch empfohlene Handlungen nachgeholt werden müssen bzw. können; meist wird dies ausgeschlossen. Ferner können nicht alle Verpflichtungen nachgeholt werden. Endet z. B. das Freitagsgebet, kann es in der Regel nicht nachgeholt werden; der Ersatz dafür ist das reguläre Mittagsgebet. Hat man Zeit, eine Handlung innerhalb der vorgesehenen Zeit der Verpflichtung zu wiederholen, da man die Handlung nicht ordnungsgemäß vollzogen hat, so wird dies Wiederholung (*iʿāda*) und nicht Nachholung genannt. Generell wird davon abgeraten, die Zeit für eine Pflichthandlung ohne einen Entschuldigungsgrund verstreichen zu lassen. Ob die Verpflichtung dazu, eine Handlung nachzuholen, ohne Weiteres vorausgesetzt werden kann oder ob es dazu einen gesonderten Befehl in den autoritativen Texten geben muss, ist unter den Gelehrten umstritten.

Die Grafik (Schema 4) fasst die beschriebenen Normkategorien zusammen.

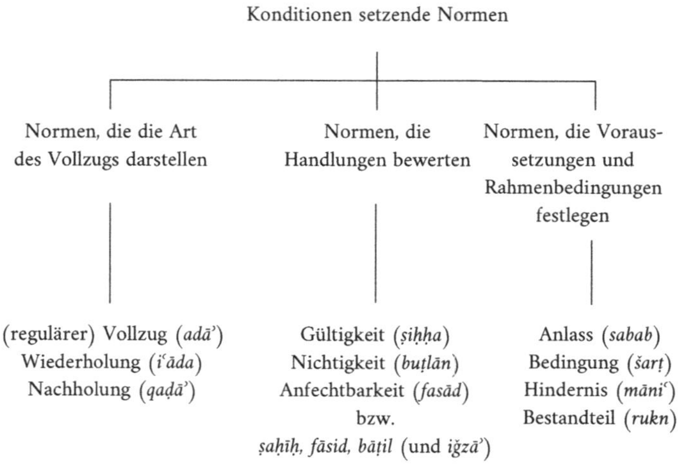

Schema 4: Konditionen setzende Normkategorien

Zusammenfassung

Islamrechtliche Normen, Regelungen und Beurteilungskategorien beschreiben nicht nur, mit welcher Verbindlichkeit eine Handlung vollzogen bzw. unterlassen werden soll oder kann. Sie können Konditionen wie etwa Bedingungen und Hinderungsgründe setzen, unter denen Handlungen vollzogen werden können. Diesen Konditionen entsprechend gibt es Normkategorien, die darüber entscheiden, ob der Vollzug einer Handlung gültig oder nichtig ist. Ferner beschreiben weitere Kategorien, ob eine Handlung regulär vollzogen wurde oder nachgeholt bzw. wiederholt werden muss. Da diese Kategorien sich von den verpflichtenden Normkategorien unterscheiden, werden sie unter dem Begriff »[Konditionen] setzende Normen« (*al-aḥkām al-waḍʿīya*) subsumiert. Sie beinhalten keine Wertung wie gut und böse, wie es der Fall für verpflichtende Normen war, sondern beschränken sich auf die formale Prüfung: Wurden Bedingungen eingehalten, wurden alle Bestandteile einer Handlung berücksichtigt? Auf diese und ähnliche Fragen antworten die *al-aḥkām al-waḍʿīya*.

Kapitel 4: Rechtsansprüche: Gottes Recht und Menschen Recht

Gegenstand der Normkategorien sind Handlungen. Die Rechtsansprüche gegenüber diesen Handlungen werden in den *uṣūl al-fiqh* u. a. unter der Überschrift *al-maḥkūm fīh* bzw. *al-maḥkūm bihi* behandelt. Bevor wir die dazugehörigen Kategorien betrachten können, müssen wir auf die Bedingungen eingehen, unter denen Handlungen befolgt werden müssen.

Im Allgemeinen bedingen die Gelehrten, dass die juristisch verantwortlichen Personen Kenntnis über eine Handlungsanweisung haben müssen. Sonst wäre die Verpflichtung, eine Handlung zu vollziehen, hinfällig. Wenn man nicht wisse, was man tun oder unterlassen soll, könne man auch nicht zur Rechenschaft gezogen werden. Dabei sei es aber kein Entschuldigungsgrund, eine Handlungsanweisung nicht zu kennen. Vielmehr setzten die Gelehrten voraus, dass man lediglich die Möglichkeit haben muss, erlernen zu können, welche Pflichthandlungen befolgt werden müssen. Entsprechend gilt nach vormoderner Vorstellung, dass diese Voraussetzung gegeben ist, wenn man sich in einem muslimischen Land (also im *dār al-Islām*, ›Haus des Islam‹) befindet. Dass dies heute nicht mehr gelten kann, wird in der Literatur offen angesprochen. Denn die geographische Teilung der Welt in *dār al-ḥarb* (›Haus des Krieges‹, also nichtmuslimisches Gebiet) und *dār al-islām* ist sogar für traditionalistische Gelehrte nicht mehr möglich.

Ferner bedingen die Gelehrten, dass die Handlungsanweisungen die menschlichen Möglichkeiten nicht übersteigen dürfen. Diese Frage wird ebenfalls in der systematischen Theologie (*kalām*) diskutiert; es geht um das sogenannte *taklīf mā lā yuṭāq*. In diesem Rahmen wird auch diskutiert, wie man mit der Mühe (*mašaqqa*), die der Mensch für die Befolgung von Handlungsanweisungen aufzubringen hat, umgehen muss. Dass der Mensch sich bei der Befolgung von Handlungsanweisungen bemühen muss, steht der Verpflichtung, eine Handlung zu vollziehen, nicht im Wege. Aber je nachdem, wie schwer die Mühe wiegt, können Pflichten als individuelle oder kollektive Pflichten eingeordnet werden. Tatsächlich kommt es in der Literatur vor, dass Handlungsanweisungen, die als Pflicht erscheinen, als empfohlen ausgelegt werden, mit dem Argument, dass eine Verpflichtung dazu zu schwer wiegen würde. So wird etwa die in Q 2:282 mit einem Imperativ ausgedrückte Aufforderung, Schuldverhältnisse aufzuschreiben, als eine Empfehlung gedeutet. Viele Gelehrte argumentieren hierzu, dass es zu schweren Belastungen der muslimischen Gemeinschaft führen könnte, wenn man Schuldverhältnisse immer aufschreiben müsste.[15]

Kommen wir nun zu den Kategorien von Handlungen. Handlungen werden nach dem Rechtsanspruch in zwei Bereiche aufgeteilt: Gottes Recht (*ḥuqūq Allāh*) und Recht der Menschen (*ḥuqūq al-ʿibād*) – Letzteres darf nicht mit den Menschenrechten verwechselt werden. Umschreiben lassen sich beide Begriffe als kollektives und individuelles Interesse, aus denen sich Handlungsanweisungen ergeben. Handlungsanweisungen fallen in den Bereich des Rechts Gottes, wenn damit das allgemeine Interesse bzw. das Interesse der Öffentlichkeit geschützt werden soll. Individuelle Interessen werden dabei nicht geachtet. Das ist auch der Grund, weshalb man diese Rechtsansprüche als ›Gottes Recht‹ beschreibt: Er schützt das Interesse der Allgemeinheit. Hierunter fallen in erster Linie die gottesdienstlichen Handlungen (*ʿibādāt*). Ferner werden unter dem Begriff *maʾūna* (›Hilfeleistungen‹) gottes-rechtliche Handlungen verstanden, die finanzielle Verpflichtungen und Leistungen darstellen. Dazu gehören steuerrechtliche Bestimmungen, also Steuerabgaben, und religiöse Stiftungen (*awqāf*, Sg. *waqf*). Religiöse finanzielle Verpflichtungen wie die Almosengabe im Ramadan (das sog. *ṣadaqat al-fiṭr*) gehören ebenfalls dazu. Auch strafrechtliche Bestimmungen (*ʿuqūbāt*) gehören größtenteils zum Gottes-

15 Siehe z. B. ar-Rāzī, *Tafsīr*, VII:119.

Recht. Unter diese strafrechtlichen Bestimmungen fallen in erster Linie die koranischen Körperstrafen (sog. *ḥudūd*, Sg. *ḥadd*), wie etwa die Strafe für Unzucht und Diebstahl. Sie werden ›vollkommene Strafen‹ (*ʿuqūbāt kāmila*) genannt. Dem gegenüber stehen ›beschränkte Strafen‹ (*ʿuqūbāt qāṣira*), wie etwa der Ausschluss des Mörders als Erben, der seinen Erblasser ermordet. Diese Strafen werden als beschränkt bezeichnet, da sie keine Körperstrafen, sondern nur Geldstrafen sind. Im Rahmen von Strafen werden ebenfalls Sühnen (*kaffārāt*) besprochen, die zugleich als Strafen und gottesdienstliche Handlungen zu verstehen sind. Sie werden als eine Strafe für ein Fehlverhalten auferlegt, sind aber von ihrem Wesen her eine gottesdienstliche Tat, wie etwa das Fasten oder das Almosenentrichten. Zuletzt werden noch Rechtsansprüche genannt, die unabhängig von Personen entstehen, wie etwa der Anspruch des Staates auf ein Fünftel der Kriegsbeute (*ġanīma*) oder an Bodenschätzen (*maʿdin*), um z. B. Gemeinnütziges zu finanzieren.

›Recht der Menschen‹ beschreibt im Gegensatz zum Gottes-Recht individuelle Rechtsansprüche. Es geht um Interessen (*maṣāliḥ*), die der Mensch selbst erzeugt. Während Rechtsansprüche im Bereich des Gottes-Rechts ohne Rücksicht auf die Individuen entstehen, entsteht das Menschen-Recht nur mit Rücksicht auf Individuen. Das Individuum hat das Anrecht darauf, auf dem Recht zu bestehen oder darauf zu verzichten. Die Rechtsansprüche werden aus diesem Grund eher im Bereich der zwischenmenschlichen Handlungen verortet. Dazu gehören z. B. Schadensersatzansprüche, vertragliche Verpflichtungen und Vereinbarungen in Eheverträgen.

In einigen Rechtsbereichen überschneiden sich die Rechtsansprüche: Gottes Recht und das Recht der Menschen fallen ineinander, meist im Bereich des Strafrechts (dabei handelt es sich um ›gemischte Rechtsansprüche‹, *ḥuqūq muǧtamaʿa* bzw. *muḫtalaṭa*). Hier gibt es zwei Konstellationen: Zum einen kann Gottes Recht überwiegen, zum anderen das Recht der Menschen. Das Gottes-Recht überwiegt z. B. in der Bestrafung der Bezichtigung einer Frau, Unzucht begangen zu haben (sog. ›Strafe des Verleumdens‹, *ḥadd al-qaḏf*). Wenn z. B. eine Frau vor Gericht geht und anklagt, dass jemand sie der Unzucht bezichtigt habe, so kann der Prozess nicht ohne Urteil beendet werden, auch wenn sie dieser Person vergeben oder die Anklage zurückziehen sollte. Die Mehrheit der Gelehrten sieht hierin eher ein Menschen-Recht anstatt ein Recht Gottes, sodass eine Anklage nur erfolgen kann, wenn die Bezichtigte selbst Anklage erhebt.

Das Menschen-Recht aber überwiegt gegenüber dem Gottes-Recht im Falle des Talionsprinzips (*qiṣāṣ*) für Verletzungen, Totschlag und Mord. Solange der:die Verletzte oder die Rechtsnachfolger:innen des Opfers nicht klagen, wird die Köperstrafe nicht angewandt. Es ist somit das Recht der Individuen, über den Vollzug der Strafe zu entscheiden. Dennoch kann der Herrscher oder eine sonstige befugte Person durch einen Gerichtsentscheid eine Ermessensstrafe für den Totschlag oder die Verletzung anordnen.

Wir halten also fest: Bevor vor Gericht oder im Rahmen einer Fatwa entschieden werden kann, ob eine Handlungsanweisung befolgt werden soll oder wie durchsetzungsfähig z. B. eine Strafe oder ein Rechtsgeschäft ist, müssen die Rechtsansprüche geprüft werden. Je nach Zuordnung – die je nach Rechtsschule variieren kann – kann die Anwendung und Ausgestaltung von Normen abweichen. Gerichtsentscheidungen, in denen die herrschende Autorität über die Vollstreckung von Normen entscheidet, fallen (oft) nicht in den Bereich der gottesdienstlichen Handlungen. Das Steuerrecht etwa, das teilweise in den Bereich der gottesdienstlichen Handlungen fällt (wie z. B. Almosensteuer), kann aber auch in der Verantwortung der herrschenden Autorität bzw. des Staates liegen. Gottes Recht im Bereich der gottesdienstlichen Handlungen wird von Religionsgelehrten (Sg. *muftī*) behandelt und entschieden, etwa in Fragen danach, ob die Individuen ihren Pflichten nachgekommen sind bzw. welche Handlungen sie verbindlich zu befolgen haben. Die Gelehrten können aber keinen Vollzug erzwingen.

Um die Auswirkungen dieser Unterteilung auf die Meinungsunterschiede unter den Rechtsschulen zeigen zu können, möchte ich einen Auszug aus Abū l-Walīd ibn Rušds (gest. 595/1198) *Bidāyat al-muǧtahid* zum Diebstahl übersetzen. Ibn Rušds Werk ist ein rechtsvergleichendes Buch, das die bekanntesten islamrechtlichen Fragen kurz beschreibt, die Argumente der Rechtsschulen zusammenfasst und auf den Dissensgrund aufmerksam macht.

Textbeispiel 4: Diebstahl

Rn. 23	Die Meinung über die Verpflichtung [des Strafvollzugs]: Die Pflicht in diesem Verbrechen, wenn die Eigenschaften vorliegen, die wir beschrieben haben – ich meine die vorliegenden in Bezug auf den Dieb, der gestohlenen Sache und die Eigenschaft des Diebstahls –; so ist man sich darin einig, dass die Amputation eine Pflicht ist, insofern als dass er [d. h. der Diebstahl] ein Verbrechen ist, so auch der Schadensersatz, wenn die Amputation entfällt.	القول في الواجب وأما الواجب في هذه الجناية إذا وجدت بالصفات التي ذكرنا، أعني الموجودة في السارق وفي الشيء المسروق وفي صفة السرقة -فإنهم اتفقوا على أن الواجب فيه القطع من حيث هي جناية، والغرم إذا لم يجب القطع.
Rn. 24	Man ist sich nicht einig darin, ob man Schadensersatz und Amputation vereinen kann [d. h. mit beiden zugleich urteilt].	واختلفوا هل يجمع الغرم مع القطع؟
Rn. 25	Eine Gruppe sagt: Er [d. h. der Dieb] muss trotz Amputation Schadensersatz leisten. Dieser Meinung sind aš-Šāfiʿī [gest. 204/820], Aḥmad ibn Ḥanbal [gest. 241/855], al-Layṯ [ibn Saʿd, gest. 175/791], Abū Ṯawr [gest. 240/854] und eine Gruppe [von Gelehrten].	فقال قوم: عليه الغرم مع القطع، وبه قال الشافعي، وأحمد، والليث، وأبو ثور، وجماعة.
Rn. 26	Eine [andere] Gruppe sagt: Er muss keinen Schadensersatz leisten, wenn er die gestohlene Sache selbst nicht mehr besitzt. Dieser Meinung sind Abū Ḥanīfa [gest. 150/767], [Sufyān] aṯ-Ṯawrī [gest. 161/778], Ibn Abī Laylā	وقال قوم: ليس عليه غرم إذا لم يجد المسروق منه متاعه بعينه، وممن قال بهذا القول أبو حنيفة،

	[gest. 148/765] und eine Gruppe [von Gelehrten].	والثوري، وابن أبي ليلى وجماعة.
Rn. 27	Mālik [ibn Anas gest. 179/795] und seine Anhänger unterscheiden [verschiedene Konstellationen] und sagen: Wenn er bemittelt [bzw. vermögend] ist, wird dem Dieb angeordnet, den Wert des Gestohlenen zu begleichen. Ist er nicht bemittelt, wird es ihm nicht angeordnet, wenn er sich bereichert [d. h. später wohlhabend wird]. Mālik bedingt [für die Anordnung des Schadensersatzes] das [fortwährende] Bestehen des [Zustands des] Wohlstands bis zum Tag [des Vollzugs] der Amputation, so wie es Ibn al-Qāsim [gest. 191/806] von ihm berichtet.	وفرق مالك وأصحابه، فقال: إن كان موسرًا أتبع السارق بقيمة المسروق، وإن كان معسرًا لم يتبع به إذا أثرى. واشترط مالك دوام اليسر إلى يوم القطع فيما حكى عنه ابن القاسم.
Rn. 28	Die Stütze derer, die die zwei Angelegenheiten [d. h. die Amputation und den Schadensersatz] vereinen, ist, dass im Diebstahl zwei Recht[sansprüch]e zusammenkommen: Das Recht Gottes und das Recht für den Menschen. Jedes Recht erfordert seine jeweilige [verbindliche] Wirkung. Und, ist man sich einig darin, dass man es [d. h. das gestohlene Gut] von ihm [d. h. dem Dieb] nehmen muss, wenn es sich als solches bei ihm befindet, dann muss er dafür haften, wenn es sich bei ihm nicht [mehr] befindet, und zwar in Analogie zu anderen [zur Haftung] verpflichtenden Gütern.	فعمدة من جمع بين الأمرين أنه اجتمع في السرقة حقان: حق لله، وحق للآدمي فاقتضى كل حق موجبه. وأيضا فإنهم لما أجمعوا على أخذه منه إذا وجد بعينه لزم إذا لم يوجد بعينه عنده أن يكون في ضمانه قياسًا على سائر الأموال الواجبة.

Rn. 29	Die Stütze der kufischen Gelehrten ist der Hadith von ʿAbd ar-Raḥmān ibn ʿAwf [gest. 32/652], dass der Gesandte Gottes – Friede und Segen auf ihm – sagte: »Der Dieb wird mit der Geldstrafe nicht bestraft, wenn die *ḥadd*-Strafe [d. h. die Amputation] vollzogen wird.« Dieser Hadith ist nach den Hadithwissenschaftlern schwach. Abū ʿUmar [ibn ʿAbd al-Barr an-Namarī, gest. 463/1071] sagt: »[Er ist schwach,] denn sie [d. h. seine Kette] ist ihrer Ansicht nach unterbrochen.« Er sagt: »Einige haben ihn [bis zum Propheten] zurückgeführt und an-Nasāʾī [gest. 303/915] hat ihn in sein Werk aufgenommen.«	وعمدة الكوفيين حديث عبد الرحمن بن عوف أن رسول الله - صلى الله عليه وسلم - قال: «لَا يَغْرَمُ السَّارِقُ إِذَا أُقِيمَ عَلَيْهِ الْحَدُّ». وهذا الحديث مضعف عند أهل الحديث. قال أبو عمر: لأنه عندهم مقطوع. قال: وقد وصله بعضهم، وخرجه النسائي.
Rn. 30	Die kufischen Gelehrten sagen, dass das Zusammenführen von zwei Rechtsansprüchen zu einem Rechtsanspruch den Grundsätzen widerspricht. Sie sagen [daher], dass die Amputation den Schadensersatz ersetzt.	والكوفيون يقولون: إن اجتماع حقين في حق واحد مخالف للأصول، ويقولون: إن القطع هو بدل من الغرم.

Textbeispiel 4: Ibn Rušd, *Bidāya*, 984

Zusammenfassung

Die Begriffe ›Gottes-Recht‹ und ›Menschen-Recht‹ in der vormodernen islamrechtlichen Literatur zeigen, ob ein individuelles oder kollektives Interesse geschützt werden soll. Die Bezeichnung ›Gottes Recht‹ für das kollektive Recht geht auf die Idee zurück, dass dieses

Recht durch Gott geschützt werde. Grundsätzlich gilt, dass das individuelle Interesse vom ›Staat‹ bzw. von Verwaltungsinstanzen sowie dem Gericht nur dann geschützt werden kann, sofern die Individuen ihr Recht vor Gericht selbst einfordern. Beim kollektiven Interesse kann der Staat bzw. der Herrscher sowie verschiedene Verwaltungsinstanzen (Polizei, Marktaufseher) selbst aktiv werden und z. B. den:die Täter:in anklagen und je nach Tatbestand bestrafen. Die Grenze zwischen diesen beiden Bereichen ist nicht immer mit Sicherheit zu ermitteln, weshalb es Mischformen gibt: Es können in einem Fall kollektives Interesse und individuelles sich vermengen, wobei je nach Fall das kollektive bzw. individuelle Interesse überwiegen kann.

Kapitel 5: Die islamische Normenlehre – gottesdienstliche Handlungen, zwischenmenschliche Beziehungen und das Strafrecht

Die islamrechtlichen Regelungen teilen sich in drei größere Bereiche auf. In diesen werden konkrete Handlungsanweisungen je nach Rechtsschule formuliert. Die Bereiche sind die gottesdienstlichen Handlungen (*ʿibādāt*, das Ritualrecht), die zwischenmenschlichen Beziehungen (*muʿāmalāt*) und das Strafrecht (*ʿuqūbāt*).[16] Im Folgenden werde ich in den Grundzügen zunächst die gottesdienstlichen Handlungen, darauffolgend die anderen Bereiche behandeln. Es sei hier daran erinnert, dass sich insbesondere die gottesdienstlichen Handlungen von den restlichen darin unterscheiden, dass sie keinen Rechtsgrund (*ʿilla*) besitzen; sie sind *taʿabbudī* (›gehorsamspflichtig‹). Die Normen, die in die anderen Bereiche fallen, besitzen einen Rechtsgrund; sie sind *taʿlīlī* (zu übersetzen etwa als ›mit einem Rechtsgrund begründbar‹). Fehlt die *ʿilla*, existiert eine Norm nicht. Ändert sie sich, kann die Norm sich verändern. Liegt kein Hindernis für die Übertragung vor, können ähnliche Fälle, die denselben Rechtsgrund besitzen, gleich bewertet werden. Dieser Auffassung sind zumindest die Sunniten, die den *qiyās* (zu Deutsch etwa ›Analogieschluss‹) anerkennen. Die Anwendbarkeit des *qiyās* in Form von Analogien ist aber im Bereich des Strafrechts unter Sunniten ebenfalls umstritten.

16 ›Strafrecht‹ hier ist im Sinne der Aufrechterhaltung der öffentlichen Ordnung durch Bestrafung von Tötungs- und Verletzungsdelikten verwendet. Es entspricht nicht dem modernen Strafrechtsbegriff, das, wie Müller zu Recht betont, im Sinne von »Regelungen, mit denen die öffentliche Gewalt – in Form der Obrigkeit oder des Staates – Sanktionen gegen Personen und Institutionen verhängt«; Müller, *Recht*, 424.

Bevor ich auf die einzelnen Rechtsbereiche zu sprechen komme, möchte ich auf den vormodernen Kontext des islamischen Rechts eingehen, in dem es entstanden ist. Dabei ist die folgende Darstellung nur eine Übersicht; es bedarf in gesonderten Studien einer näherer Betrachtung von unterschiedlichen muslimisch geprägten Kontexten. Wir werden noch sehen, dass z. B. die Großfamilienstrukturen und die patriarchale Gesellschaftsordnung insbesondere die zwischenmenschlichen Beziehungen beeinflusst haben. Beginnen wir zunächst mit Konzeptionen, die wir heute als staats- sowie völkerrechtlich relevant kategorisieren würden.

Weder der Koran noch die Sunna schreiben eine bestimmte Herrschafts- oder Staatsform vor. Ausgehandelt wurden solche Fragen in Gelehrtendiskursen, die nicht religiös begründete Modelle ihrer Zeit in einem religiösen Kontext rezipierten. In der sunnitischen Tradition hat sich das Kalifat (*ḫilāfa*) als Ideal durchgesetzt. Der Kalif (*ḫalīfa*) wurde durch eine Huldigung (*bayʿa*, auch: Eid) der muslimischen Gemeinschaft legitimiert. Das Wort *ḫalīfa* kommt zwar im Koran vor (vgl. Q 2:30), jedoch wird hier nicht die Nachfolge des Propheten bestimmt. Der erste Kalif nach dem Ableben des Propheten ist nach sunnitischer Auffassung Abū Bakr (gest. 13/634); ihm folgten die anderen drei der vier sog. ›rechtgeleiteten Kalifen‹ (*al-ḫulafāʾ ar-rāšidūn*): ʿUmar ibn al-Ḫaṭṭāb (gest. 23/644), ʿUṯmān ibn ʿAffān (gest. 35/656) und ʿAlī ibn Abī Ṭālib (gest. 40/661). Nach dem Tode ʿAlīs stellten unterschiedliche Dynastien den Kalifen (z. B. die Umayyaden von 661 bis 750 oder die Abbasiden von 750 bis 1258). Obwohl etwa der abbasidische Kalif von weiteren muslimischen Dynastien, die zeitgleich existierten, anerkannt wurde, hatte er nur eine beschränkte Machtbefugnis und symbolische Funktion. Faktisch waren die unterschiedlichen Dynastien eigenständig.

Die schiitische Tradition kennt dagegen das Imamat (*imāma*). Unter den Sunniten wird der Kalif zwar als ›Imam‹ bezeichnet, die Schiiten verstehen unter diesem Begriff aber ein anderes Konzept. Das Imamat hat auch mit den Personen, die das Gebet leiten, also Imame sind, nichts zu tun. Der Imam nach der Konzeption der Schiiten, insbesondere der Zwölferschiiten, soll aus der Familie des Propheten stammen. Er hat die Aufgabe, die Muslim:innen zu leiten und die religiösen Texte korrekt auszulegen. Ihm wird die Fähigkeit zugesprochen, sich nicht zu irren, was ›Unfehlbarkeit‹ (*ʿiṣma*) genannt wird und sich bei den Sunniten nur auf Propheten beschränkt. Ferner wird dem Imam verborgenes Wissen zuteil. Schiiten sprechen den ersten drei Kalifen das Recht ab, legitime Kalifen gewesen zu sein. Der erste legitime Imam war für sie ʿAlī, den der Prophet selbst als seinen legitimen Nachfolger bestimmt haben soll. Die größte schiitische Tradition erkennt 12 Imame an. Der 3. Imam ist ʿAlīs Sohn al-Ḥusayn (gest. 61/680). Seine Ermordung in Kerbela war konstitutiv für die Entstehung der Schiiten. Der 12. Imam dagegen wurde ›entrückt‹, ist also nicht gestorben, sondern lebt ›in Verborgenheit‹ (*ġayba*). Seine Rückkehr wird erwartet; er ist ›der erwartete Erretter‹ (*al-mahdī al-muntaẓar*). Der Zeitpunkt seiner Rückkehr ist den Menschen verborgen. Da nach der zwölferschiitischen Tradition nur der legitime Imam die Muslim:innen anführen darf, waren sich die Schiiten uneins, wie sie sich an der Staatsführung beteiligen können. Neben den Zwölferschiiten gibt es noch zwei weitere schiitische Strömungen, die weniger Imame als legitime Imame anerkennen: die Zayditen (Fünferschiiten) und die Ismailiten (Siebenerschiiten).[17]

Sowohl der Kalif als auch weitere Herrscher wie etwa Emire (Sg. *amīr*) und Sultane waren jeweils die Oberhäupter der Muslim:innen; ihre Kompetenzen erstreckten sich auf die Exekutive und Bereiche, die außerhalb des islamischen Rechts fielen.[18] Mit der Zeit delegierte der Herrscher seine Befugnisse an Gouverneure (Sg. *wālī*) und Richter (Sg. *qāḍī*), die Streitfälle entschieden. Ähnliche Aufgaben kamen in beschränkter Form der Polizei (*šurṭa*) und dem Marktaufseher (*muḥtasib*) zu. Die Anforderungen an den legitimen Kalifen variieren; es gibt keine einheitliche Vorstellung über seine Qualifikationen. Auch wenn der Kalif die letztgültige Entscheidungsbefugnis hat, war es üblich, dass

17 Ausführlich dazu siehe Band I, Kapitel 3.2.2.

18 In späteren Jahrhunderten gab es neben der Anwendung von islamrechtlichen Regelungen auch kontextspezifische Rechtsordnungen und -anwendungen, wie etwa die Dekrete von osmanischen Sultanen oder Mamluken. Für eine Übersicht siehe Müller, *Recht*, 130–159.

er sich beraten ließ. Das führen die Gelehrten auf das Konzept der Beratung (*šūrā*) zurück.

Die Untertanen des Kalifen bzw. des Herrschers (dieser trug Titel wie *amīr* und *sulṭān*) mussten ihm gegenüber Gehorsam zeigen. Rief er zum Vollzug einer Sünde auf, durfte auf die Befolgung des Befehls verzichtet werden.

Ob man zur Gemeinschaft der Muslim:innen gehörte, hing nicht nur vom muslimischen Glauben ab. Nichtmuslim:innen konnten unter muslimischer Herrschaft leben; eine Konversion war nicht die zwangsläufige Konsequenz muslimischer Eroberung. Nichtmuslime durften unter dem Status des Schutzbefohlenen (*ḏimmī*) unter muslimischer Herrschaft ihre Religion weiter ausüben. Dafür zahlten sie eine Kopfsteuer (*ǧizya*). Zur Gruppe der *ahl aḏ-ḏimma* (›Leute des [Schutz-] Vertrags‹, ›Schutzbefohlene‹) gehörten Juden und Christen (vgl. Q 9:29). Je nach Jahrhundert und Ort wurde der Begriff ausgeweitet. Demnach konnten Buddhisten und Hindus ebenfalls zur Gruppe der Schutzbefohlenen gehören. Ihr Vermögen, das Eigentum sowie die Religionsausübung wurden in diesem Status vom muslimischen Herrscher geschützt. Während Muslim:innen Militärdienst leisten mussten, waren Nichtmuslim:innen davon befreit. Gerichtliche Entscheidungen, insbesondere im Bereich des Ehe-, Familien- und Erbrechts, konnten nach der eigenen religiösen Gerichtsbarkeit getroffen werden. Nichtmuslim:innen genossen weitere Rechte, die aber im Vergleich zur muslimischen Bevölkerung beschränkt waren. Ferner galten für sie spezielle Pflichten und Bedingungen, wie etwa die Verpflichtung oder das Verbot zum Tragen bestimmter Kleidungsstücke, der eingeschränkte Bau und Erhalt von Gebetshäusern und das Verbot, bestimmte Gebiete wie z. B. Mekka (bzw. *masǧid al-ḥarām*) zu betreten. Solche Entscheidungen waren zeit- und ortsabhängig, konnten tolerant oder restriktiv ausgelegt werden und gaben mehr oder weniger den Zeitgeist wieder. Nicht selten konnten Nichtmuslime wichtige politische Ämter bekleiden, auch wenn in der Literatur oft kontrovers diskutiert wurde, ob dies überhaupt zulässig sei. Die Konversion zum Islam beendete den Status als *ḏimmī*. Der Abfall vom muslimischen Glauben dagegen hat in den Rechtswerken die Konsequenz der ewigen Höllenstrafe, ja sogar der Todesstrafe. Insbesondere Letzteres wird heute stark kritisiert und als eine politische Entscheidung in Frage gestellt, obwohl Hadithzitate für die Legitimation der Todesstrafe bei Apostasie angeführt werden können. Die Hadithe werden dafür entweder entsprechend ausgelegt oder ihre Echtheit in Frage gestellt.

Für Handelszwecke konnte den Nichtmuslim:innen, die außerhalb der muslimischen Herrschaft lebten, eine Aufenthaltserlaubnis (sog. *amān*) für eine beschränkte Zeit erteilt werden; sie wurden als *musta'man* bezeichnet. Solche Schutzgarantien und Aufenthaltserlaubnisse wurden großzügig erteilt, da ansonsten Handelsbeziehungen zur Außenwelt erschwert worden wären. Alle weiteren Gruppierungen, die nicht unter muslimischer Herrschaft lebten oder keine Aufenthaltserlaubnis hatten, waren potentielle Feinde, wie es in der Vormoderne religionsunabhängig üblich war.

Analog zu dieser Konstellation teilten die Gelehrten die Welt in zwei größere Bereiche ein: Das ›Haus des Islam‹ (*dār al-islām*) und das ›Haus des Krieges‹ (*dār al-ḥarb*) bzw. ›des Unglaubens‹ (*dār al-kufr*). Damit markierten die Gelehrten den Bereich, in dem islamrechtliche Regelungen galten. Sie diskutierten, wie man sich gegenüber ›den Anderen‹ zu positionieren hatte. Die Definition vom Haus des Islam fiel unterschiedlich aus: Einige sahen es als ausreichend an, wenn Muslim:innen unter fremder Herrschaft ihre Religion ungehindert ausüben konnten. Andere wiederum bedingten die uneingeschränkte muslimische Herrschaft. Ging man einen Waffenstillstand ein bzw. schloss man einen zeitlich bedingten Friedensvertrag (dauerhafte Friedensverträge waren zumindest in der Theorie untersagt), so sprachen einige Rechtsschulen, wie die schafiitische, von einer dritten Kategorie: Das ›Haus der Versöhnung‹ (*dār aṣ-ṣulḥ*) bzw. ›des Vertrags‹ (*dār al-ʿahd*). Für einige Gelehrte ist das keine unabhängige Kategorie, sondern wird unter das Haus des Islam subsumiert, sofern die freie Religionsausübung gewährleistet ist. In der Gegenwart nutzen einige Gelehrte dieses Konzept, um die Orte, an denen Muslim:innen als Minderheiten ihre Religion frei ausüben können, als Haus des Islam zu definieren. Viele Gelehrte versuchen aber auch, diese Binarität zu überwinden. Nicht selten lautet daher der Aufruf, die gesamte Welt z. B. als ›Haus des Zeugnisses‹ (*dār aš-šahāda*) zu betrachten oder innerhalb dieser Binarität negative Konnotationen wie ›Krieg‹ und ›Unglaube‹ zu vermeiden. Denn diese idealtypische Aufteilung der Welt kam aufgrund der zeitgenössischen Umstände – bereits auch schon in der Geschichte – an ihre Grenzen.

Geknüpft war diese Auffassung in der Geschichte an den Gedanken des Dschihad, den wir unten noch näher betrachten werden. Auch im 19. Jahrhundert sollte mit diesen Konzepten auf die Kolonialverhältnisse reagiert werden: Wenn ein besetztes Gebiet zum Haus des Krieges erklärt wurde, konnte dies eine große Migrationswelle zur Folge haben. Andererseits sollten Muslim:innen das besetzte Gebiet immer noch als Haus des Islam sehen, um massenhafte Abwanderungen zu vermeiden und die Gebiete ›zurückzuerobern‹. Nicht zuletzt haben die Kolonialherren versucht, Fatwas zu finden, die den Status des Haus des Islam bestätigen sollten, um Massenauswanderungen zu unterbinden.

Bevor wir nun auf die einzelnen Rechtsbereiche eingehen, möchte ich beschreiben, unter welchen Voraussetzungen Personen als juristisch verantwortlich gelten. Grundsätzlich gilt nach den muslimischen Rechtsgelehrten, dass die Menschen von Verpflichtungen befreit sind, sofern der Gesetzgeber nicht explizit zu einer Handlung verpflichtet. Das ist das Prinzip des ›grundsätzlichen Freiseins [von Verpflichtungen]‹ (*al-barāʾa al-aṣlīya* bzw. *barāʾat aḏ-ḏimma*), das dem o. g. Prinzip des grundsätzlichen Erlaubtseins von Handlungen ähnelt. Es gibt verschiedene Stufen der Rechtsverantwortlichkeit und Rechtsfähigkeit. Beginnen wir mit der vollumfänglichen und gehen über zur beschränkten Rechtsfähigkeit.

Vollumfänglich juristisch verantwortlich (*mukallaf*) sind freie Männer, die volljährig (*bāliġ*) und geistig gesund (*ʿāqil*) bzw. zurechnungsfähig sind. Sie sind uneingeschränkt geschäftsfähig, ihnen wird also die Geschäftsfähigkeit (arab. *ahlīyat al-adāʾ*) zugesprochen. Sie sind damit zugleich damit beauftragt (*mukallaf*), den religiösen Verpflichtungen nachzukommen. In der klassischen Literatur wird das Alter für die Pubertät mit 9 Jahren für Mädchen und 12 für Jungen bestimmt, wobei als Obergrenze in der Regel das Alter von 15 Jahren festgelegt wird. Frauen sind ebenso geschäftsfähig und juristisch verantwortlich wie Männer, jedoch mit einigen wenigen Restriktionen. Einschränkungen für sie gibt es nach der Mehrheit der Gelehrten in der Eheschließung: Für die gültige Eheschließung bedarf es bei ihnen der Zustimmung des Vormundes. Weitere Einschränkungen gibt es in Bezug auf die Bekleidung öffentlicher Ämter sowie Zeugenaussagen. Obwohl den Frauen – je nach Rechtsschule als Regelfall oder Ausnahme – die Fähigkeit zugesprochen wird, in kaufrechtlichen Fällen als Zeugen auszusagen, werden sie in strafrechtlichen Prozessen meist ausgeschlossen. Einige Rechtsschulen erlauben Zeugenaussagen von Frauen im Personenstandsrecht, Familien- und Erbrecht. Zumeist kommen die Zeugenaussagen von zwei Frauen der Aussage eines Mannes gleich. Dabei berufen sich die Gelehrten auf Q 2:282. Moderne Autor:innen sehen diese koranische Regelung auf die Zeugenaussage zu Schuldverhältnissen beschränkt; man dürfe sie nicht verallgemeinern. Der Koran rekurriere lediglich auf die fehlende kaufmännische Erfahrung der Frauen in der damaligen Zeit. Großzügiger sind die Gelehrten in Bezug auf Themen, die nur Frauen betreffen sollen, wie etwa Schwangerschaft und Menstruation. Hier kann die Zeugenaussage von nur zwei, ja sogar einer Frau ausreichend sein, wie die klassische Literatur betont. Solche Meinungen wurden dort jedoch nicht als Anlass dafür genommen, ein egalitäres Verständnis zu etablieren. Zeitgenössische Ansätze wollen solche Einschränkungen daher vollständig überwinden.

Geschäftsunfähig sind Minderjährige (Sg. *aṣ-ṣaġīr*) sowie Geisteskranke (Sg. *al-maǧnūn*), was sich auf alle Rechtsbereiche, inklusive der gottesdienstlichen Handlungen, erstreckt. Diejenigen, die eine Geistesschwäche (*safah, ʿatah*) haben (also Sg. der *safīh* und *maʿtūh*, von einigen Gelehrten dem Status des Geisteskranken zugeordnet), sowie die unterscheidungsfähigen Minderjährigen (*mumayyiz*; die Unterscheidungsfähigkeit ist *at-tamyīz*) sind eingeschränkt rechtsfähig (*maḥǧūr*). Sie dürfen in der Regel nur mit der Unterstützung und Mitwirkung des Vormundes (*walīy*) ausschließlich vorteilhafte Geschäfte abschließen, belastende dagegen nicht. Vorteilhafte Geschäfte dürfen sie nach einigen Gelehrten sogar selbstständig schließen. All diese Gruppen können unabhängig von der Frage nach der Handlungsfähigkeit Rechte haben, wie etwa das Recht eines Anteils am Erbe. Rechte werden *qua* Geburt begründet, was mit dem Terminus *ahlīyat al-wuǧūb* bzw. *aḏ-ḏimma* wiedergegeben wird. Für Sklav:innen, die zur damaligen Zeit Teil vieler und somit auch der muslimischen

Gesellschaften waren, gelten oft gesonderte Regelungen. Sklav:innen hatten im Bereich der gottesdienstlichen Handlungen dieselben Verpflichtungen wie freie Muslim:innen. Es gab dennoch einige Unterschiede, wie etwa die abweichenden Vorschriften für die Verhüllung von muslimischen Sklavinnen und freien muslimischen Frauen. Sklav:innen hatten keine vollumfängliche Verantwortung, da sie gekauft, verkauft und vererbt werden durften. Für Rechtsgeschäfte brauchten sie die Erlaubnis ihrer Besitzer:innen. Im Strafrecht wurden sie ebenfalls gesondert berücksichtigt, wie etwa bei der Ermittlung der Höhe des zu zahlenden Blutgeldes bei Tötungsdelikten. Es gibt verschiedene Vertragsformen und weitere Möglichkeiten für die Freilassung von Sklav:innen. Auf die Regelungsbereiche das Sklavenrechts werde ich nicht eingehen.[19]

Beginnen wir nun mit der Beschreibung der einzelnen Rechtsbereiche, und hierbei wie gewöhnlich in den klassischen Werken mit dem Ritualrecht. Es sei hier daran erinnert, dass die folgende Darstellung den kleinsten gemeinsamen Nenner der etablierten Rechtsmeinungen der Rechtsschulen wiedergibt. Sie ist keine Beschreibung der tatsächlichen religiösen Praxis aller Muslim:innen.

5.1 Die gottesdienstlichen Handlungen

In diesem Kapitel möchte ich auf die Grundzüge der bekanntesten gottesdienstlichen Handlungen eingehen. Dazu gehören vier der fünf Säulen des Islams: Das Gebet, die Almosensteuer, das Fasten und die Pilgerfahrt. Die erste Säule des Islams ist das Bekenntnis, das ich nicht näher beschreiben werde, weil es sich außerhalb des Rechtsdiskurses befindet. Das Bekenntnis lautet: »Ich bezeuge, dass es keine Gottheit außer Gott gibt und dass Muhammad sein Diener und Gesandter ist«.

19 Für eine Übersicht siehe Oßwald, *Das islamische Sklavenrecht.*

Im Folgenden werde ich zuerst die rituelle Reinigung besprechen, da sie für diverse Rituale als Voraussetzung dient und Auswirkungen auf den Alltag der Gläubigen hat. Darauf folgt die Darstellung des Gebets, des Fastens, der Almosensteuer und der Pilgerfahrt. Abschließend werde ich Speisegebote, den Dschihad und weitere alltägliche Handlungen vorstellen. Dabei werde ich mich nach der Mehrheitsmeinung richten und selten auf Ausnahmen aufmerksam machen. Ziel ist es, einen Einblick in die Diskussionen um die gottesdienstlichen Handlungen zu gewähren, ohne die dazugehörigen Meinungen detailliert auf ihre Stichhaltigkeit hin zu prüfen. Daher werde ich nicht alle Themen ansprechen und auf nuancierte Diskussionen innerhalb eines Themas nicht eingehen.

5.1.1 Rituelle Reinheit *(ṭahāra)*

Das islamische Ritualrecht sieht vor, dass die Gläubigen sich im rituellen Reinheitsstatus befinden müssen, um bestimmte rituelle Handlungen vollziehen zu können. Allgemein gilt, dass der Zustand der rituellen Unreinheit den Alltag der Muslim:innen nicht gefährdet. Sie ist weder übertragbar noch hindert sie den Menschen daran, den Alltag zu bewältigen. Menschen werden durch den Zustand der Unreinheit nicht substantiell unrein. Nur für die Schiiten gilt, dass Ungläubige auch physisch unrein sind und die Unreinheit übertragen können. Die Sunniten folgen dieser Meinung nicht. Außerhalb der Rechtsliteratur wird dennoch darauf aufmerksam gemacht, dass man, auch wenn man keine rituellen Handlungen vollziehen möchte, den Zustand der rituellen Unreinheit so schnell wie möglich verlassen sollte. Dies steht nicht selten mit der Auffassung in Verbindung, dass diejenigen, die rituell unrein sind, von Engeln verlassen werden und möglicherweise von Dämonen gefährdet werden können. Der Volksglaube kennt zudem viele weitere Gefahren, die aber den theologischen Traktaten und Rechtswerken fremd sind.

Zusammenfassend gibt es sieben technische Begriffe, die sich auf Reinheitsvorschriften beziehen. Drei davon definieren Unreinheit:

1) physische Unreinheit (*naǧāsa, riǧs* und *ḫabaṯ*),
2) kleine rituelle Unreinheit (*ḥadaṯ*),
3) große rituelle Unreinheit (*ǧunub*, dazu gehört auch *ḥayḍ*, Menstruation).

Zwei Begriffe beschreiben die rituelle Reinigung. Sie haben feste Abläufe, in denen bestimmte Körperteile bzw. der ganze Körper mit Wasser gewaschen werden:

1) die kleine Waschung (*wuḍūʾ*),
2) die große Waschung (*ġusl*).

Die letzten beiden Begriffe sind *ṭahāra* und *tayammum. Ṭahāra* steht für den Zustand der rituellen Reinheit. Falls für die Reinigung kein Wasser zur Verfügung steht, werden bestimmte Körperteile mit reiner Erde, Sand oder Ähnlichem symbolisch gewaschen; das ist *tayammum.*

Physische Unreinheit (*naǧāsa ḥaqīqīya* bzw. *ḥissīya*, also materielle) unterscheidet sich von ritueller Unreinheit (*ḥadaṯ, naǧāsa maʿnawīya*). Ersteres, wie etwa Verschmutzung an der Kleidung, lässt sich durch einfaches Waschen oder Schrubben beheben. Gegenstände, Orte und auch der menschliche Körper können durch Schmutz kontaminiert werden. Durch gewöhnliche Reinigungsmittel kann die Verschmutzung behoben werden. Als schmutzig gelten u. a. Schwein, Menschenblut und Blut von Tieren, die nicht nach Vorschrift geschächtet wurden, Urin, Exkremente, Erbrochenes, Eiter, Ausflüsse von Frau und Mann durch Geschlechtsverkehr oder sexuelle Annäherung, Verendetes, Hunde (nur nicht nach den Malikiten) und Alkohol. Nicht alles, was den menschlichen Körper verlässt, gilt als unrein, Ausnahmen sind etwa Tränen, Schweiß und Speichel. Speichel von Tieren dagegen kann durchaus kontaminierend sein.

Rituelle Unreinheit dagegen beschränkt sich nur auf den Menschen und tritt durch bestimmte Handlungen und unter bestimmten Zuständen ein. Die muslimischen Gelehrten unterscheiden zwei Zustände der Unreinheit: die kleine (*al-ḥadaṯ al-aṣġar*) und die große Unreinheit (*al-ḥadaṯ al-akbar*). Die kleine Unreinheit wird u. a. durch den Toilettengang (Urinieren und Kotieren) sowie durch Flatulenz,

Bewusstseinsverlust, Schlaf und Rauschzustand verursacht. Einige Rechtsschulen gehen davon aus, dass das Berühren des anderen Geschlechts ebenfalls dazu führt, andere bedingen dafür nur den Geschlechtsverkehr. Dies hat damit zu tun, dass sie Q 5:6, wo die Rede davon ist, dass sich rituell reinigen solle, wenn man eine Frau ›berührt‹, unterschiedlich auslegen. ›Berühren‹ kann daher je nach Auffassung gewöhnlichen Körperkontakt bis hin zum Geschlechtsverkehr bedeuten. Umstritten sind ferner die Auswirkungen des Erbrechens, des Berührens des eigenen Genitals, des Blutens und des Lachens während des Gebets.

Tritt man in den Zustand der kleinen rituellen Unreinheit, kann dieser durch die kleine Waschung (*wuḍūʾ*) behoben werden. Entsprechend der Q 5:6 werden dabei die Hände bis zu den Ellenbogen, das Gesicht sowie die Füße gewaschen und die Haare zum Teil benetzt. Das ist das sunnitische Verständnis dieser Koranpassage. Sie lässt sich auch so lesen, dass die Hände bis zu den Ellenbogen und das Gesicht gewaschen, die Haare und Füße dagegen lediglich benetzt werden müssen. Das ist die schiitische Lesart. Hadithe ergänzen viele weitere empfohlene Waschungen, die den Ablauf strukturieren, wie etwa das Ausspülen der Mundhöhle sowie der Nase und die Reinigung der Ohrmuschel sowie das Befeuchten des Nackens. Das Waschen der Gliedmaßen wird generell dreimal wiederholt, die rechte Seite stets abwechselnd vor der linken gewaschen. Die Mehrheit der Gelehrten bedingt, dass man diese Handlung bewusst vollziehen muss; man muss dazu die Intention (*nīya*) haben bzw. sie innerlich aussprechen. Sonst, so die Begründung, könnte man sich ja für andere Zwecke, wie etwa zur Abkühlung, waschen. Die Hanafiten sehen von der Intention und ihrer bewussten Anwendung ab.

Für die rituelle Reinigung muss das Wasser selbst nicht nur materiell, sondern auch rituell rein sein. Wenn z. B. ein Raubtier aus einem Eimer Wasser trinkt, dann darf dieses Wasser, selbst wenn es trotzdem sauber sein sollte, für die rituelle Reinigung nicht verwendet werden. Deswegen diskutieren die Gelehrten verschiedene Fälle der Reinheit des Wassers. Ein Beispiel: Wenn ein Gläubiger aus einem Eimer mit Wasser die rituelle Reinigung vollzieht und währenddessen Wassertropfen von seinen Gliedmaßen in den Eimer fallen, so wird dieses Wasser für die rituelle Waschung einer weiteren Person disqualifiziert. Es darf jedoch weiterhin für die Reinigung von materieller Unreinheit benutzt werden und gilt zwar als rein (*ṭāhir*), aber nicht mehr als rituell reinigend (*ṭahūr*). Das Wasser darf nur einmal für die rituelle Reinigung benutzt werden.

Im Zustand der großen rituellen Unreinheit (*al-ḥadaṯ al-akbar*) befindet man sich durch Geschlechtsverkehr bzw. durch Onanieren und Masturbieren. Dadurch wird man *ǧunub*, was so viel wie ›Ausschluss‹ bedeutet: Dieser Zustand schließt den Menschen davon aus, an Ritualen teilzunehmen. Ferner führen die Menstruation (*ḥayḍ*, vgl. Q 2:222, Dauer: bis zu 15 Tagen) und das Wochenbett (*nifās*, Dauer: maximal 40 Tage) zur großen rituellen Unreinheit. Die große Waschung (*ġusl*) befreit aus diesem Zustand. Dies ist die Ganzkörperwaschung mit Wasser, wobei wieder die Intention für diese Waschung explizit vorliegen muss. Ansonsten wäre es keine rituelle Waschung, sondern ein gewöhnliches Duschen. Auch hier werden zahlreiche ergänzende Handlungsempfehlungen in Hadithen formuliert und daneben andere auch verbindlich gemacht, so etwa Mund- und Nasenhöhle zu reinigen.

Finden die Gläubigen für die rituelle Reinigung kein Wasser, so dürfen sie einen symbolischen Reinigungsakt vollziehen. Mit reiner Erde, reinem Sand oder Staub reiben sie symbolisch über die Hände bis zu den Ellenbogen und über das Gesicht. Bis sie wieder Wasser finden und ihren symbolischen Reinheitszustand bewahren, dürfen sie Rituale vollziehen. Es gibt daneben weitere Erleichterungen. Wenn z. B. jemand die rituelle Reinigung vollzieht und danach Ledersocken trägt, so darf diese Person bei der erneuten rituellen Reinigung die Ledersocken benetzen statt die Füße zu waschen (das Benetzen heißt *masḥ*). Das ist die sunnitische Auffassung, der die Schiiten widersprechen. Über die Beschaffenheit der Socken (also ob nur Ledersocken oder doch gewöhnliche Stoffsocken umfasst und daneben Schuhe aus verschiedenartigem Material davon betroffen sind) und die Dauer des Tragens scheiden sich die Geister.

Befindet man sich im Zustand der rituellen Unreinheit, so dürfen die Gläubigen das Gebet nicht verrichten und Bestandteile der Pilgerfahrt nicht vollziehen, den Koran nicht anfassen und die Moschee nicht betreten bzw. durchqueren. Den menstruierenden Frauen sind das Verrichten des Gebets, das Fasten und der Geschlechtsverkehr untersagt, ebenso die zuvor aufgezählten Handlungen. Hat eine Frau über die maximale Dauer einer Menstruation – je nach Rechtsschule kann die maximale Dauer variieren – weiterhin Blutungen (sog. *istiḥāḍa*, die Frau in diesem Zustand wird *mustaḥāḍa* genannt), so darf sie z. B. vor jedem Gebet die kleine Waschung wiederholen und das Gebet verrichten. Viele dieser Vorschriften (wie etwa das Rezitationsverbot des Korans oder dass man ihn nicht anfassen dürfe), insbesondere die für Frauen während ihrer Menstruation, werden heute kritisch betrachtet, aber sie werden gleichzeitig auch vielfach nach dieser hier vorgestellten vormodernen Auffassung, also auf traditionelle Weise, rezipiert und akzeptiert.

Insgesamt lässt sich also feststellen, dass die rituelle Reinigung keine bloße körperliche Hygienemaßnahme ist – diese ist Voraussetzung für die rituelle Reinigung –, sondern ein symbolischer Akt. Außerhalb der Rechtsliteratur bemühen sich die Gelehrten zu verstehen, welche Symbolik dahintersteht. Das bekannteste Erklärungsmuster hebt ab auf die Reinigung von den Sünden, die der Mensch begeht. Damit ist aber nicht gemeint, dass die Handlungen, die zur Unreinheit führen, selbst eine Sünde sind, weder der Toilettengang noch der Geschlechtsverkehr!

Es ist umstritten, ob der Tod dazu führt, dass der menschliche Körper unrein wird. Unumstritten ist, dass die Leiche, ungeachtet der Auffassung zur Unreinheit, gewaschen wird. Nach der Waschung wird die Leiche im Leichentuch verhüllt und beigesetzt. Umstritten ist, ob Totgeborene gewaschen werden. Gefallene Soldaten bzw. Märtyrer (*šuhadāʾ*) werden nicht gewaschen. Die Waschung der Toten kann unter verschiedenen Umständen unterlassen werden, wie etwa im Falle der im Jahre 2020 grassierenden globalen Covid-19-Pandemie aufgrund der damit verbundenen Ansteckungsgefahr. Ein anderer Grund ist z. B. die Gefahr der Zerstörung des Leichnams, wenn der: die Tote den Verletzungen eines Unfalls erlag.

Die hier benutzten Begriffe sind zwar zum größten Teil dem Koran und den Hadithen zu entnehmen, die Systematik variiert aber. Der Koran etwa benutzt *naǧāsa* auch für Personen und prägt daneben

Begriffe wie *ṭayyib* und *ḫabīṯ*, um Reinheit und Unreinheit zu beschreiben. Neben der materiellen und der rituellen Unreinheit gibt es im Koran die Kategorie der anstößigen moralischen Unreinheit im Sinne von sündhaften Haltungen und Handlungen. Daher unterscheidet sich die koranische Systematik von der nachkoranischen.

In der Literatur kommen noch weitere Anweisungen und Empfehlungen vor, wie genau die körperliche Reinigung vollzogen werden soll, darunter etwa die Beschreibung für den Toilettengang. Es werden Bittgebete empfohlen, die den Menschen vor Schmutz und Dämonenwesen bewahren sollen. Daneben wird empfohlen, die Reinigung mit der linken Hand und am besten mit Wasser zu vollziehen, genau zu prüfen, ob der Darm oder die Blase entleert wurde, damit die Unterwäsche durch unkontrollierten Toilettengang nicht beschmutzt wird. Zur Körperhygiene werden weitere Vorschriften gemacht, wie etwa das Knipsen der Fingernägel und die Beseitigung von Schamhaaren.

Reinheitsvorschriften haben einen gesellschaftsbildenden bzw. abgrenzenden Charakter. Dies hängt davon ab, wie stark die jeweiligen religiösen Kreise Abgrenzungselemente forcieren. Wir haben einige historische Zeugnisse aus Andalusien: Jede Religionsgruppe (jüdisch, christlich, muslimisch) hat die eigenen Reinheitsvorstellungen für die Abgrenzung gegenüber den anderen genutzt.[20] Innerhalb der eigenen Religionsgemeinschaften konnten Abgrenzungen bzw. identitätsstiftende Elemente ebenfalls verwendet werden. Wusch man die Füße nicht, sondern benetzte sie, wurde relativ schnell deutlich, dass die Person schiitisch ist. Benetzte dagegen jemand bei der rituellen Waschung seine Ledersocken, so war klar, dass diese Person sunnitisch ist. Auch heute werden vor allem unter puristischen Bewegungen wie dem Salafismus Reinheitsvorstellung zur Abgrenzung von anderen verwendet.[21]

20 Aparicio, »Disputes about Purity in Late Medieval Iberia«.

21 Schrode, »Practices and Meanings of Purity and Worship among Young Sunni Muslims in Germany«.

5.1.2 Das Gebet *(aṣ-ṣalāt)*

Im Folgenden sollen zunächst das Pflichtgebet (*aṣ-ṣalāt*) sowie weitere Gebetsformen wie das Freitagsgebet, das Totengebet, die Festtagsgebete, freiwillige Gebete wie das *tarāwīḥ*-Gebet im Monat Ramadan und besondere Formen des Gebets wie etwa das Furchtgebet (*ṣalāt al-ḫawf*) besprochen werden. Beginnen wir mit den Pflichtgebeten.

Der Koran fordert die Gläubigen dazu auf, das Gebet (*ṣalāt*) zu verrichten (vgl. Q 2:110, 5:55, 6:92, 23:9). Diese Aufforderung deuten die Gelehrten als eine individuelle Pflicht für jede:n Gläubige:n, der: die volljährig (*bāliġ:a*) und geistig fähig ist, sich seines:ihres eigenen Verstandes zu bedienen (er:sie ist *ʿāqil:a*). In vielen Versen wird dargestellt, dass bereits Propheten vor Muhammad das Gebet verrichtet hätten (vgl. Q 3:39, 6:162, 14:40, 19:31.55.58–59, 20:14 und 21:73).

Damit das Gebet zu einer Pflicht wird, müssen bestimmte Zeiten am Tag eintreten. Diese werden sowohl im Koran als auch in der Sunna genannt. Zu den folgenden fünf Zeiten sollen Gebete verrichtet werden; die Berechnung des Eintritts der Zeit kann im Detail von Rechtsschule zur Rechtsschule variieren:

a) *ṣalāt al-faǧr/aṣ-ṣubḥ*: das Gebet zur Zeit der Morgendämmerung bis zum Sonnenaufgang,
b) *ṣalāt aẓ-ẓuhr*: das Mittagsgebet, wenn die Sonne am Höchststand ist,
c) *ṣalāt al-ʿaṣr*: das Nachmittagsgebet, wenn die Sonne sich vom Höchststand neigt,
d) *ṣalāt al-maġrib*: das Abendgebet, das vom Sonnenuntergang bis zur Dämmerung verrichtet wird,
e) *ṣalāt al-ʿišāʾ*: das Nachtgebet nach Einbruch der Dunkelheit.

Die Gebetszeiten variieren von Ort zu Ort. Geht die Sonne aber z. B. in nördlichen Gebieten im Sommer längere Zeit gar nicht unter, orientieren sich die Gläubigen nach den Zeiten des nächsten Ortes, wo die Nacht eintritt, oder sie übernehmen die Zeiten, die in Mekka bzw. Medina gelten. Zu bestimmten Zeiten ist es untersagt bzw. verpönt (*makrūh*), Gebete zu verrichten. Diese sind der Sonnenaufgang und eine Zeitspanne danach, eine Zeitspanne vor dem Sonnenuntergang und der exakte Höchstpunkt, an dem die Sonne am Mittag steht.

Bei Eintritt der jeweiligen Gebetszeit wird zum Gebet gerufen: Das ist der Gebetsruf (*aḏān*). Derjenige, der den Gebetsruf ausruft, ist der *mu'aḏḏin*. Jeweils zu Beginn jeder Gebetszeit wird einmal zum Gebet aufgerufen. Eine Ausnahme bildet das Freitagsgebet, zu dem zweimal gerufen wird: einmal zum Eintritt der Gebetszeit und einmal vor dem Beginn der Predigt (*ḫuṭba*). Das Freitagsgebet werden wir noch gesondert besprechen. Nach dem Gebetsruf haben die Betenden die Möglichkeit, sich auf das Gebet vorzubereiten. Bevor das Gemeinschaftsgebet beginnt, wird zum zweiten Mal in der Moschee zum Gebet gerufen: Das ist die *iqāma*. Die Formeln, die im Gebetsruf wiederholt und melodisch ausgerufen werden, sind:

a) Gott ist groß (*Allāhu akbar*).
b) Ich bezeuge, dass es keine Gottheit außer Gott gibt (*aš̌hadu an lā ilāha illā llāh*).
c) Ich bezeuge, dass Muhammad der Gesandte Gottes ist (*aš̌hadu anna Muḥammadan rasūlu llāh*).
d) Auf zum Gebet (*ḥayya ʿalā ṣ-ṣalāḥ*).
e) Auf zum Heil (*ḥayya ʿalā l-falāḥ*).
f) nur morgens: Das Gebet ist vorzüglicher als der Schlaf (*aṣ-ṣalātu ḫayrun mina n-nawm*),
g) Gott ist groß (*Allāhu akbar*).
h) Es gibt keine Gottheit außer Gott (*lā ilāha illā llāh*).

In der schiitischen Tradition folgt nach c) der Zusatz »Ich bezeuge, dass Ali Gottes Freund ist« (*aš̌hadu anna ʿAlīyan walīyu llāh*) und nach e) »Auf zum besten Werk« (*ḥayya ʿalā ḫayr al-ʿamal*). Die *iqāma* vor dem Gemeinschaftsgebet beinhaltet alle Bestandteile mit Ausnahme von f). An dieser Stelle folgt in der *iqāma* zu jeder Gebetszeit die Aussage »das Gebet hat begonnen« (*qad qāmati ṣ-ṣalātu*). Nach den Rechtsschulen kann die Wiederholung der Ausrufe während der *iqāma* variieren. Es ist üblich, dass in Zeiten großer Not, wie etwa bei Starkregen und Sturm oder neulich wegen der Covid-19-Pandemie die Gebetsrufer die Aussage d) »Auf zum Gebet« z. B. mit »[Verrichtet] das Gebet in euren Häusern« (*aṣ-ṣalātu fī buyūtikum*) ersetzen. Dies geht auf die prophetische Praxis zurück, wurde aber in der Geschichte sowie heute nicht flächendeckend und einheitlich ausgeführt.

Tritt eine der o. g. Zeiten ein, so muss der:die Betende (*muṣallī:ya*) rituell und körperlich rein sein. Die Vorschriften dazu wurden oben besprochen. Daneben müssen bestimmte Körperteile bzw. der Schambereich (*ʿawra*) bedeckt werden: Bei Frauen bezieht sich das nahezu auf den ganzen Körper, bei Männern in der Regel auf die Körperteile zwischen dem Bauchnabel und den Kniescheiben. Die Kleidung, die den Körper bedeckt, muss ebenfalls frei von Verschmutzungen sein – einige Ausnahmen werden durchaus gestattet. Auch der Gebetsort muss rein von Verschmutzungen sein.

Das Gebet kann prinzipiell überall verrichtet werden. Oft benutzen die Gläubigen einen Gebetsteppich (*saǧǧāda*) dafür. Man kann aber auch z. B. auf der Wiese und zu Hause ohne einen Gebetsteppich das Gebet verrichten. Verrichtet werden kann das Gebet in einer Moschee (*masǧid*), gemeinschaftlich wie auch allein. Unabhängig vom Gebetsort ist die Gebetsrichtung (*qibla*) vorgegeben: Der:Die Betende richtet sich gen Kaaba. In den Moscheen zeigt die Gebetsnische (*miḥrāb*) die Gebetsrichtung. Ansonsten gibt es verschiedene Möglichkeiten, um die Gebetsrichtung zu ermitteln, wie z. B. durch die Berechnung der Laufbahn der Sonne oder durch Apps auf modernen Smartphones.

Wird das Gebet zu Hause oder in der Moschee gemeinschaftlich verrichtet, leitet ein Vorbeter (*imām*) das Gebet. Grundsätzlich ist dafür keine besondere Qualifikation nötig: Wer den Koran ordentlich rezitieren und selbst das Gebet verrichten kann, darf das Gebet leiten. In den Moscheen ist es Praxis, dass ausgebildete Theologen bzw. Imame das Gebet leiten. Frauen dürfen untereinander das Gebet leiten, nach vielen Gelehrten auch innerhalb der Familie. Ob Frauen das Gebet bei einer gemischten Gruppe aus Männern und Frauen außerhalb der Familie leiten dürfen ist umstritten. Die generelle Praxis negiert dies, wobei es vereinzelte Gemeinden gibt, die es Frauen ermöglichen, das Gebet in einer gemischten Gruppe zu leiten.

Jedes Gebet hat unterschiedlich viele Gebetseinheiten (*rakʿāt*, Sg. *rakʿa*). Das Gebet beginnt mit dem *takbīr*, dem Ausruf der Formel

»Gott ist groß« (*Allāhu akbar*). Dabei werden die Hände bis zur Brust- oder Schulterhöhe oder bis zu den Ohrläppchen gehoben; dies variiert je nach Rechtsschule. Eine Gebetseinheit besteht aus Stehen (*qiyām*), Rezitation (*qirāʾa*), Beugung (*rukūʿ*, d. h. Neigung des Oberkörpers) und Niederwerfung (*saǧda*). Nach der Mehrheitsmeinung besteht die Rezitation aus Sure 1 (*al-Fātiḥa*) und, je nach Gebetseinheit und Gebetsart, einer weiteren kurzen Sure mit mindestens drei Versen oder einigen bzw. mindestens drei aufeinanderfolgenden Versen aus dem Koran nach der Wahl der Betenden. Jede weitere Handlung wird in der Regel durch den *takbīr* eingeleitet. Während der Verbeugung wird die Formel »Erhaben ist mein großer Herr« (*subḥāna rabbīya l-ʿaẓīm*) ausgesprochen. Die Aufrichtung wird nach der Verbeugung mit der Aussage »Gott hört diejenigen, die Ihn lobpreisen« (*samiʿa llāhu liman ḥamidahu*) eingeleitet. Hiernach können unterschiedliche Formeln der Lobpreisung erfolgen. Ob die Verbeugung und die darauffolgende Niederwerfung nach dem Erheben von der Verbeugung, die beide mit dem *takbīr* eingeleitet werden, mit dem Heben der Hände eingeleitet werden, ist umstritten. Während der Niederwerfung spricht der:die Betende die Formel »Erhaben ist mein großer Herr« (diesmal: *subḥāna rabbīya l-aʿlā*). Die Niederwerfung wird mit dem *takbīr* beendet, woraufhin der:die Betende auf den Fersen sitzt. Darauf folgt mit einem erneuten *takbīr* eine weitere Niederwerfung. Im Sitzen zwischen den beiden Niederwerfungen (*suǧūd*) können verschiedene Bittgebete rezitiert werden. Nach der zweiten Niederwerfung steht der:die Betende mit dem *takbīr* für die zweite Gebetseinheit auf. Jede zweite Gebetseinheit endet dagegen im Sitzen (*quʿūd*) auf den Fersen. Dort werden verschiedene Bittgebete, darunter das *tašahhud*, die Glaubensformel, die je nach Rechtsschule im Wortlaut etwas variiert, rezitiert. Ist das Gebet drei oder vier Einheiten lang, steht der:die Betende erneut auf und wiederholt das bisher Beschriebene. Ist es zwei Gebetseinheiten lang, beendet er:sie das Gebet nach dem Sitzen. Mit dem Aussprechen der Grußformel (*salām*: *as-salāmu ʿalaykum wa-raḥmatullāh*, zu Deutsch ›Friede sei auf euch, und der Segen Gottes‹) wird das Ende eingeleitet. Der:Die Betende spricht diese Formel aus und schaut nach rechts und links auf die Schultern.

Das Gemeinschaftsgebet wird nach derselben Beschreibung verrichtet. Dabei ruft der Vorbeter die verschiedenen Formeln, die die Handlungen einleiten, laut aus, und die Gemeinschaft folgt ihm. Im Morgen-, Abend- und Nachtgebet rezitiert der Vorbeter während der ersten beiden Gebetseinheiten den Koran laut. Während der weiteren Gebetseinheiten rezitiert er die Koranpassagen leise. Ob die ihm folgende Gemeinschaft ebenfalls aus dem Koran rezitieren muss, ist umstritten. Dabei steht die Gemeinschaft dicht nebeneinander und bildet mehrere Reihen. Eine Reihe ist ein *ṣaff*, in der Mitte beginnend und sich erst nach rechts und dann nach links füllend. Der Vorbeter steht meist allein vorn. Betet man zu zweit, steht derjenige, der dem Vorbeter folgt, rechts einen kleinen Schritt hinter dem Vorbeter.

Die bis hierhin genannten Elemente sind die grundsätzlichen Bestandteile des Gebets, die jede:r Betende einhalten muss. Die Art und Weise, ob und wie die Hände z. B. während des Stehens gebunden werden, wie lange man während der Aufrichtung nach der Verbeugung verweilen muss, ob unbedingt die Sure 1 rezitiert werden muss, sowie das Heben der Hände beim *takbīr* sind umstritten. Die unterschiedlichen Abläufe lassen in der Regel erkennen, welcher Rechtsschule jemand zugehört.

Je nach Gebetszeit variieren die Gebetseinheiten, die verrichtet werden müssen – je nach Rechtsschule und Gebetszeit können vor und nach den verpflichtenden Gebetseinheiten weitere Gebete verrichtet werden. Ich möchte nur die Gebetseinheiten, die verpflichtend sind, zusammenfassen:

a) Morgengebet: 2,
b) Mittagsgebet: 4,
c) Nachmittagsgebet: 4,
d) Abendgebet: 3,
e) Nachtgebet: 4.

Nach dem Nachtgebet wird ein weiteres Gebet im Anschluss verrichtet. Das ist das *witr*-Gebet; die Anzahl der Gebetseinheiten ist ungerade, weshalb es diesen Namen trägt. Nach der Mehrheit der Gelehrten, darunter auch die Schüler Abū Ḥanīfas, ist das *witr*-Gebet ein empfohlenes Gebet; es ist Sunna. Nach Abū Ḥanīfa ist es eine Pflicht im Sinne von *wāǧib*. Üblich ist es, drei Gebetseinheiten zu verrichten. Während der letzten Einheit werden nach der Aufrichtung nach der Verbeugung – nach einigen Gelehrten vorher – Bittgebete geäußert, die man *qunūt* nennt. Während anderer Gebete soll das *qunūt* ebenfalls möglich sein.

Jedes Gebet wird zur dazugehörigen Zeit verrichtet. Zwei Gebetszeiten werden nach der Mehrheit der Gelehrten zweimal im Jahr zusammengelegt, sofern man sich auf der Pilgerfahrt befindet. Die Zusammenlegung (*ǧamʿ*) ist damit nach der Übereinkunft der Gelehrten während der Pilgerfahrt an den Orten ʿArafat und Muzdalifa zulässig – den Ablauf der Pilgerfahrt werden wir später noch kennenlernen (siehe Kapitel 5.1.5). In ʿArafat verrichtet man das Mittags- und Nachmittagsgebet zur Mittagszeit gemeinsam. In Muzdalifa verrichtet man das Abend- und Nachtgebet zur Zeit des Nachtgebets. Ersteres ist die vorverlegte (*ǧamʿ at-taqdīm*) und Letzteres ist die zurückgestellte Zusammenlegung (*ǧamʿ at-taʾḫīr*). Für die Hanafiten ist darüber hinaus grundsätzlich keine weitere Zusammenlegung zulässig. Nach den restlichen Rechtsschulen können Gebete immer dann zusammengelegt werden, wenn man sich auf einer Reise befindet oder andernfalls die Gebetszeit verstreichen würde. Die stetige Zusammenlegung ohne das Bedürfnis danach wegen einer besonderen Situation erlauben die Zwölferschiiten. Wird eine Zusammenlegung erlaubt, so darf man das Mittags- mit dem Nachmittagsgebet und das Abend- mit dem Nachtgebet vorverlegt oder zurückgestellt zusammenlegen.

Die Sunniten verstehen die Zusammenlegung der Gebete als eine Ausnahme zur Regel, eine *ruḫṣa*. Eine besondere Form der *ruḫṣa* ist in der Regel die Verkürzung (*qaṣr*) des Gebets. Befindet man sich auf einer Reise, können Gebete, die vier Gebetseinheiten umfassen, auf zwei reduziert werden. Die dafür vorgesehene Reisedistanz und -dauer variiert unter den Rechtsschulen.

Das Freitagsgebet (*ṣalāt al-ǧumʿa*) ist eine weitere, besondere Form der Pflichtgebete. Zur gewöhnlichen Zeit des Mittagsgebets wird am Freitag ein besonderes Gebet verrichtet, das das Mittagsgebet ersetzt. Das Freitagsgebet besteht aus einer obligatorisch zu besuchenden

Predigt (*ḫuṭba*), die einen geregelten Rahmen hat, und zwei obligatorische Gebetseinheiten. Vorher und nachher werden freiwillige Gebete verrichtet. Die Predigt hält der Imam von der Kanzel (*minbar*) aus. Sie besteht aus zwei Einheiten, die jeweils mit Bittgebeten eingeleitet werden. Durch das zwischenzeitliche Sitzen wird die erste Einheit beendet und die zweite eingeleitet. Die Themen der Predigt sind nicht vorgegeben.

Das Freitagsgebet darf nur in einer Gemeinschaft verrichtet und nicht nachgeholt werden. Wer das Gebet verpasst, kann dafür das Mittagsgebet verrichten. Frauen sind von der Pflicht des Freitagsgebets befreit, dürfen aber daran teilnehmen. Die vormoderne Literatur diskutiert detailliert, wann das Freitagsgebet zu einer Verpflichtung wird. Es wird gefragt, ob jede Ortschaft dazu verpflichtet ist – Zeltlager etwa sind von der Pflicht, das Freitagsgebet zu verrichten, befreit. Diskutiert wurde damals auch, ob nur in einer Großmoschee (*ǧāmiʿ*) das Freitagsgebet verrichtet werden durfte oder an vielen Orten zugleich. Heute ist klar, dass in vielen Moscheen parallel das Gebet verrichtet werden darf. Die Mindestgröße der Gebetsgemeinschaft wird ebenfalls diskutiert: Darf man ein gewöhnliches Pflichtgebet mit zwei Personen zwar durchaus als Gemeinschaftsgebet verrichten, so ist fraglich, ob dies für das Freitagsgebet auch gilt. Die Anzahl variiert von 2 bis 40 Personen, den Imam nicht mitgezählt. Es wird empfohlen, vor dem Freitagsgebet die große Waschung zu vollziehen. Dies ist aber keine Pflicht. Pflicht ist nur die rituelle Reinigung, die sonst auch eine Voraussetzung für Gebete ist, sofern man sich nicht im großen rituellen Unreinheitszustand befindet. Empfohlen wird zudem, dass man seine schönste Kleidung anlegt und sich parfümiert.

Eine kollektive Pflicht bildet das Totengebet; das Freitagsgebet ist dagegen eine individuelle Pflicht. Eine Gruppe von Muslim:innen ist also verpflichtet, das Gebet für Verstorbene zu verrichten. Dieses Gebet unterscheidet sich vom Ablauf der bisher beschriebenen Gebete: Die Gemeinschaft steht während des Gebets, das aus mehreren *takbīr* besteht. Die Hände werden dabei nach einigen Rechtsschulen gehoben. Nach jedem *takbīr* werden Bittgebete bzw. einmal Sure 1 rezitiert. Das Gebet endet wieder mit der Grußformel *as-salāmu ʿalaykum wa-raḥmatullāh*. Generell wird dieses Gebet draußen verrichtet; der

Sarg wird vorn platziert. Das Gebet wird nach der Waschung und Verhüllung des:der Toten im Leichentuch verrichtet, worauf die Beisetzung erfolgt.

Festtagsgebete werden zum Fest des Fastenbrechens (*ʿīd al-fiṭr*, Ramadanfest, Zuckerfest) und zum Opferfest (*ʿīd al-aḍḥā*) in Gemeinschaft verrichtet. Die Hanafiten sehen hierin ein Pflichtgebet im Sinne von *wāǧib*, die restlichen Rechtsschulen dagegen eine Empfehlung im Sinne einer Sunna. Die Festtagsgebete bestehen aus zwei Gebetseinheiten. Sie unterscheiden sich von den restlichen Gebeten darin, dass der *takbīr* während des Stehens mehrfach wiederholt wird. Die Anzahl der Wiederholungen variiert je nach Rechtsschule. Ein Unterschied zum Freitagsgebet ist, dass die Predigt nach dem Gebet gehalten wird. Das Gebet wird etwa eine Stunde nach dem Morgengebet verrichtet. Das Festtagsgebet nach dem Ramadan fällt auf den Morgen des 1. Šawwāl (das ist der 10. Mondkalendermonat) und das Gebet zum Opferfest auf den Morgen des 10. Ḏū l-Ḥiǧǧa (der 12. Mondkalendermonat).

In Zeiten großer Not, wie etwa während der Covid-19-Pandemie, wurden die hier beschriebenen Pflichten zur Verrichtung der Gemeinschaftsgebete ausgesetzt. Das Freitagsgebet wird in diesem Fall durch das Mittagsgebet ersetzt; Totengebete und Festtagsgebete haben keinen Ersatz.

Neben diesen Pflichtgebeten gibt es eine Reihe empfohlener und freiwilliger Gebete, die man selbst oder in Gemeinschaft verrichten kann. Dazu gehören 2 bis 4 Gebetseinheiten jeweils vor und nach den gewöhnlichen Pflichtgebeten. Die Empfehlungen variieren hier je nach Rechtsschule. Daneben gibt es das Gebet für die ›Begrüßung der Moschee‹ (*taḥīyat al-masǧid*): Betritt man eine Moschee, wird empfohlen, ein Gebet zu verrichten. Ob man dies immer tun kann bzw. soll oder nur eine Verpflichtung vorliegt, wenn man eine Moschee zum allerersten Mal betritt, ist umstritten. Es gibt noch weitere Gebete, wie z. B. Gebete zur Sonnenfinsternis (*ṣalāt al-kusūf*) sowie zur Mondfinsternis (*ṣalāt al-ḫusūf*), das Gebet für den Regenfall (*ṣalāt al-istisqāʾ*), das Gebet zur Mitternacht bzw. im letzten Drittel der Nacht (*tahaǧǧud*) und freiwillige Gebete am Morgen und nach dem Abendgebet. Eine besondere Form ist das *istiḫāra*-Gebet vor dem

Schlafengehen: Steht man z. B. vor einer wichtigen Entscheidung, so bittet man Gott um Hilfe, die beste Entscheidung treffen zu können. Man erhofft, im Traum Andeutungen dazu herauszufinden. Das ›Gebet zur Lobpreisung‹ (*ṣalāt at-tasbīḥ*) ist wiederum eine gesonderte Form, in der nach fast jedem gewöhnlichen Schritt, den man im Gebet befolgen muss, die Formel *subḥāna llāhi wa-l-ḥamdu li-llāhi wa-lā ilāha illā llāh* (zu Deutsch etwa ›Erhaben ist Gott und Lobpreis gebührt Ihm, außer Dem es keine andere Gottheit gibt)‹ mehrfach wiederholt. Besonders die Mystiker und auch die Rechtsschulen empfehlen, dieses Gebet zumindest einmal im Leben zu verrichten.

Eine weitere besondere Form der empfohlenen Gebete ist das *tarāwīḥ*-Gebet während des Monats Ramadan. Zwischen dem Nacht- und dem *witr*-Gebet beten Muslim:innen entweder allein oder für gewöhnlich in der Gemeinschaft in der Regel 20 freiwillige Gebetseinheiten. Die 20 Einheiten können mit einem Male oder mit kürzeren Pausen in mehreren kleineren Teilen vollzogen werden, wie etwa 5 mal 4 Einheiten. Die Gesamtzahl des *tarāwīḥ*-Gebets kann variieren; üblich sind z. B. auch 8 Gebetseinheiten. Das *tarāwīḥ*-Gebet wird oft so verrichtet, dass der ganze Koran bis zum Ende des Monats Ramadan rezitiert wird. Dies ist aber keine Voraussetzung: Es kann wie jedes andere Gebet mit kürzeren Rezitationen verrichtet werden.

Das tägliche Gebet zu verrichten ist für Muslim:innen so zentral, dass der Koran auch Lösungen für Situationen anbietet, in denen das Gebet nur schwerlich verrichtet werden kann. Eine besondere Form des Gebets ist das ›Furchtgebet‹ (*ṣalāt al-ḫawf*, vgl. Q 2:239, 4:102). So darf man etwa das Gebet auf dem Reittier verrichten, ohne dabei die Verbeugung und Niederwerfung und das Stehen im Gebet zu berücksichtigen, wenn man z. B. vor Gefahren flieht, Angst davor hat, überfallen zu werden, es starken Regen gibt, man vor einem Waldbrand flieht oder nach einem Erdbeben Lebensgefahr besteht. Dabei kann in einer Gemeinschaft das Gebet so verrichtet werden, dass der Imam das Gebet vollständig vollzieht, die Gemeinschaft sich aber inmitten des Gebets abwechselt. Eingeführt wurde diese Form im Kontext eines Krieges, in dem sich die Muslim:innen befanden (vgl. Q 4:102). Gebete auf der Reise im Bus, in der Bahn und im Flugzeug können ebenfalls im Sitzen verrichtet werden. Symbolische Neigungen ersetzen die Verbeugung und die Niederwerfung. Kann man die Gebetsrichtung nicht einhalten, verrichtet man das Gebet in der Fahrtrichtung.

Das verrichtete Gebet wird ungültig, wenn der:die Betende z. B. rituell unrein wird, im Gebet spricht, lacht, isst, trinkt, sich von der Gebetsrichtung abwendet und sich mit anderen Dingen als dem Gebet beschäftigt. Es wird in der vormodernen Literatur detailliert besprochen, welche Handlungen vollzogen werden dürfen, die das Gebet nicht unterbrechen. Wird der reguläre Vollzug unterbrochen, muss das Gebet wiederholt werden. Geschieht dies außerhalb der für das Gebet vorgesehenen Zeit, handelt es sich dabei um Nachholung (*qaḍāʾ*, siehe oben Kapitel 3.3). Verpasst man die Zeit, um das Gebet zu verrichten, kann bzw. muss man es ebenfalls nachholen.

5.1.3 Das Fasten *(aṣ-ṣawm)*

Das Fasten ist für Muslim:innen im Monat Ramadan (das ist der 9. Mondkalendermonat) eine Pflicht (vgl. Q 2:183–187). Befreit von dieser Pflicht sind Kranke, Personen, die aufgrund der körperlichen Voraussetzungen nicht im Stande sind zu fasten, Personen, die sich auf einer Reise befinden, Schwangere, Stillende und Kinder. Ist die Reise beendet oder die Person genesen, wird das Fasten nachgeholt. Das gilt auch für Frauen, die entweder durch die Menstruation oder das Wochenbett rituell unrein sind. Die kleine rituelle Unreinheit und auch die große Unreinheit der Männer hindern die Verpflichtung zum Fasten nicht. Unter bestimmten Umständen kann das Fasten durch eine Zahlung (*fidya*) ersetzt und ausgeglichen werden. Die Höhe der Zahlung ergibt sich aus den nachzuholenden Fastentagen. Für jeden Tag wird die Menge entrichtet, die für die Pflichtalmosen im Ramadan (*ṣadaqat al-fiṭr*) berechnet wird. Die Berechnung der *ṣadaqat al-fiṭr* ergibt sich aus der Summe für die tägliche Verpflegung einer erwachsenen Person.

Das Fasten beginnt mit dem *imsāk*; das ist die Zeit vor der Morgendämmerung. *Imsāk* bedeutet zugleich ›Enthaltung‹. Zu dieser Zeit wird, bevor das Fasten begonnen wird, noch einmal gegessen, was als *saḥūr* bezeichnet wird. Je nach Kultur und Region gibt es unterschiedliche Bräuche, die Gläubigen aus dem Schlaf zu wecken. Umstritten unter den Gelehrten ist, ob man am ersten Tag des Ramadan nur einmal die Absicht für das Fasten äußern muss oder jeden einzelnen Tag von neuem. Das Fasten endet mit dem Sonnenuntergang bzw. zur Zeit des Abendgebets. Dafür wird in der Regel ein Kalender angefertigt. Das Fastenbrechen wird *ifṭār* genannt. Mit dem Gebetsruf wird das Ende des Fastens ausgerufen. Je nach Region und Kultur gibt es weitere Signale, wie etwa den Kanonenschuss. Es gibt keine Restriktionen beim Fastenbrechen; man darf die gewöhnlichen alltäglichen Speisen verzehren. Generell werden die Abende des Fastenbrechens in der Familie und mit Gästen gefeiert. Spendenaktionen wie etwa Armentische begleiten diese Feierlichkeiten.

Während des Fastens ist es untersagt, etwas zu essen und zu trinken, Geschlechtsverkehr zu haben oder sich in jeglicher Form sexuell zu befriedigen sowie Genussmittel zu konsumieren. Nach dem Fastenbrechen sind diese Restriktionen wieder zulässig. Flüssigkeiten, die in den Körper dringen (wie etwa Injektionen), brechen das Fasten, so auch das Rauchen. Sofern Injektionen, wie etwa Impfungen, den Körper nicht stärken oder zu sehr schwächen, brechen sie das Fasten nicht.

Es gibt zu den Handlungen, die das Fasten brechen, eine detaillierte Liste. Vollzieht man solch eine Handlung unbewusst – wie z. B. zu essen und zu trinken, weil man vergessen hat, dass man fastet –, darf das Fasten fortgeführt werden. Bricht man versehentlich das Fasten, z. B. in der Annahme, dass die Zeit des Fastenbrechens eingetroffen sei, obwohl dies nicht der Fall ist, soll das Fasten für diesen Tag nach dem Ramadan wiederholt werden. Das Fasten muss auch wiederholt werden, wenn es aus guten Gründen unterbrochen wurde, wie z. B. durch gesundheitliche oder körperliche Schwäche bzw. Schwächeanfall. Wird das Fasten bewusst vor dem Sonnenuntergang gebrochen, so muss der:die Gläubige diesen Tag nachfasten. Hinzu kommt nach der Mehrheitsmeinung, dass diese Person weitere 60 Tage als Sühne für das vorsätzliche Fastenbrechen fasten muss. Unabhängig von der Frage, ob das Fasten gebrochen wird, wird empfohlen, darauf zu achten, dass man währenddessen noch sensibler den

Alltag bewältigt und auf zwischenmenschliche Beziehungen achtet, als es sonst der Fall ist.

Damit das Fasten zu einer Pflicht wird, muss der Monat Ramadan ermittelt werden. Die muslimische Tradition richtet sich dabei nach dem Mondkalender, der 11 Tage kürzer ist als der Sonnenkalender. Deshalb variiert der Fastenbeginn jedes Jahr: Der Monat Ramadan beginnt jedes Jahr 10–11 Tage früher als im Vorjahr. Verbunden ist sein Beginn mit der Sichtung der Mondsichel: Das Ende das Monats Ramadan wird durch die Sichtung der Mondsichel für den Beginn des Monats Šawwāl ermittelt. Ob man die Sichel wirklich sichten muss oder sie auch berechnen darf, ist umstritten. Entsprechend der Berechnung oder der Sichtbarkeit der Sichel kann der Monat 29 oder 30 Tage betragen. Das ist der Grund dafür, dass Muslim:innen, je nachdem, welcher Tradition sie folgen, zeitlich versetzt mit dem Monat Ramadan beginnen oder das Ende des Monats Ramadan feiern. Heute wird zudem diskutiert, ob in den Gegenden, in denen die Tage in den Sommermonaten lang sind, die Gläubigen das Fasten vor dem Sonnenuntergang brechen dürfen. Dabei können sie sich entweder an der Durchschnittsdauer der Fastentage in anderen Regionen orientieren oder nach den Fastenzeiten in Mekka richten. Die Mehrheit der Muslim:innen orientiert sich aber nach dem Sonnenaufgang und -untergang in ihrer Region. Fakt ist gleichzeitig, dass in Regionen, in denen die Sonne gar nicht auf- oder untergeht, man sich nach Mekka oder der nächsten Region, in der die Bedingungen zustande kommen, orientiert.

Eine Besonderheit im Ramadan habe ich oben genannt: das *tarāwīḥ*-Gebet. Daneben ist es üblich, sich die letzten 10 Nächte im Ramadan im Sinne der Spiritualität in die Moschee zurückzuziehen (das sog. *iʿtikāf*). Der Aufenthalt kann kürzer als 10 Tage sein. Die unterschiedlichen Bedingungen für den Vollzug des Zurückziehens und seine Voraussetzungen können je nach Rechtsschule variieren. Eine weitere Besonderheit ist die Koranrezitation. Viele Gläubige sind bestrebt, den Koran während des Ramadan komplett durchzulesen. Dies tun sie entweder selbst, oder sie folgen einem Koranrezitator, der den Koran laut vorträgt. Der Grund liegt darin, dass der Koran im Monat Ramadan herabgesandt wurde (vgl. Q 2:185). Eine besondere Nacht ist die ›Nacht der Bestimmung‹ (*laylat al-qadr*, vgl. Q 97), die den Beginn der Herabsendung des Korans im Ramadan kennzeichnet. Welche Nacht sie im Ramadan wirklich ist, ist umstritten; sie liegt aber innerhalb der letzten 10 Nächte. Generell wird die 27. Nacht als ›Nacht der Bestimmung‹ gefeiert. Unter den Schiiten genießen die letzten 5 ungeraden Nächte in diesem Sinne besondere Aufmerksamkeit.

Neben dem Fasten im Monat Ramadan gibt es weitere verpflichtende Formen des Fastens. Diese sind meist Sühnehandlungen (Sg. *kaffāra*) für die fahrlässige Tötung, den Schwurbruch, das Jagen (*ṣayd*) im Weihezustand während der Pilgerfahrt und die Scheidungsform *ẓihār* (siehe Kapitel 5.2.1). Im Falle eines Gelübdes (*naḏr*) zum Fasten wird es ebenfalls zu einer Pflicht. Verboten ist das Fasten an den Festtagen, dem ersten Tag des Šawwāl als Fest des Fastenbrechens und am Opferfest sowie den darauffolgenden drei Tagen (die sog. *ayyām at-tašrīq*, also am Opferfest vier Tage lang). Verpönt ist z. B. das Fasten nur am Freitag oder kurz vor dem Beginn des Ramadan. Insbesondere hierzu gibt es Unterschiede unter den Gelehrten. Außerhalb dieser Zeiten wird an verschiedenen Tagen das Fasten empfohlen. Dazu gehört das Fasten montags und donnerstags und am 9. und 10. Tag des Monats Muḥarram (das sog. ʿĀšūrāʾ). Letzteres gehe auf frühere Propheten zurück, so die Annahme. Für die Schiiten ist dieser Tag besonders wichtig: Es ist der Tag des Märtyrertodes von al-Ḥusayn (gest. 61/680), der der Enkel des Propheten und der 3. Imam für die Schiiten war. Des Todes al-Ḥusayns in Kerbela gedenken die Schiiten mit besonderen Traditionen (sog. *taʿziya*). Ferner wird das Fasten in den ersten 9 Tagen im Monat Ḏū l-Ḥiǧǧa empfohlen; am 9. Tag ist das Fasten für die Pilger untersagt. Empfohlen ist auch das Fasten an 6 Tagen des Monats Šawwāl und an jedem 13., 14. und 15. Tag eines Kalendermonats.

Der Monat Ramadan und mit ihm das Fasten währenddessen ist eine feierliche Zeit. So werden Moscheen und Minarette mit Lichtern geschmückt, Märkte bzw. ›Ramadanzelte‹ aufgebaut, gemeinsam das Fasten gebrochen, viele Sondersendungen für den Ramadan ausgestrahlt sowie Schattenspiele und Konzerte veranstaltet.

5.1.4 Die Almosensteuer *(az-zakāt)* und Almosen *(ṣadaqa)*

An vielen Stellen des Korans wird unmittelbar nach der Aufforderung, das Gebet zu verrichten, dazu aufgefordert, die Almosensteuer zu entrichten (vgl. z. B. Q 2:177). Der Koran benutzt dafür sowohl den Begriff *zakāt* als auch *ṣadaqa*. Die nachkoranische Literatur dagegen versucht *zakāt* von *ṣadaqa* zu unterscheiden; Letzteres soll freiwillige Almosen bezeichnen, die im Koran u. a. als *infāq* bezeichnet werden, was die nachkoranische Literatur ebenfalls übernommen hat.

Nach der Systematik im islamischen Recht ist *ṣadaqa* die allgemeine Bezeichnung für Almosen, die unterschiedliche Formen haben:

1) freiwillige Abgaben, also *ṣadaqa* im unbestimmten Sinne,
2) Abgaben, die als Sühne für ein Fehlverhalten auferlegt werden, wie etwa die Speisung von 10 Armen bei Schwurbruch,
3) die selbstauferlegte Pflicht, Almosen zu entrichten, indem man einen Schwur dazu leistet,
4) eine einmalige Abgabe in jedem Ramadan für jedes Familienmitglied (das sog. *ṣadaqat al-fiṭr*),
5) die jährliche Almosensteuer, die unter bestimmten Bedingungen fällig wird.

Freiwillige Almosen haben keine Mindest- oder Höchstgrenze. Es ist jedem selbst überlassen, wann und wie viel man entrichten möchte. Es wird lediglich diskutiert, ob jede:r Vermögende zumindest einmal im Leben Almosen entrichten muss, da in Sure 2 mehrere Verse Aufforderungen dazu enthalten, Almosen zu entrichten (dabei kommt das Wort *infāq* vor, vgl. Q 2:264–271). Hadithe berichten, dass sogar ein Lächeln als ›Almosen‹ gelten kann, da man seinem Gegenüber damit Freude bereitet. Auch Vertragstypen wie die entgeltfreie Leihgabe (*ʿāriya*) sowie ein zinsloses Darlehen (*qarḍ ḥasan*) gelten als eine Art Almosen. Besondere Gewichtung haben Almosen für Zwecke wie z. B. den Bau einer Brücke, einer Schule und eines Krankenhauses: Solange sie bestehen, wird die Person, die die Almosen entrichtet hat, im Jenseits für diese gute Tat entlohnt. Daher wird eine solche Almosengabe als fortwährendes Almosen (*aṣ-ṣadaqa al-ǧāriya*) bezeichnet.

Die Menge der Almosen ist in Fällen von Sühneleistungen (*kaffāra*) festgelegt, wie etwa die Speisung von 10 Armen bei Schwurbruch. Auch die selbstauferlegte Verpflichtung kann von der Menge her bestimmt werden. Konkrete Vorstellungen über die Almosen formuliert der Prophet bezüglich der *ṣadaqat al-fiṭr*, die in jedem Ramadan einmalig für jedes Familienmitglied entrichtet werden muss. Es wird die Summe entrichtet, die ein Individuum für den täglichen Unterhalt braucht. Wahrscheinlich wurde diese Verpflichtung in den Jahren 623–624 zu Lebzeiten des Propheten eingeführt, kurz nach der Auswanderung der Muslim:innen von Mekka nach Medina. Danach wurde die allgemeine Almosensteuer (*zakāt*) für verpflichtend erklärt.

Die Almosensteuer ist eine Steuer, die als individuelle Pflicht allen Muslim:innen auferlegt wird. Sie wird jedoch nicht unter allen Umständen entrichtet. Es gibt viele Einzelbestimmungen, die sowohl die Summe der zu entrichtenden Almosen wie auch die zu besteuernden Güter festlegen. Nur juristisch verantwortliche Personen, die ein Vermögen in Höhe einer bestimmten Summe besitzen, müssen die Almosensteuer einmal im Jahr entrichten. Dieses Vermögen bestimmten die Gelehrten abzüglich von Schulden und den zur Grundversorgung benötigten Mitteln. Zur Grundversorgung gehören Behausung, Haushaltsgeräte, Reittiere (bzw. heute das Automobil), Kleidung, Nutztiere, Transportwagen, Schmuck, Nahrung, Arbeitsgegenstände, Kunstgegenstände und Bücher. Besitzt man darüber hinaus z. B. weitere Immobilien, die vermietet werden, wird z. B. der Gewinn besteuert. Das Vermögen muss zudem eine Mindestgrenze (*niṣāb*) erreichen, damit es besteuert werden kann. Sie beträgt 595 g Silber (200 Dirham) oder 85 g Gold (20 Dinar), 40 Schafe, 5 Kamele oder 30 Kühe. Der äquivalente Geldwert wird ebenfalls besteuert. Der Prozentsatz der Steuer beträgt für das Vermögen 2,5 % und wird mittels eines Hadith ermittelt, der für jedes vierzigste Schaf ein Schaf als Almosensteuer bestimmt. Das Vermögen muss ein volles Jahr im Besitz der Person sein. Erträge aus dem Ackerbau werden nach anderen Prozentsätzen besteuert. Wird der Acker künstlich bewässert, beträgt der Steuersatz 5 %, entfällt die künstliche Bewässerung, beträgt der Steuersatz 10 %

(also ein Dezem oder Zehnt[er], *ʿušr*). Heute diskutiert man, welche Gegenstände als Grundausstattung gelten und wie neue Vermögenswerte besteuert werden müssen, etwa Wertpapiere und Kryptowährung. Ferner wird diskutiert, ob Muslim:innen, die in modernen Sozialstaaten leben, noch immer dazu verpflichtet sind, neben den landesüblichen Sozialabgaben und den gewöhnlichen Steuerzahlungen an den Staat überhaupt noch Almosensteuern zahlen müssen.

In der Geschichte gab es unterschiedliche Arten, die Steuern einzutreiben. Es wurden Beamte beauftragt, die die Steuern entweder eintrieben oder selbst im Voraus die Steuersumme zahlten und sie dann zusammentrugen. Heute wird über zentral verwaltete staatliche Einrichtungen für das Zusammentragen der Almosensteuer nachgedacht oder dies entsprechend umgesetzt. Die Gläubigen sind sonst selbst dazu angehalten, die Almosensteuer zu entrichten und sie an die Empfangsberechtigten im eigenen Umfeld zu übergeben, oder sie richten sich an Vereine, die sich darauf spezialisiert haben.

Die Empfänger der Almosensteuer bestimmt Q 9:60: Es sind Arme oder Bedürftige, Menschen, deren Herzen gewonnen werden sollen, Sklaven, die freigelassen werden sollen, Schuldner und der ›Sohn des Weges‹. Daneben wird die Almosensteuer auch für den ›Weg Gottes‹ eingetrieben. Was mit ›Sohn des Weges‹ gemeint ist, ist umstritten: Die Mehrheit ist der Auffassung, dass es sich dabei um Reisende handelt. Der ›Weg Gottes‹ kann die Finanzierung der muslimischen Armee meinen oder im Allgemeinen die Staatskasse, um sie für die Öffentlichkeit zu verwenden. Bereits früh haben sich Muslim:innen dafür entschieden die Menschen, deren Herzen für den Übertritt zum islamischen Glauben gewonnen werden sollen, aus dem Empfängerkreis der Almosensteuer auszuschließen. Ob unter die empfangsberechtigten Armen und Bedürftigen auch Nichtmuslim:innen fallen, ist umstritten. Es gibt viele, die dagegen sind, aber auch viele, die sich dafür aussprechen. Denn Sinn und Zweck der Almosensteuer sei es, den Notzustand von Bedürftigen allgemein zu beenden.

Der Kerngedanke der Almosensteuer ist nicht nur, den Bedürftigen zu helfen. Sie soll auch dazu anspornen, das Geld nicht übermäßig zu horten, sondern es in Umlauf zu bringen. Durch die Investitionen sollen Arbeitsmöglichkeiten entstehen, wozu diverse Vertragsmodelle eine Grundlage bieten. Daher ist es unter den Gelehrten umstritten, ob die Veräußerung bzw. Investitionen von Vermögen, die so hoch ist, dass das Vermögen weniger als die geforderte Mindestgrenze für die Almosensteuer beträgt, von der Almosensteuer befreit oder nicht. Fraglich ist damit auch, ob man dadurch eine Sünde begeht, indem man die Verpflichtung zur Almosensteuer umgeht.

Der gottesdienstliche Charakter der *zakāt* zeigt sich darin, dass sie eine Art Läuterung des Vermögens darstellt. Es heißt in Q 9:103 – das Wort *ṣadaqa* im Arabischen bedeutet hier *zakāt*: »Nimm von ihrem Besitz eine Almosengabe, mit der du sie reinigst und läuterst!« Neben der Almosensteuer gibt es verschiedene Steuerformen, die aber keinen gottesdienstlichen Charakter haben und je nach Ort und Zeit variieren konnten. Auch mussten Nichtmuslim:innen unter muslimischer Herrschaft Steuern zahlen. Dazu gehörte u. a. die Kopfsteuer (*ǧizya*) für Nichtmuslim:innen, die Ackersteuer für erbeutete Länder (*ḫarāǧ*), die erst von Nichtmuslim:innen, später religionsunabhängig von allen erhoben wurde, sowie Zölle (*maks*) und Steuern für Verwaltungsakte (*ḍarība*).

5.1.5 Die Pilgerfahrt *(al-ḥaǧǧ)*

Im Gegensatz zu den bisher behandelten gottesdienstlichen Handlungen, die die Gläubigen ein Leben lang befolgen müssen, ist die Pilgerfahrt (*ḥaǧǧ*) eine einmalige Pflicht. Wer die Pilgerfahrt unternimmt, muss sie kein zweites Mal unternehmen. Wiederholter Vollzug ist jedoch nicht untersagt. Die Pilgerfahrt geht in ihren wesentlichen Zügen auf eine vorislamische Tradition zurück. Diese wurde nicht vollständig in die Abläufe der muslimischen Praxis aufgenommen, sondern teilweise verändert; alle polytheistischen Elemente wurden dabei getilgt. Erklärt wird dieser Umstand damit, dass viele Propheten vor Muhammad bereits Pilgerfahrten unternommen haben, so etwa Abraham (vgl. Q 22:27–29). Dieser habe sogar gemeinsam mit seinem Sohn Ismael die Kaaba wiedererrichtet (vgl. Q 2:127).

Die vorislamischen Araber kannten zwei Typen von Pilgerfahrten: die große Pilgerfahrt *al-ḥaǧǧ* im Monat Ḏū l-Ḥiǧǧa und die kleine Pilgerfahrt *al-ʿumra* im Monat Raǧab. Damit der Monat Ḏū l-Ḥiǧǧa immer in die Frühlingszeit fallen konnte, wurde alle 2 bis 3 Jahre (eine klare Regel gab es nicht) ein Schaltmonat eingefügt (diese Praxis hieß *nasīʾ*, ›Verschiebung‹). Wie regelmäßig diese Praxis war, ist ungewiss. Denn der Mondkalender, nach dem die Araber lebten, ist 10–11 Tage kürzer als der Sonnenkalender, sodass die Monate jedes Jahr um 10–11 Tage im Vergleich zum Sonnenkalender zurückrutschen. Die Pilgerfahrten wurde mit großen Märkten und Messen gefeiert und waren damit auch eine wichtige Zeit des wirtschaftlichen wie religiös-kulturellen Austauschs. Es wurden sogar Bündnisse zwischen Stämmen an diesen Orten geschlossen und diese besonders gefeiert. Die Pilgermonate fielen in die Zeit der sogenannten ›geschützten Monate‹ (*al-ašhur al-ḥurum*). Kriegshandlungen zu dieser Zeit waren verboten. Im Weihezustand (*iḥrām*) haben die Pilger verschiedene religiöse Praktiken vollzogen.

Die muslimische Tradition hat die Unterscheidung von großer und kleiner Pilgerfahrt übernommen und auch andere Riten aus vorislamischer Praxis wurden in modifizierter Form beibehalten. Rekonstruieren lässt sich die Pilgerfahrt insbesondere durch die Überlieferungen über die Abschiedspilgerfahrt (*ḥiǧǧat al-wadāʿ*) des Propheten im Jahre 10/632. Einige Bestandteile werden im Koran genannt.

Die große Pilgerfahrt kann einmal im Jahr nur während der Pilgerfahrtsaison im Monat Ḏū l-Ḥiǧǧa vollzogen werden. Die kleine Pilgerfahrt dagegen ist saisonungebunden, hat zudem weniger rituelle Vorschriften und bezieht sich vor allem auf Rituale in Mekka. Während der großen Pilgerfahrt kann entweder nur die große Pilgerfahrt für sich vollzogen werden (genannt *ifrād*, zu Deutsch ›einzeln‹), oder es werden die kleine und die große Pilgerfahrt gemeinsam vollzogen. Dazu gibt es zwei Optionen: Man kann die kleine Pilgerfahrt im Weihezustand zuerst verrichten, woraufhin mit einem neuen Weihezustand die große Pilgerfahrt vollzogen wird. Diese Form wird *tamattuʿ* (wörtl. ›Genuss‹) genannt. Möglich ist daneben die Kombination der kleinen und großen Pilgerfahrt mit einem einzigen Weihezustand. Diese Form wird *qirān* (wörtl. ›verbunden‹) genannt.

Die Pilgerfahrt ist nur verbindlich für alle, die auch sonst mit der Befolgung gottesdienstlicher Handlungen beauftragt sind. Hinzu kommt, dass man wohlhabend genug und gesundheitlich in der Lage sein muss, eine Pilgerfahrt auf sich zu nehmen. Zu den Bedingungen gehört zudem die Reisesicherheit, die gegeben sein muss. Viele Gelehrte diskutieren in diesem Rahmen, ob Frauen allein oder nur gemeinsam mit ihrem Ehemann oder männlichen Verwandten oder in einer (großen) Gruppe von Frauen verreisen dürfen. Heute werden die Meinungen, die eine Teilnahme von Frauen an eine Begleitung durch Männer binden, kritisiert.

Die Ausgestaltung der Pilgerfahrt variiert in den Details unter den Rechtsschulen. In den Grundzügen lässt sie sich wie folgt zusammenfassen: Für den Vollzug der Pilgerfahrt müssen die Gläubigen den Weihezustand (*iḥrām*) einnehmen. Es gibt bestimmte, teils knapp 200 km außerhalb liegende Grenzen (*mīqāt*) um Mekka herum, an denen der Weihezustand eingenommen werden muss. Bei der Anreise mit dem Flugzeug kann der Zustand am Flughafen wie auch bereits zu Hause eingenommen werden. Für den Weihezustand verrichten die Gläubigen die große rituelle Reinigung und sorgen für Körperhygiene etwa durch Rasur, Haarschnitt und Nagelpflege. Die Männer legen ihre gewöhnliche Kleidung ab und zwei ›ungenähte Tücher‹ an. Sie tragen offene Sandalen. Frauen bedecken den gesamten Körper mit unauffälliger Kleidung. Das Gesicht dürfen sie nicht bedecken; umstritten ist es, ob ihre Hände und Füße bedeckt werden dürfen. Viele Pilger reisen erst nach Medina, um die Prophetenstadt, sein Grab und weitere, für die islamische Geschichte wichtige Orte zu besuchen. Vor ihrer Abreise nach Mekka können sie in Medina den Weihezustand einnehmen.

Der Weihezustand selbst verbietet bestimmte Arten von Körperpflege wie das Schneiden der Nägel oder das Schneiden oder Trimmen der Haare, seien es Haare am Körper oder die Pflege des Bartes. Auch zu jagen oder sich daran in irgendeiner Form zu beteiligen sowie Geschlechtsverkehr zu haben ist untersagt. Bricht man ein Verbot, so müssen dafür Sühneleistungen erbracht werden. Dazu gehören u. a. das Schlachten von Opfertieren und Entrichten von Almosen. Daneben ist es allen verboten, im Bereich der Kaaba, der geschützten Moschee (*masǧid al-ḥarām*), zu jagen und Pflanzen zu zerstören.

Die Pilger:innen (Sg. *ḥāǧǧ*) umrunden die Kaaba bei ihrer Ankunft in Mekka. Die Umrundung beginnt mit dem Gruß des Schwarzen Steins (*al-ḥaǧar al-aswad*) an der Ecke der Kaaba, entweder durch das Heben der Hände aus der Ferne oder durch Berühren oder Küssen aus unmittelbarer Nähe. Viele Pilger:innen versuchen trotz Lebensgefahr, den Stein zu küssen und anzufassen. Der Legende nach soll dieser Stein aus dem Paradies stammen; bereits Abraham habe ihn an der Kaaba angebracht. Die Umrundung erfolgt gegen den Uhrzeigersinn. Eine Umrundung wird *šawṭ*, sieben Umrundungen werden *ṭawāf* genannt. Drei der Umrundungen werden schneller vollzogen als die restlichen vier. Die schnellen Runden werden *ramal* genannt. Dabei wird den Männern empfohlen, die Schultern offen zu legen. Nach dem *ṭawāf* begibt man sich zur Stätte Abrahams (*maqām Ibrāhīm*) und verrichtet dort Gebete. Im Anschluss begeben sich die Pilger:innen auf die Anhöhen aṣ-Ṣafā und al-Marwa. Zwischen den beiden Hügeln laufen sie siebenmal hin und zurück. Das wird *as-saʿy* genannt. Dabei erhöhen sie an bestimmten Markierungen das Schritttempo. Diese Rituale werden am 6. und 7. Tag des Monats Ḏū l-Ḥiǧǧa vollzogen. Am 8. Tag, dem *yawm at-tarwiya* (Tag der Tränkung [der Reittiere]) begeben sich die Pilger:innen nach dem Morgengebet nach Mina, eine Zeltstadt. Sie verweilen dort und verrichten Gebete. Damit es nicht zu übergroßem Andrang und Katastrophen kommt, reisen viele Pilgernde direkt nach ʿArafat (etwa 25 km südlich von Mekka). Am 9. Ḏū l-Ḥiǧǧa sind die Pilger:innen in ʿArafat. Hier sollen Adam und Eva nach ihrem Fall aus dem Paradies zusammengefunden haben, zudem habe Gott ihnen hier ihre Sünde verziehen. In ʿArafat werden Predigten gehalten und Gebete verrichtet, insbesondere die sog. *talbiya*. Sie lautet: »Ich bin gekommen mein Herr, ich bin gekommen. Ich bin gekommen, zu Dir, der keinen Teilhaber hat, ich bin gekommen. Lobpreis gebührt Dir; die Gaben, die Herrschaft gehören Dir! Du hast keinen Teilhaber« (*labbayk, allāhumma labbayk, labbayk, lā šarīka laka labbayk, inna l-ḥamda wa-n-niʿmata laka wa-l-mulk, lā šarīka lak*). Die *talbiya* wird zu verschiedenen Zeiten während der Pilgerfahrt mehrfach wiederholt. Zur Mittagszeit werden das Mittags- und Nachmittagsgebet zusammengelegt und verrichtet. Danach brechen die Pilger:innen nach Muzdalifa auf. Dort verrichten sie zur Zeit des Nachtgebets das Abend- und Nachtgebet zusammen.

Am Morgen des 10. Ḏū l-Ḥiǧǧa treffen die Pilgernden in Mina ein. Dort steinigen sie den Satan (Iblīs), der symbolisch mit Säulen dargestellt wird. Es gibt drei Säulen, die größte wird *ǧamrat al-ʿAqaba* genannt und mit Kieselsteinen beworfen. Sie sind die Erinnerung an die Auseinandersetzung Abrahams mit dem Satan, der Abraham davon abbringen wollte, seinen Sohn (jüdisch und christlich Isaak, muslimisch Ismael) wie von Gott verlangt zu opfern. Abraham, auch sein Sohn, haben den Satan mehrfach mit Steinen verjagt. Am selben Tag werden Opfertiere geschlachtet, die größtenteils an Arme verteilt werden. Die Schlachtung des Opfertieres soll wieder an Abrahams Bereitschaft zur Opferung des Sohnes erinnern, an dessen Stelle er letztlich auf Gottes Geheiß einen Widder opferte.

Danach verlassen die Pilgernden den Weihezustand durch Rasur; Frauen dürfen durch das Abschneiden einiger Haare den Zustand verlassen. Im Anschluss wird Mekka besucht, die Kaaba umrundet und reichlich von der Quelle Zamzam getrunken. Ihre Entstehung geht auf die Suche von Abrahams Frau Hagar (Hāǧar) nach Wasser für ihren Sohn Ismael zurück, als Abraham beide in der Wüste zurückgelassen habe. Als Ismael zu verdursten drohte, habe Hagar zwischen den Hügeln aṣ-Ṣafā und al-Marwa nach Wasser gesucht und sei siebenmal hin und her gerannt – aus dieser Suche habe sich die Praxis des *saʿy* etabliert. Dabei habe sie gesehen, dass in der Nähe der Kaaba Wasser hervorgequollen sei. Dieses Wasser sei das Wasser aus der ›unendlichen Quelle‹ Zamzam und habe dem Volksglauben nach eine heilende Wirkung.

Während der nächsten drei Tage des Opferfestes, den sog. *ayyām at-tašrīq*, begeben sich die Pilgernden wieder zu den Säulen, die sie alle mit jeweils sieben Steinen bewerfen. Daraufhin kehren sie nochmals nach Mekka zurück und vollziehen die Abschiedsumrundung. Damit endet die Pilgerfahrt. Viele Pilger:innen verweilen noch in Mekka, um die Region zu erkunden und wichtige Orte zu besuchen, wie etwa die Höhle al-Ḥirāʾ, in der der Prophet die erste Offenbarung erhalten haben soll.

Die Pilgerfahrt gehört zu den Höhepunkten des Lebens der Gläubigen. Sie wurde in der Geschichte groß gefeiert und wird es auch heute. Die Feierlichkeiten können je nach Kultur, Region und Zeitalter variieren. Zu ihnen gehören feierliche Veranstaltungen in der Moschee, Hausbesuche, Armenspeisung, gemeinsames Speisen und Abschiedsrituale. Früher war die Pilgerfahrt ein größerer Einschnitt im Leben des Gläubigen, da die Reise gefährlich und lang war.

Eine distanzierte Haltung zur Pilgerfahrt sehen wir in der Geschichte unter andalusischen Malikiten. Viele Gelehrte haben zu bestimmten Zeiten von der Pilgerfahrt abgeraten. Ein Grund lag darin, dass Muslim:innen in Andalusien zeitweise lange Kämpfe gegen Christ:innen aus dem Norden geführt haben. Die Gelehrten versuchten, die Menschen von der Kriegsbeteiligung (hier: *ǧihād* im engeren Sinne) zu überzeugen und sie zu überreden, vor Ort zu bleiben.[22] Pilgerfahrten hatten aber auch positive Auswirkungen: Sie ermöglichten den Gelehrten den Austausch mit anderen Gelehrten aus entfernten Gebieten. Auch Bücheranschaffungen und Studienaufenthalte, die die Gelehrten mit der Pilgerfahrt verbanden, sorgten für den überregionalen Austausch der Gelehrten.

Generell nimmt man an, dass die Pilgerfahrt von den Sünden reinigt. Sie wird insbesondere in der Sufi-Literatur symbolisch gedeutet: So ist der Beginn der Pilgerfahrt wie die Reise der Toten zum Jüngsten Gericht, die Versammlung der Menschen und die Umrundung der Kaaba wie das Jüngste Gericht selbst und die Umhüllung des Körpers mit den beiden Tüchern wie die Einhüllung der Toten mit dem Leichentuch. Die Steinigung des Satans stehe z. B. symbolisch für die Steinigung des eigenen Egos.

22 Für solche Fatwas und Ansichten siehe Hendrickson, »Prohibiting the Pilgrimage«.

5.1.6 Speisegebote *(al-aṭʿima wa-l-ašriba)*

Die muslimische Rechtstradition befasst sich detailliert mit der Frage danach, was Muslim:innen essen und trinken dürfen. Grundsätzlich gilt, dass zunächst alles konsumiert werden darf. Belege aus Koran und Sunna zeigen dann, dass bestimmte Lebensmittel nicht verzehrt werden dürfen. Die konkreten Regelungen innerhalb der Rechtsschulen variieren. Ich werde mich auf einige der bekannten Fälle beziehen.

Zu den Getränken ist zu sagen, dass der Konsum uneingeschränkt erlaubt ist, solange die Getränke nicht alkoholhaltig sind. Nach der Mehrheit der Gelehrten dürfen berauschende Getränke nicht getrunken werden, weder in kleinen noch in großen Mengen. Dagegen argumentierten vor allem frühe irakische Gelehrte, dass zwar Traubenwein (*ḫamr*) laut Q 5:90–91 ungeachtet der Konsummenge verboten sei. Dieser Vers und Hadithe verbieten ihrer Meinung nach den Rausch. Solange dieser nicht eintritt, dürfen andere alkoholhaltige Getränke aber konsumiert werden. Die Mehrheit dagegen versteht unter *ḫamr* alkoholhaltige Getränke insgesamt und beruft sich auf Hadithe, die den Konsum auch geringer Mengen verbieten.

Was geschieht aber, wenn man mit Wein oder sonstigen alkoholhaltigen Getränken kocht? Zum einen wird der Konsum erlaubt, da durch das Kochen der Wein seine alkoholisierende Wirkung verliert und – sollte man annehmen, Alkohol sei unrein – rein gekocht wird. Andere vertreten dagegen, dass es dennoch unzulässig ist, Wein auch in dieser Form zu konsumieren. Wenn Wein allerdings komplett zu Essig vergärt, darf dieser Essig konsumiert werden. Umstritten ist dabei aber, ob die Wandlung von allein eintreten muss oder die Gläubigen eingreifen dürfen, um Essig zu gewinnen. Oft weiten die Gelehrten das Konsumverbot auf Süßigkeiten aus, die Alkohol enthalten. Sie verbieten teilweise sogar alkoholhaltige Medizin, die aber in Notfällen ohne Bedenken eingenommen werden darf. Andere wiederum erlauben den Konsum von alkoholhaltigen Medikamenten uneingeschränkt.

Da der Rausch verboten ist, dürfen auch nur solche Pflanzen verzehrt werden, die nicht berauschend sind. Entsprechend gilt, dass natürliche wie synthetische Drogen verboten sind. Über das Rauchen von Tabak sind sich die Gelehrten nicht einig; die mehrheitliche Tendenz sieht darin eine verpönte Handlung.

Die Normen für den Konsum von Fisch sind übersichtlich: Grundsätzlich ist der Verzehr von Fisch erlaubt, nach der Mehrheit sogar von im Wasser verendeten Fischen und Meeresfrüchten. Hanafiten und Zwölferschiiten untersagen den Verzehr von Meeresfrüchten. Krokodile, Frösche und Schildkröten dürfen nicht verzehrt werden, allein die Malikiten erlauben den Verzehr von Fröschen.

In Bezug auf Landtiere gibt es eine Reihe von Vorschriften: Erlaubt ist der Verzehr von Herden- bzw. Huftieren (subsumiert unter den Begriff *anʿām*, also Schafe, Ziegen, Kühe, Büffel und Kamele) und Geflügel. Es gibt viele Angaben in Koran und Sunna darüber, welche Tiere nicht verzehrt werden dürfen (siehe z. B. Q 5:3 und 6:145). Aufgezählt werden in den Quellen nach der Mehrheitsmeinung – Ausnahmen insbesondere unter Malikiten schließe ich aus – u. a. Schweinefleisch, Blut, Verendetes (*mayta*), Raubtiere und Raubvögel, Esel, Hunde, Schlangen, giftige Tiere, Mäuse, Insekten mit Ausnahme von Heuschrecken, nach den Schiiten noch zusätzlich Hasenfleisch. Verboten ist das Fleisch von Tieren, die nicht nach Vorschrift geschlachtet oder gejagt worden sind.

Beim Schlachten bzw. Schächten sollen die Luft- und Speiseröhre des Tieres durchtrennt werden, damit das Tier vollständig ausbluten kann (der Vorgang wird *ḏabḥ* und *taḏkiya* genannt). Dabei soll das Tier im Namen Gottes geschlachtet werden; es wird die *basmala* in modifizierter Form aufgesagt: »Im Namen Gottes, Gott ist groß« (*bismi llāhi Allāhu akbar*). Unterlässt man beim Schlachten die *basmala*, ist nach vielen Gelehrten der Verzehr untersagt, nach anderen dennoch erlaubt, sofern ein:e Muslim:a das Tier geschlachtet hat. Das Tier wird zuvor beruhigt und es wird dafür gesorgt, dass es so wenig wie möglich leidet. Die Tiere werden im Liegen geschlachtet; ausgenommen davon sind Kamele, die durch einen Stich an der Brust geschächtet werden (das ist das sog. *naḥr*). Damit das Tier nicht leidet, wird der geforderte Schnitt genau beschrieben, es werden Anleitungen dazu gegeben, dass das Messer scharf sein muss und dass bei dem Schärfen des Messers das Tier dieses nicht sehen soll. Eine aktuelle Diskussion dreht sich um die Betäubung der Tiere: Werden Tiere vor der Schlachtung mit Elektroschock betäubt, ist dies für viele Gelehrte erlaubt, um das Leid des Tieres zu mindern. Der Bolzenschuss vor der Schlachtung dagegen ist umstritten, da die Gefahr besteht, dass die Tiere vor der Schlachtung sterben könnten und damit als verendet gelten würden. Dann wäre der Verzehr verboten, denn der Konsum vom Verendeten ist untersagt. Aus diesem Grund sprechen sich viele dagegen aus. Ferner wird diskutiert, ob die automatisierte Schlachtung von Tieren zulässig ist. Reicht es aus, dass die Schlachtmaschinen mit einer *basmala* in Betrieb genommen werden? Dies wird von einigen erlaubt, von anderen verboten.

Sowohl in vormoderner als auch in zeitgenössischer Literatur wird diskutiert, inwiefern Muslim:innen Fleisch verzehren dürfen, das von Nichtmuslim:innen zubereitet wurde. Q 5:5 erlaubt es, dass Fleisch, das Juden und Christen zubereitet haben, verzehrt werden darf. Dürfen also Muslim:innen von einer nichtmuslimischen Metzgerin Fleisch kaufen? Die Mehrheit ist dagegen, da sie die oben beschriebene Schächtung als notwendig erachten. Dagegen nehmen viele Gelehrte an, dass bei der ordnungsgemäßen Schlachtung zwei Ziele befolgt würden: Das Tier solle vollständig ausbluten und keiner anderen Gottheit außer Gott geopfert werden (vgl. Q 2:173; 6:121). Seien beide Bedingungen erfüllt, sei demnach irrelevant, wer das Tier geschlachtet hat. Ferner dürfe das Tier vor der Schlachtung nicht sterben. Letzteres wird teilweise als Argument für Bedenken vorgebracht, ob Tiere bei einer nichtmuslimischen Schlachtung nicht bereits vor dem Schlachten sterben, weil die Gefahr bestehe, dass Juden und Christen – ausweiten lässt sich diese Diskussion auf Personen, die keiner Religion zugehören oder gar Atheisten sind – nicht so sehr darauf achteten wie Muslim:innen. Oft wird auch eingewendet, dass in solchen Schlachthöfen die Gefahr bestehe, dass bei gleichzeitiger Schlachtung von Schweinen z. B. das Kalbs- und Rindfleisch mit dem Schweinefleisch kontaminiert werden könne. Solche Einwände sind eher apologetischer bis ideologischer Natur.

Es sei noch angemerkt, dass Tiere, die normalerweise nicht verzehrt werden dürfen, in Notfällen verzehrt werden können, um den größeren Schaden des (Ver)Hungerns abzuwenden. Dies gibt Q 2:173 selbst an. Umstritten ist, ob das Leder und andere Teile von Tieren, die nicht verzehrt werden dürfen, anderweitig benutzt werden können. In vormoderner Literatur werden z. B. die Benutzung des Fetts für die Beleuchtung und die Bestreichung von Schiffen oder die Nutzung vom Schweinsleder und Schweinsborsten (Letzteres in der Schuhproduktion) besprochen. Entsprechendes diskutieren die Gelehrten auch zur Erlaubtheit der Verwendung des Fells, der Haut oder Knochen verendeter Tiere. Heute ist die Diskussion prominent, ob Gelatine, die aus Schweinsknochen hergestellt wurde, verzehrt werden darf. Sie ist bspw. in Gummibärchen und Kuchen enthalten. Hier scheiden sich die Geister: Viele Gelehrte negieren dies, da die Substanz vom Schwein stammt. Andere dagegen sehen darin keinen Verbotsgrund, denn die Gelatine ist kein Teil der Knochen mehr, sondern hat sich zu einer neuen Substanz gewandelt (sog. *istiḥāla*, d. h. [chemische] ›Umwandlung‹, analog zu dem Fall, dass Wein zu Essig vergärt). Man argumentiert auch damit, dass durch den Zusatz von anderen Stoffen die Masse, die aus dem Schweinsknochen gewonnen wurde, sich darin auflöst (sog. *istihlāk*). Der Verzehr sei damit erlaubt, da es nun eine andere, reine Substanz sei.

Alles, was rein ist, darf grundsätzlich verzehrt werden. Dafür benutzt der Koran das Wort *ṭāhir* (rein) und *ṭayyib* (gut). Entsprechend dürfen unreine Tiere nicht verzehrt werden. Nicht selten wird in den Quellen daher gesagt, dass ekelerregende (*ḫabīṯ*) Tiere nicht verzehrt werden dürfen.

Wir können also festhalten, dass vier Faktoren zum Verbot des Verzehrs führen können:

1) Rausch,
2) Unreinheit,
3) Schädlichkeit und
4) nicht vorschriftsgemäße Schlachtung von Tieren.

Heute gibt es unterschiedliche Institutionen, die prüfen, ob Tiere den Vorschriften des islamischen Rechts entsprechend geschächtet worden sind und dies mit Gütesiegeln bescheinigen. Man spricht dabei von Halal-Zertifikaten. Es gibt internationale sowie nationale Organisationen, die solche Zertifikate verteilen; nicht alle Siegel gleichen sich inhaltlich. Einige sehen strengere Vorschriften vor, die Bio- und Ökozertifikaten gleichkommen. Andere wiederum beschränken sich auf die Einhaltung der grundlegenden Vorschriften, die wir in klassischen Werken wiederfinden können, ohne sich weitere Gedanken über Massentierhaltung und Tierwohl zu machen.[23] Die Zertifizierung des Schächtens ist mittlerweile ein lukratives Geschäftsmodell geworden, sodass Anbieter aus verschiedenen Länder um die Marktanteile kämpfen und eine Deutungshoheit beanspruchen. Religiöses wird somit, wie auch in der Geschichte in anderen (Rechts)Bereichen, zum Politikum und Machtinstrument.

Ein Sonderfall des Schlachtens ist die Opfergabe (*aḍāḥī, uḍḥiya*). Vom Vorgang her gleicht sie dem oben beschriebenen Vorgang des Schlachtens. Der Unterschied ist, dass hier definitiv die *basmala* gesprochen und das Schlachten mit der Absicht, das Tier für Gott zu opfern, erfolgen muss. Ferner darf nicht jedes Tier geopfert werden: Geflügel und Wild werden in der Regel ausgeschlossen. Bei Großvieh dürfen sich bis zu 7 Personen an der Beschaffung des Opfertieres beteiligen, bei Kleinvieh ist eine Beteiligung ausgeschlossen. Kleinvieh muss mindestens ein Jahr alt sein oder zumindest der Beschaffenheit eines solchen Tieres gleichen. Kühe und Büffel müssen mindestens 2, Kamele mindestens 5 Jahre alt sein. Das Tier darf keine augenscheinlichen Krankheiten oder Verletzungen haben. Für die Schlachtung des Opfertieres ist am Opferfest ein bestimmtes Zeitfenster vorgesehen. Das Tier soll nach dem Festtagsgebet innerhalb der nächsten drei Tage geschlachtet werden. Selbst auferlegte Opfer sind zeitlich

23 Für die verschiedenen Zertifikate siehe Halal-Zertifikat.de, »Halal-Certification Worldwide«.

ungebunden. Es ist auch üblich, ein Opfertier zu schlachten, um die Geburt eines Kindes zu feiern und Gottes Segen zu erbitten.

Neben dem Schlachten von gemästeten Tieren ist die Jagd von Wild laut Q 5:4 zulässig. Eingeschränkt wird diese Erlaubnis während der Pilgerfahrt im Weihezustand. Früher war die Jagd für die Nahrungsbeschaffung zentral, heute spielt sie eine untergeordnete bis keine Rolle dafür. Ob sie als Freizeitbeschäftigung erlaubt ist, ist umstritten; viele Gelehrten tendieren zu einem Verbot. In der Regel soll beim Erlegen des Wildes das Aussprechen der *basmala* erfolgen. Welche Jagdgeräte benutzt werden können, wird in den Quellen detailliert beschrieben: Eingesetzt werden dürfen z. B. Pfeil, Speer, Jagdhunde und Jagdvögel. Die Jagdgeräte können je nach Zeit und Ort variieren. Werden etwa Jagdhunde eingesetzt, muss sichergestellt werden, dass der Hund das Wild nicht für den eigenen Verzehr erlegt hat. Zudem werden detailliert die Zeiten besprochen: Innerhalb wie vieler Stunden muss das erlegte Tier gefunden werden? Wann gilt es als nunmehr Verendetes? Diskutiert wird auch, dass das Tier geschlachtet werden muss, wenn es nur verwundet ist.

Für den Verzehrvorgang beim Essen und Trinken, also zu den Tischmanieren, werden nur Empfehlungen gegeben, die etwa die Zurückhaltung in der Menge anraten und dazu anhalten, dass man nicht zu viel isst und trinkt. Empfohlen wird, dass man das Essen mit der *basmala* beginnt und mit der Lobpreisung Gottes beendet. Die Formel dazu lautet *al-ḥamdu li-llāh*. Ein Tischgebet selbst gibt es nicht, es ist aber insbesondere im Ramadan üblich, vor dem Fastenbrechen (*ifṭār*) ein gemeinsames Gebet auszusprechen. Das von traditionellen Kreisen geforderte Essen ausschließlich mit der rechten Hand geht zwar auf einen Hadith zurück, der aber von vielen für die heutige Zeit relativiert wird. Da man sich nach dem Toilettengang mit der linken Hand reinigen soll, wird empfohlen, das Essen mit der rechten zu sich zu nehmen. Dabei müssen wir aber bedenken, dass zu Lebzeiten des Propheten das Essen gemeinsam von einem einzigen Teller verzehrt wurde und diese Anweisung daher eher aus Hygienebedenken entstanden ist, als dass sie eine religiöse Tat darstellen sollte.

Speisevorschriften können – wie auch Reinheitsvorschriften – von bestimmten Kreisen als Abgrenzungsmerkmal und zur Identitätsstiftung herangezogen werden. Daneben gibt es Bestrebungen, die vormodernen Ausführungen im Sinne der Einhaltung von ›Bio-Vorschriften‹ und als Ausdruck eines ganzheitlicheren Umweltbewusstseins neu zu deuten. Dazu gibt es verschiedene Initiativen, wie etwa ›Green Deen‹ die sich etwa auf Q 7:56 beziehen: »Richtet auf Erden kein Unheil an, nachdem sie heil war!«. Genmanipulationen von Nahrungsmitteln werden heute ebenfalls diskutiert.

5.1.7 Dschihad *(ǧihād)*

Dschihad ist nach der Auffassung der Gelehrten eine Art gottesdienstliche Handlung und wird von einigen sogar als die sechste Säule des Islams verstanden. Wörtlich bedeutet Dschihad ›sich abmühen‹ und ›sich anstrengen‹. In vorislamischer Zeit wurde diese Anstrengung sowohl karitativ als auch militärisch verstanden. Beide Bedeutungen sind ebenfalls im Koran zu finden. Bekannt ist uns heute der Begriff Dschihad eher als militärische Intervention und Kampf auf dem Schlachtfeld. Nicht selten wird Dschihad als ›heiliger Krieg‹ bezeichnet.

Der Koran verwendet den Begriff ›Dschihad‹ nur an 10 von 41 Stellen im Sinne von ›Krieg‹ (z. B. Q 4:95 und 9:41). Die meisten Koranpassagen, die sich zu Kriegshandlungen äußern, nutzen dazu andere Wörter, wie etwa *qitāl* (›Kampf, Schlacht, Kriegsführung‹, z. B. Q 2:191) und *ḥarb* (›Krieg[sführung]‹, z. B. Q 5:64). Meist bringt der Koran Dschihad mit den Muslim:innen zusammen, die im Jahre 622 von Mekka nach Medina auswandern mussten (die sog. ›Auswanderer‹, *muhāǧirūn*). Daher liegt es nahe, dass der Begriff ›Dschihad‹ mit den Mühen der Auswanderung in Verbindung steht. Im Koran ist Dschihad daher nicht unmittelbar an Kampfhandlungen gebunden, schließt sie aber auch nicht aus. Heute wird von modernistisch orientierten Gelehrten angenommen, dass das Konzept des Dschihad im Koran nur einen Defensivkrieg erlaube. Die historisierende Auslegung dagegen zeigt, dass mit Dschihad nicht nur die Defensive gemeint ist, sondern auch der aktive Kampf, so etwa in Q 9, wo auf den Bruch des Friedensvertrags seitens der polytheistischen Mekkaner:innen reagiert und den Muslim:innen erlaubt wird, in den Krieg zu ziehen.

Klar ist auch, dass Dschihad nicht nur Kampfhandlungen umfasst, sondern das alltägliche Bemühen für gerechte und moralisch gerechtfertigte Handlungen. Die traditionelle Auslegung im Bereich des Rechts und der Koranexegese reduziert dagegen Dschihad zumeist auf Kriegshandlungen, da diese im rechtlichen Sinne geregelt werden müssen. In der Sunna dagegen hat Dschihad wieder mehrere Bedeutungen, z. B. die Erziehung der Triebseele, der Kampf auf dem Schlachtfeld und das Bemühen darum, das Gute zu gebieten und das Schlechte zu verbieten.

Damit hat Dschihad 4 unterschiedliche Bedeutungen:

1) Erziehung der Triebseele und Kampf gegen den Satan,
2) das Gute zu gebieten und das Schlechte zu verbieten,
3) das Einhalten von Handlungsvorschriften und
4) aktiver Kampf auf dem Schlachtfeld.

In der Rechtstradition sowie in der Koranexegese wird die letzte Bedeutung in den Vordergrund gestellt. Der Kampf gegen die Ungläubigen bzw. Nichtmuslim:innen sei dabei eine kollektive Pflicht für Muslim:innen. Für die Zwölferschiiten ist nach der Entrückung des 12. Imams kein Dschihad möglich, da der Dschihad vom Imam geführt werden soll. Dennoch ist ihrer Auffassung nach der Verteidigungskrieg geboten, der aber nicht unbedingt als Dschihad bezeichnet wird.

Dschihad wurde als eine kollektive Pflicht betrachtet, da die Gelehrten zu Zeiten lebten, in denen der Krieg die Regel und der Frieden eine Ausnahme war. Sie teilten die Welt ein in *dār al-islām*, ›Haus des Islams‹, also muslimisches Herrschaftsgebiet, und *dār al-ḥarb*, ›Haus des Krieges‹, also nichtmuslimisches Herrschaftsgebiet. Die Beziehungen zum nichtmuslimischen Herrschaftsgebiet konnten unterschiedlich ausfallen; es waren zeitlich bedingte Friedensverträge möglich. Die äußeren Grenzfestungen (*ribāṭ*) spielten für den Dschihad eine besondere Rolle für die Eroberungen nichtmuslimischer Territorien und ihrer Verteidigung. Diejenigen, die mit in den Krieg zogen, die sog. *muǧāhidūn*, wurden an der Kriegsbeute beteiligt. Ihnen wurden besondere Verdienste auch im Jenseits verheißen. Fällt ein Krieger auf dem Schlachtfeld, wird er zum Märtyrer (*šahīd*). Verbotene Kriegshandlungen werden in Rechtswerken detailliert besprochen, wozu u. a. das Verbot gehört, Pflanzen und Tiere grundlos zu zerstören bzw. zu töten.

Besonders betont wurde der Dschihad z. B. in Andalusien, sogar so stark, dass er der Pilgerfahrt vorgezogen wurde. Auch andernorts wurde die Bedeutung des Dschihad immer wieder betont, je nachdem, wie stark die von den Feinden ausgehende Gefahr war. Die permanente Bedrohung, unter der sich etwa die andalusischen Gelehrten befanden, sehen wir z. B. in al-Qurṭubīs Koranexegese. Der Text beschreibt, wie al-Qurṭubīs Vater während seiner täglichen Arbeit auf dem Feld von christlichen Kämpfern angegriffen wurde. Bei diesem Angriff am 3. Ramadan 627/16. Juli 1230 starb al-Qurṭubīs Vater. Der Gelehrte habe daraufhin erforscht, ob sein Vater als Märtyrer begraben werden dürfe oder nach dem gewöhnlichen Ritual beigesetzt werden müsse. Erst nach der gewöhnlichen Beisetzung habe er erfahren, dass er ihn als Märtyrer hätte beisetzen können.[24] An vielen Stellen seines Kommentars beschwert sich al-Qurṭubī über die zögerliche Haltung der Muslim:innen, sich an den Kämpfen zu beteiligen. Er berichtet sogar, wie er selbst von christlichen Kriegern verfolgt worden sei und die Rezitation einiger Koranverse ihn mysteriöserweise gerettet habe.[25]

In außerjuristischer Literatur, insbesondere im Sufismus, wird Dschihad im Sinne des individuellen Kampfes gegen die Triebseele und gegen die Versuchungen des Satans verstanden. Das ist der sog. ›große Dschihad‹ (*al-ǧihād al-akbar*). Der Kampf auf dem Schlachtfeld dagegen ist der ›kleine Dschihad‹ (*al-ǧihād al-aṣġar*). Dabei berufen sich die Gelehrten auf eine Überlieferung des Propheten, der beide

24 Al-Qurṭubī, *al-Ǧāmiʿ*, V:412 f.
25 Al-Qurṭubī, *al-Ǧāmiʿ*, XIII:94.

Typen voneinander unterscheidet. Es ist damit ein Gegenentwurf gegen den aktiven Kampf, der nach der raschen Expansion in den ersten Jahrhunderten der muslimischen Herrschaft zu stagnieren begann. Zudem sollte nach der Meinung vieler Gelehrter darauf aufmerksam gemacht werden, dass das stetige Bemühen und die Bewältigung des Alltags nach den Grundsätzen der muslimischen Tradition wertvoller sei als das Streben nach dem Tod auf dem Schlachtfeld. Dem Märtyrer, der auf dem Schlachtfeld fällt, werden besondere Belohnungen im Paradies verheißen. In den Hadithen wird darauf aufmerksam gemacht, dass nicht nur die gefallenen Soldaten als Märtyrer eingestuft werden. Menschen, die für die Sache Gottes im Allgemeinen eintreten, können zu Märtyrern werden, wenn sie für den Schutz einer anderen Person oder z. B. durch Naturkatastrophen starben. Mit der Zeit versuchten die Gelehrten, den Kreis der Märtyrer u. a. entsprechend dem Bedeutungsumfang des Dschihadbegriffes im weitesten Sinne zu vergrößern.

Aufgrund der Kolonialerfahrung wie auch der Auseinandersetzungen ab dem 19. Jahrhundert verstehen gewaltbereite Kreise unter Dschihad ausdrücklich vor allem den aktiven Krieg gegen alle potentiellen Gegner. Modernistische, progressive wie auch traditionelle Gelehrte verstehen unter Dschihad dagegen den persönlichen Kampf gegen die Versuchungen des Satans und reduzieren den kriegerischen Dschihad auf den Verteidigungskrieg. Bis in das 20. Jahrhundert hinein sprachen Muslim:innen nicht von einem ›heiligen Krieg‹. Dies änderte sich im Nachhinein, sodass fortan auch in islamrelevanten Sprachen das Wort ›heilig‹ in Kombination mit Dschihad sporadisch vorkommt.

5.1.8 Einordnung weiterer alltäglicher Handlungen

Es gibt eine Reihe weiterer Handlungsanweisungen und -empfehlungen, die in den Bereich der gottesdienstlichen Handlungen fallen. Nicht alle können hier besprochen werden. Ich werde daher nur einige exemplarisch vorstellen. Daneben sollen hier noch einige Aspekte des Volksglaubens dargestellt werden, die nicht immer in Rechtswerken diskutiert werden, ja sogar den idealen Vorstellungen dort widersprechen.

Oft werden Schwüre (*aymān*, Sg. *yamīn*) in Rechtstexten gesondert thematisiert. Dabei werden Aussageformen besprochen und ausgeführt, inwiefern sie als Schwur gelten. Denn: Schwört man, etwas nicht zu tun und tut dies trotzdem, muss man eine Sühneleistung (*kaffāra*) erbringen. Dies wird in Q 5:89 geregelt: Spenden für 10 Arme oder 10 Spenden an eine arme Person, Speisung von 10 Armen oder das Fasten an drei aufeinanderfolgenden Tagen, falls man die ersten beiden Leistungen nicht erbringen kann. Die Gelehrten unterscheiden Schwurformen voneinander und diskutieren detailliert, unter welchen Bedingungen ein Schwur gültig ist. Beispielsweise ist es untersagt, den Schwur mit mehrdeutigen Aussagen einzuschränken, wie etwa durch »sollte ich meine Meinung nicht ändern«. Das Ablegen des Schwurs ist in jeder Sprache möglich. Die Diskussion um den Eid bzw. den Schwur ist auch deshalb von Bedeutung, da sie für das Strafrecht (das sog. *qasāma*), die Zeugenaussagen vor Gericht im Allgemeinen und auch in Scheidungsfällen wie *liʿān* und *īlāʾ* von zentraler Bedeutung ist. In Kapitel 5.2 werden wir noch auf diese Rechtsinstitutionen zu sprechen kommen.

Eine besondere Form des Schwurs kann das Gelübde (*naḏr*) sein. Ohne Schwur ist ein Gelübde ebenfalls möglich. Die Gläubigen können es sich selbst auferlegen, bestimmte Handlungen zu vollziehen. Die Bandbreite ist dabei groß: Man kann sich z. B. das Fasten, das Schlachten eines Opfertieres und das Verrichten von Gebeten auferlegen. Meist werden diese Gelübde abgelegt in der Hoffnung auf die Hilfe Gottes oder um das gute Ende einer Handlung zu feiern. Das Gelübde muss vollzogen werden: Es ist eine Pflicht.

Einen großen Raum nehmen Kleidungsvorschriften ein. Meist werden sie innerhalb der Diskussionen um das Gebet diskutiert. Der Grund dahinter ist, dass das Gebet nur mit der Bedeckung bestimmter Körperteile bzw. des Körpers vollzogen werden darf. Die Kleidungsvorschriften unterscheiden sich je nach Geschlecht. Für Männer wie auch Frauen gilt, dass sie sich nicht zu auffällig, jedoch angemessen kleiden sollen. Das gilt auch für das dritte Geschlecht (*ḫunṯā*), das sich nach den Vorschriften der Männer oder Frauen orientiert. Die Deutung des ›Angemessenen‹ kann dabei stark variieren. Die Vorschriften beziehen sich auf die Bereiche, die bedeckt werden sollen:

Bei Männern ist es in der Regel der Bereich zwischen Bauchnabel und Knien, bei Frauen der gesamte Körper. Die meisten Gelehrten befreien die Hände, die Füße und das Gesicht von dieser Verpflichtung. Dabei sollen Frauen die Haare bedecken; dazu im Folgenden mehr. Die Kleidungsform dagegen ist der kulturellen Ausprägung überlassen. Es gibt keine besondere vorgeschriebene Kleidungsform. Betont wird aber, dass die Gläubigen nicht durch zu enge Kleidung den Körper betonen sollen. Dagegen ist die Pflege des Aussehens nicht untersagt, ganz im Gegenteil: Zum gepflegten Aussehen spornt der Prophet sogar an. Es wird aber darauf aufmerksam gemacht, dass sich die Kleidung von Männern und Frauen unterscheiden solle. Umstritten ist es unter den Gelehrten, inwiefern z. B. Schweinsleder getragen werden darf. Schweinsborsten etwa wurden früher in der Schuhproduktion eingesetzt. Hier scheiden sich die Geister.

Die Bedeckung der Haare der Frauen variiert ebenfalls von Kultur zu Kultur. Je nachdem, ob sie der Meinung folgen, dass sie auch ihr Gesicht bedecken sollen, kann die Bedeckung unterschiedlich ausfallen. Die Mehrheit der Muslim:innen nimmt an, dass Frauen ihre Haare bedecken müssen. Mittlerweile gibt es hierin aber großen Widerspruch: Der Koran ließe nicht eindeutig auf die Bedeckung der Haare schließen (vgl. Q 24:31, 33:53.59). Man nimmt an, dass hier die Bedeckung der Haare (und dabei nicht der gesamten Haartracht) freie Frauen von Sklavinnen unterscheiden sollte. Das wiederum sei jedoch keine religiöse, überzeitliche Pflicht. Je nach Bedeckungsart kann die Bezeichnung variieren, von *ḥiǧāb* (einteiliges Kopftuch) bis hin zum *niqāb* (schwarzes Kopftuch, das das Gesicht bedeckt) und zur Burka (ein Ganzkörperschleier mit einem gitternetzartigen ›Guckloch‹). Vor allem der *ḥiǧāb* wird mit unterschiedlichen Techniken in verschiedenen Farben und modischen Kombinationen getragen. Es gibt sogar online abrufbare YouTube-Tutorials für das modische Falten oder Wickeln des Kopftuchs.

Zur Bekleidung gehört auch Schmuck. Frauen dürfen uneingeschränkt Schmuck tragen, allerdings mit dem Gebot, nicht zu sehr aufzufallen. Piercings sind umstritten, aber generell werden sie für beide Geschlechter zugelassen. Hier spielen kulturelle Faktoren eine besondere Rolle, um die Frage zu entscheiden, ob Piercings bei Männern im Sinne des Tragens von Frauenschmuck eingeordnet werden.

Männern ist es kulturübergreifend untersagt, Gold und Seide zu tragen. Das Tragen von goldenen Eheringen dagegen wird von vielen Gelehrten für zulässig erklärt. Permanente Tattoos sind im Allgemeinen untersagt, Henna-Tattoos dagegen zulässig und generelle Praxis. In einigen Kreisen wird zudem noch diskutiert, ob es Frauen erlaubt ist, die Augenbrauen zu zupfen. Die meisten erlauben es. Der Grund der Diskussion liegt darin, dass der Prophet dies verboten habe. Ob und wie Männer einen Bart tragen sollen, wird in den Quellen ebenfalls diskutiert.

Eine übliche Praxis, die teilweise sogar als Verpflichtung eingeordnet wird, ist die Beschneidung von Jungen. Dieses Ereignis wird in den unterschiedlichen Kulturen (groß) gefeiert. Die Beschneidung wird mit Bezug auf Abraham begründet. In einem Hadith wird sie neben der Körperhygiene genannt, die der Natur (*fiṭra*) des Menschen entspreche, wie Rasur der Scham- und Achselhaare, Knipsen der Fingernägel und Trimmen des Barts.

Die Beschneidung von Mädchen wird dagegen von einigen Rechtsschulen kritisch betrachtet, von anderen aber zugelassen oder sogar für verpflichtend erklärt. Diese Praxis ist unter Muslim:innen hoch umstritten und bildet in Afrika und Asien ein religionsübergreifendes Problem.

Gegenstand religiöser Bewertung sind auch das Musizieren und Tanzen. Insbesondere in Kreisen der Mystiker werden sie zum Gottesgedenken (*ḏikr*) eingesetzt. Zu musizieren und Musik zu konsumieren ist zulässig, insbesondere bei instrumentaler Musik. Widerspricht der Text eines Musikstücks den Grundsätzen der islamischen Theologie, wird es allerdings als verboten eingestuft. Viele Gelehrte halten das Musizieren insgesamt für verboten, indem sie sich auf Hadithe berufen, die dies scheinbar verbieten. Generell verbieten es die Gelehrten den Frauen, laut zu singen. Die historische und gegenwärtige Praxis vieler Muslim:innen geht aber in eine andere Richtung. Es gibt unzählige Lieder, ja sogar eine reiche Musiktheorie, die Musik sogar für medizinische Zwecke fruchtbar macht. Die Musikkultur der muslimisch geprägten Völker ist sehr reich und beeinflusste auch die Koranrezitation. Bestimmte Tonfolgen (*maqāmāt*) werden sowohl für die Koranrezitation als auch den Gebetsruf berücksichtigt. Die türkische Kultur z. B. zeichnet sich dadurch aus, dass für jedes Gebet der Gebetsruf nach einer anderen Tonfolge gesungen wird, die der Tageszeit entspricht. So wirke die Tonfolge ›Rast‹ (arab. *rāst*) beruhigend auf den menschlichen Körper, daher wird sie für das Nachmittagsgebet eingesetzt, weil diese Zeit als die hektischste Zeit am Tag gilt.

Die Koranrezitation selbst ist eine gottesdienstliche Handlung, die im Jenseits reichlich belohnt werden soll. Ausgebildete Koranrezitatoren rezitieren den Koran auf die schönste Art und Weise, die sie beherrschen. Die schöne Rezitation des Korans ist aber nach genau festgelegten Regeln vorzunehmen. Die Wissenschaft, die sich damit beschäftigt, wird *taǧwīd* (wörtl. ›das Gut-Machen‹) genannt. Es ist aber für jeden zulässig, den Koran nach den Regeln des Arabischen zu rezitieren. Vorausgesetzt wird dafür zumeist die rituelle Reinheit.

Ähnliches wie zum Musizieren lässt sich in Bezug auf den Tanz sagen: Auch wenn die Gelehrten die Geschlechtertrennung vorsehen, gibt es verschiedene Ausprägungen gemeinschaftlicher Tänze in den muslimischen Kulturen. Diese Haltung wirkt sich auch auf Zeremonien aus. Generell ist die muslimische Tradition positiv gegenüber Feiern und Zeremonien gestimmt. Hochzeiten *sollen* gefeiert werden, daneben die beiden Festtage und viele weitere Anlässe wie Pilgerreisen und die Beschneidung von Jungen. Besondere Feierlichkeiten beobachten wir für den Geburtstag des Propheten (*mawlid an-nabīy*), die in der Geschichte erst spät praktiziert wurden. Heute wird der Geburtstag des Propheten fast überall unterschiedlich zelebriert. Bei den Schiiten werden außerdem noch Trauerfeiern abgehalten, wie etwa für den Märtyrertod al-Ḥusayns.

Durchgesetzt hat sich unter den Muslim:innen ein eingeschränktes Bilderverbot: Die Gelehrten stehen Bildern mit menschlichem Antlitz und Gegenständen, die es abbilden, skeptisch gegenüber. In Moscheen werden solche Bilder daher vermieden. Es wird in Hadithen berichtet, dass Engel einen Ort nicht betreten, an dem solche Bilder zu finden sind. Es gibt zwar Gemälde, die zur Frühzeit des Islams entstanden sind und den Propheten mit einem Antlitz zeigen. Überwiegend haben sich aber Zeichnungen durchgesetzt, die sein Gesicht verschleiern. Miniaturen waren in der muslimischen Tradition recht üblich. Die Kunst hat sich aber wegen der Bedenken gegenüber realitätsnahen Bildern vor allem im Bereich der Kalligraphie und Ornamentik weiterentwickelt. Parallel dazu gab es Bedenken gegenüber dem Fotografieren. Die Mehrheit der heutigen Muslim:innen sieht aber darin kein Verbot.

Eine ähnliche Praxisrelevanz haben Vorschriften über sportliche Betätigungen und Wettspiele. Einige Gelehrte sehen in der sportlichen Betätigung eine Sunna, da der Prophet die Menschen dazu anhielt, Sport zu treiben (er spricht über das Schwimmen, Reiten und Speerwerfen). Sport in geschlechtergetrennten Gruppen ist für die meisten Gelehrten unproblematisch. Gemischte Sportgruppen bilden für sie aber eine Herausforderung. Werden Kleidervorschriften eingehalten, sehen viele Gelehrten dies als unproblematisch; andere lehnen es jedoch kategorisch ab. Direkte Auswirkungen haben diese unterschiedlichen Haltungen auf den schulischen Sportunterricht und die Teilnahme am Schwimmunterricht. Wett- und Glücksspiele sind generell verboten. Gesellschafts- und Brettspiele werden von vielen Gelehrten als problematisch erachtet, wenn man sie mit Würfeln spielt. Auch Kartenspiele sind einigen Gelehrten ein Dorn im Auge. Viele sehen in allem dennoch kein besonderes Problem, wenn keine (Wett-)Einsätze vorliegen.

Im Volksglauben findet sich noch eine ganze Reihe an religiösen Handlungsfeldern oder religiös konnotierten Praktiken. Dazu gehört der Glaube daran, dass der ›Böse Blick‹ (*naẓar*) Menschen negativ beeinflussen könne. Schutz davor kann man mit der Formel »was Gott will« (*mā šāʾa Allāh*), durch die Rezitation des Koran oder von Bittgebeten finden. Im Volksglauben ist das blaue Auge bekannt, das vor dem Bösen Blick schützen soll. Auch sollen Koranverse und bestimmte Bittgebete vor Dämonenwesen (Sg. *ǧinn*) schützen, die die Menschen anfallen und ihnen schaden können. Amulette für den Schutz gegen diese Dämonen sind durchaus üblich; man versucht sich damit auch vor Magie und Zauberei zu schützen. Beides ist eigentlich untersagt. Die Gelehrsamkeit steht alldem skeptisch gegenüber; dennoch sind einige dieser Praktiken weitverbreitet.

Ähnlich verhält es sich mit Heiligenverehrungen und Grabbesuchen, die in der muslimischen Welt, insbesondere unter den Schiiten, stark verbreitet sind. Sunnitische Gelehrte sind gegenüber den meisten Praktiken skeptisch, von denen viele noch Elemente aus den Religionskulturen beinhalten, zu denen die muslimischen Völker vor ihrer Konversion gehörten. Auch Altarabisches hat überleben können, insbesondere im Glauben an und in Bezug auf die Fähigkeiten der Dämonenwesen. Bei Grabbesuchen unter unterschiedlichen Vorannahmen sind die Gelehrten nachsichtiger, da Grabbesuche an den Tod erinnern. Die Gräber von religiösen Personen und Autoritäten dagegen haben nach ihrer Auffassung sogar eine segnende Kraft. Besonders im Sufismus sind Heiligenverehrungen zentraler Bestandteil der Glaubenspraxis. In all diesen Bereichen entzündet sich die Diskussion um die Frage, ob es sich um eine unzulässige Neuerung (*bidʿa*) in der Religion handelt.

Zuletzt sei noch betont, dass der Koran an vielen Stellen von den Muslim:innen eine bestimmte Grundhaltung erwartet, wie etwa gegenseitige Rücksicht und Gastfreundschaft. Ich möchte exemplarisch Q 2:177 zitieren, die auf die Bestandteile der Frömmigkeit (*birr*) aufmerksam macht:

> »Die Frömmigkeit besteht nicht darin, dass ihr euer Angesicht gen Osten oder Westen wendet, vielmehr ist Frömmigkeit, an Gott zu glauben und an den Jüngsten Tag und an die Engel, an das Buch und die Propheten; und das Geld, auch wenn man's liebt, für die Verwandten, die Waisen und die Armen auszugeben und für den ›Sohn des Weges‹ und die Bittenden und für den Sklavenfreikauf; und das Gebet zu verrichten und die Armensteuer zu entrichten. Die den Vertrag einhalten, wenn sie ihn abgeschlossen haben, und die geduldig sind in Not und Missgeschick und Kriegszeit – die sind es, die wahrhaftig sind, die sind es, die Gott fürchten.«

Darüber hinaus finden wir im Koran viele Handlungen, die in Rechtswerken nicht explizit diskutiert werden, aber zu verbotenen Handlungen gehören und daher religiös unzulässig sind, also eine Sünde darstellen. Dazu gehören Spott, Bestechung, Verschwendung, Neid, üble Nachrede, Spionage sowie grober Umgang mit den Eltern, den Ehefrauen, den Kindern und den Tieren. Abschließend sei erwähnt, dass sogenannte ›Ehrenmorde‹ vom islamischen Recht abgelehnt werden; sie gehen auf kulturelle Vorstellungen zurück, die man lediglich religiös zu begründen versucht.

5.2 Die zwischenmenschlichen Beziehungen

Die Rechtsbereiche, die sich außerhalb der gottesdienstlichen Handlungen befinden, fallen in die beiden größeren Bereiche der zwischenmenschlichen Beziehungen (*muʿāmalāt*) und des Strafrechts (*ʿuqūbāt*). Unter die zwischenmenschlichen Beziehungen fallen viele Rechtsbereiche. Ich werde mich auf das Personen-, Ehe-, Familien- und Erbrecht sowie das Vertrags- und Wirtschaftsrecht beschränken. Das Verfahrensrecht werde ich andernorts besprechen sowie auf das Stiftungsrecht dort kurz verweisen.[26] Auf eine Besprechung des Sklavenrechts werde ich verzichten.[27]

Es gibt in jeder Rechtsschule einen gemeinsamen Nenner zur Lösung diverser Rechtsfragen. Gemeinsamkeiten liegen sogar rechtsschulübergreifend vor. Zu jeder Frage gibt es aber eine Vielfalt von Meinungen, fast zu jeder Meinung eine Ausnahme. Die folgende Darstellung beschränkt sich auf das Minimum der Gemeinsamkeiten der Rechtsschulen, um ein Überblick über die verschiedenen Rechtsbereiche zu ermöglichen. Die Zusammenfassung der Rechtsmeinungen orientiert sich an der vormodernen Literatur, mit wenigen Hinweisen

26 Siehe Band I, Kapitel 4 und 5.

27 Siehe dafür Oßwald, *Das islamische Sklavenrecht*.

auf Änderungen, Anpassungen und Ergänzungen in der Moderne. Den Ursachen der Veränderungen ab dem 19. Jahrhundert und der zeitgenössischen Entwicklungen des islamischen Rechts ist ein eigenständiger Band gewidmet.[28]

5.2.1 Ehe- und Familienrecht

Durch einen zivilrechtlichen Vertrag kann eine Ehe zustande kommen. Hier dient der Kaufvertrag, *bayʿ*, den wir unten noch behandeln werden, als Idealtyp für die Systematisierung. Eine religiöse Ehe wird nicht vorausgesetzt, aber in vielen Fällen zusätzlich unternommen. Prinzipiell kommt eine Ehe durch die Anwesenheit der heiratswilligen Partner zustande, die ihre Willenserklärung äußern. Männer können diesen Vertrag in Eigenverantwortung schließen. Minderjährige Frauen – nach der Mehrheitsmeinung auch volljährige Frauen – dürfen den Ehevertrag nur mit der Zustimmung des Vormunds (*walīy*) schließen. »Grundsätzlich ist Vormund der nächstverwandte Mann in ab- oder aufsteigender männlicher Linie, wobei Uneinigkeit darüber herrscht, ob der Sohn (oder nach seinem Versterben dessen Sohn) oder der Vater den Vorrang hat.«[29] Der Notwendigkeit des Vormunds für die Eheschließung von volljährigen Frauen widersprechen insbesondere die Zwölferschiiten und die Hanafiten. Das Mindestalter für die Eheschließung ist 9–12 Jahre für Jungen, 9 Jahre für Mädchen. Die Volljährigkeit wird in der Regel spätestens mit 15 Jahren bestimmt. Nach sunnitischer Lehre muss die Eheschließung von zwei männlichen Zeugen bezeugt werden (möglich ist das Zeugnis von einem Mann und zwei Frauen). Nach schiitischer Meinung werden keine Zeugen für die Wirksamkeit des Vertrags vorausgesetzt.

28 Siehe Band V.

29 Rohe, *Das islamische Recht. Geschichte und Gegenwart*, 84.

Für die Sunniten, auch für Zayditen (Fünferschiiten), hat die Ehe keine festgelegte Dauer. Dagegen erlauben Zwölferschiiten Zeitehen (sog. *nikāḥ* bzw. *zawāǧ al-mutʿa*). Die Zeitspanne kann zwischen einer Stunde und 99 Jahren betragen. Aus solch einer Ehe resultieren im Gegensatz zur gewöhnlichen Ehe keine Unterhaltspflichten und Erbansprüche, was aber heute anders aufgefasst wird.

Der Koran gibt klare Anweisungen dazu, wen Männer nicht heiraten dürfen (vgl. Q 4:22–23). Dabei spielen

a) Blutsverwandtschaft,
b) Schwägerschaft,
c) Milchverwandtschaft,
d) die dreimalige Trennung von derselben Ehefrau sowie
e) die Religionszugehörigkeit eine Rolle.

Untersagt sind Ehen mit weiblichen Vorfahren (sog. *uṣūl*, ›Wurzeln‹, hier im Sinne von ›Ursprung, Herkunft‹) und Nachkommen (sog. *furūʿ*, ›Zweige‹). »Gleiches gilt für die Ehe mit Schwestern und Halbschwestern beider Linien sowie mit weiblichen Abkömmlingen von Schwestern und Brüdern (unter Einschluss von Halbschwestern und Halbbrüdern). Analog hierzu wird die Ehe mit Schwestern oder Halbschwestern von Vorfahren beliebigen Grades als nichtig bewertet.«[30] Erlaubt sind Ehen mit Cousinen väterlicherseits.

Bei der Schwägerschaft kommt es in zwei Fällen zum Verbot einer Eheschließung: »Zum einen in Bezug auf die weiblichen Abkömmlinge der Ehefrau, zum anderen in Bezug auf die vormaligen Ehefrauen der eigenen Vorfahren und Abkömmlinge.«[31] Ferner darf ein Mann während einer bestehenden Ehe die Schwester der Ehefrau oder die Tante väterlicher- und mütterlicherseits nicht heiraten. Werden Kinder von derselben Milchmutter gestillt, ist eine Ehe zumindest unter den Stillgeschwistern sowie mit der Stillmutter untersagt.

30 Ebert/Heilen, *Islamisches Recht*, 154.
31 Ebert/Heilen, *Islamisches Recht*, 154.

Lässt sich der Mann von seiner Frau dreimal scheiden, ist eine weitere Ehe mit dieser Ehefrau temporär nicht möglich. Sie müsste, wie wir bei den Ausführungen zur Scheidung noch sehen werden, eine weitere Ehe mit einem anderen Mann eingehen und sich von diesem scheiden lassen, um wieder zum ursprünglichen Ehemann zurückkehren zu können.

Interreligiöse Ehen erlauben die Sunniten für Männer, sofern sie eine Frau von den ›Schriftbesitzern‹, also Jüdinnen und Christinnen ehelichen. Für Frauen ist die interreligiöse Ehe nach der traditionellen Literatur verboten. Schiiten sind insgesamt gegen interreligiöse Ehen, erlauben sie aber in der traditionellen Literatur im Rahmen von Zeitehen.

Obwohl es in der Regel nicht zur Unwirksamkeit der Ehe führt, fordern viele Gelehrte die Ebenbürtigkeit (*kafāʾa*) der Ehepartner. Die Ebenbürtigkeit kann sowohl im sozialen als auch im religiösen Sinne gefordert werden und ein Auflösungsgrund für den Ehevertrag sein.

Weitere Einschränkungen gibt es bezüglich der Polygynie, die mit Rücksicht auf Q 4:3 begründet wird: Eheschließungen sind den Männern mit bis zu vier Frauen möglich. Eine fünfte Ehe oder die Ehe einer Frau mit einem zweiten Mann ist nichtig. Dieser Vers erlaubt es nach der traditionellen Lesart den Männern auch, neben ihren Ehefrauen mit ihren Sklavinnen Geschlechtsverkehr zu haben. Eine Begrenzung der Anzahl gibt es in diesem Falle nicht

Mit der Eheschließung hat der Mann die Pflicht, eine Brautgabe (*mahr, ṣadāq*) zu zahlen (vgl. Q 4:4). Er kauft damit weder die Frau noch bezahlt er ihre Familie. Vielmehr ist es eine Zahlung an die Braut selbst, die damit im Falle einer Scheidung eine finanzielle Absicherung haben soll. Zahlungen an die Familie gab es in verschiedenen Kulturen dennoch, sind aber nicht aus dem islamischen Recht heraus zu begründen. Eine im Ehevertrag bestimmte Summe wird *mahr musammā* genannt. Wird die Summe nicht bestimmt, dann wird ein für Eheschließungen üblicher Betrag (sog. *mahr miṯl*) festgelegt. In der Regel wird ein Teil der Brautgabe beim Ehevollzug ausgehändigt (das ist das sog. *mahr muʿağğal*). Der Rest wird im Falle der Scheidung entrichtet (das ist das sog. *mahr muʾağğal*). Die Festlegung der Menge hängt stark vom jeweiligen Kontext ab. Im Falle einer

Scheidung vor dem Ehevollzug hat die Frau Anrecht auf die Hälfte der Summe der Brautgabe (vgl. Q 2:237). Der Ehevertrag lässt zudem Raum für weitere Bedingungen, wie etwa das Recht zum Scheidungsausspruch der Frau (das sog. *ṭalāq at-tafwīḍ*, das weiter unten besprochen wird) oder die Bestimmung darüber, dass eine Zweitehe als Schaden definiert wird, was wiederum die Frau als Scheidungsgrund vor Gericht anführen kann, um die Ehe zu beenden.

Wird eine Ehe trotz Ehehindernis geschlossen, wie etwa mit einer verwandten Person im oben angeführten Sinne, ist die Ehe unwirksam (*bāṭil*). Fehlt eine der Wirksamkeitsvoraussetzungen der Ehe, wird sie selten als unwirksam, oft aber als anfechtbar (*fāsid*) eingestuft. Fehlt die vormundschaftliche Einwilligung, spricht man von ›schwebend unwirksamer‹ (*ġayr nāfiḏ*) Ehe. Wie Rohe feststellt: »Auf diese Weise wird die Qualifikation als illegitime Beziehung mit strafrechtlichen Konsequenzen vermieden, auch zum Wohle der daraus hervorgegangenen Kinder, deren eheliche Abstammung dann feststeht.«[32]

Die Rechte und Pflichten in der Ehe sind von einer patriarchalen Gesellschaftsstruktur beeinflusst (wie bereits oben bei der Eheschließung zu sehen war): Der Vater gilt als Ernährer und Versorger, gar Vertreter der Familie, die Mutter dagegen als Garantin für den Haushalt; sie ist die Erzieherin der Kinder. Der Mann dominiert die Ehe. Für die meisten Tätigkeiten der Frau wird gefordert, dass sie das Einverständnis des Ehemannes einzuholen hat, was heute besonders kritisiert wird. Begründet wird diese Konstellation mit Rücksicht auf Q 4:34, wo es u. a. heißt: »Die Männer stehen für die Frauen ein, deshalb, weil Gott den einen von ihnen den Vorzug vor den anderen gewährte und weil sie etwas von ihrem Vermögen aufgewendet haben.« Heute wird das wörtliche Verständnis dieser Passage insbesondere in feministisch-theologischen Ansätzen kritisiert. Tendenziell wird sie nicht als Handlungsanweisung und Feststellung, sondern eher als Beschreibung der Situation zur Offenbarungszeit des Korans verstanden; traditionelle Kreise schließen sich dem allerdings oft nicht an.

32 Rohe, *Das islamische Recht. Geschichte und Gegenwart*, 88.

Der Mann sowie die Frau haben ein Anrecht auf sexuelle Befriedigung. Wird dafür nicht Sorge getragen, kann dies ein Scheidungsgrund sein. Der Mann ist zum Unterhalt verpflichtet. Generell gilt nach dem islamischen Recht eine Gütertrennung. Die Ehefrau muss zum Unterhalt nichts beitragen. Die Ehe hat erbrechtliche Folgen, auf die ich später in Kapitel 5.2.2 zum Erbrecht eingehen werde. Sofern der Vater nicht in der Lage ist, für die Kinder zu sorgen, greift die vermögende Ehefrau ein und sorgt für die Kinder. Nach ihr sind die Großväter und die Großmütter unterhaltspflichtig. Ansprüche auf Unterhalt können die Ehefrauen sowie die Kinder stellen – daneben auch die Eltern, Großeltern und Enkel, ja sogar Tiere gegenüber ihren Eigentümern. Unterhalt können auch Seitenverwandte (*ḥawāšī*) fordern. Grundsätzlich wird all dies mit dem Gedanken an die Solidarität begründet. Je nach Rechtsschule können hier die Regelungen und der Kreis der anerkannten unterhaltsberechtigten Personen voneinander abweichen. Grundsätzlich haben Söhne ein Anrecht auf Unterhalt bis zur Volljährigkeit, also der vollen Geschäftsfähigkeit; die Töchter dagegen bis zur Heirat, nach der Scheidung oder dem Tod des Ehemannes. Die Mutter hat die Pflicht, die Kinder nach der Geburt möglichst zwei Jahre lang zu stillen (vgl. Q 2:233). Sie wird durch eine Milchmutter entlastet, die für das Stillen ein Entgelt (sog. *uǧrat ar-riḍāʿ*) fordern darf.

Die Kinder, die in einer Ehe geboren werden, werden rechtlich auf die Ehepaare bezogen. Mit der Ermittlung der Mindest- (6 Monate) und Maximaldauer einer Schwangerschaft (4–5 Jahre) soll zudem die Abstammung der Kinder ermittelt werden, wie etwa, dass die Abstammung des Kindes nach der Geburt nach der Scheidung innerhalb der o. g. Schwangerschaftsdauer ermittelt wird. Durch die Anerkennung des Mannes, dass das Kind sein Kind ist, kann eine Vater-Kind-Beziehung erzielt werden. Die Adoption (*tabannī*) ist untersagt, obwohl sie vorislamisch üblich war (vgl. Q 33:4–5.37). Die Abstammung des Kindes soll durch Adoption nicht verändert werden. Es gibt aber andere Rechtsinstitutionen wie die *kafāla* (Bürgschaft), die dem Pflegekind Unterhalt und Sorge sichert, was u. a. auf den Koran (vgl. Q 3:37) und auf die prophetische Praxis zurückgeführt wird. Das Sorgerecht fasst Rohe wie folgt zusammen:

> »Das Sorgerecht für Kinder unterscheidet zwischen *wilāya/walāya* und *ḥaḍāna*. Erstere umfasst sowohl die Vermögenssorge als auch die Personensorge generell. Die *ḥaḍāna* beschreibt das Recht zur tatsächlichen Personensorge im Alltag. Erstere steht grundsätzlich dem Vater zu, bei der *ḥaḍāna* wird nach Lebensalter unterschieden. Kleinere Kinder unterstehen der mütterlichen Personensorge.«[33]

Kommen wir nun auf die Rechtsinstitutionen zu sprechen, die die Ehe beenden können. Insgesamt gibt es für die Scheidung vier Wege:

1) Scheidungsausspruch (*ṭalāq*),
2) Scheidung durch Schwur (*īlā'*, *ẓihār* und *liʿān*),
3) durch Gerichtsbeschluss (*at-tafrīq*; *at-taṭlīq*) und
4) das Loskaufrecht der Ehefrau (*ḫulʿ*).

Insgesamt werden den Männern mehr Scheidungsrechte eingeräumt als den Frauen. Beginnen wir mit der bekanntesten und üblichsten Scheidungsform, dem Scheidungsausspruch (*ṭalāq*, zu Deutsch etwa ›Scheidungsausruf‹, vgl. Q 2:229, 65:1–2).

Ṭalāq ist das einseitige Recht des Mannes, sich von seiner Frau zu trennen. Diese Scheidungsform hat ihre Wurzeln in der vorislamisch-arabischen Praxis. Mit signifikanten Veränderungen wurde sie vom islamischen Recht übernommen. Einige altarabische Scheidungspraktiken wurden dagegen für nichtig erklärt. Der Mann muss seinen Scheidungsausruf nicht begründen. Die Sunniten fordern für die Gültigkeit keine Zeugen (sie empfehlen es nur), die Schiiten dagegen schon. Der Scheidungsausruf muss in seinem Wortlaut klar sein, wie z. B. »Du bist geschieden (*anti ṭāliq*)«. *Ṭalāq* teilt sich in widerruflich (*raǧʿī*) und unwiderruflich (*bā'in*) auf. Widerruflich ist die Scheidung, wenn der Ehemann sich von seiner Ehefrau trennt und sie sich innerhalb der Wartezeit (*ʿidda*) nach der Scheidung versöhnen. Die Wartezeit beträgt 3 Monate. Eine Versöhnung ist auch bei der zweiten Scheidung möglich. Tritt bei einmaligem Ausspruch keine Versöhnung

33 Rohe, *Das islamische Recht. Geschichte und Gegenwart*, 97.

bis zum Ende der Wartezeit ein, so darf die geschiedene Frau nicht einfach zu ihrem Ehemann zurückkehren. Es muss eine neue Ehe geschlossen werden. Das ist die sogenannte kleine Trennung (*baynūnat aṣ-ṣuġrā*). Sie ist die erste Art der unwiderruflichen Scheidung.

Die zweite unwiderrufliche Scheidung ist ›die große Trennung‹ (*baynūnat al-kubrā*). Der Ehemann verstößt seine Ehefrau zum dritten Mal und trennt sich von ihr damit endgültig. Eine vierte Ehe mit derselben Frau ist erst wieder möglich, wenn sie einen anderen Mann heiratet, Geschlechtsverkehr mit ihm hat, sich von ihm scheiden lässt und die Wartezeit vergeht (vgl. Q 2:230). Die Gelehrten sind nicht einig, ob der dreifache, unmittelbar aufeinanderfolgende Scheidungsausspruch unwiderruflich ist. Der Scheidungsausspruch soll zudem in einer Zeitspanne erfolgen, die nicht in die Menstruationsperiode der Frau fällt (das sog. *ṭuhr* im Gegensatz zum *ḥayḍ*, d. h. Menstruation). Wird dies berücksichtigt, spricht man von *ṭalāq as-sunna*; das Gegenteil davon ist *ṭalāq al-bidʿa*. Letzteres ist zwar rechtswirksam, wird aber dennoch als Sünde betrachtet. Sofern im Ehevertrag der Ehemann seiner Ehefrau das Recht zuspricht, den Scheidungsausspruch auch gebrauchen zu dürfen, können sich Frauen von ihren Ehemännern ebenfalls durch *ṭalāq* trennen (das ist der sog. *ṭalāq at-tafwīḍ*).

Die widerrufliche Scheidung hat neben der Beendigung der Ehe zur Folge, dass der Ehemann Unterhalt zahlt, bis die Wartezeit von drei Monaten ausläuft. Die unwiderrufliche Scheidung hat zur Folge, dass der schwangeren Frau Unterhalt gezahlt wird; nicht schwangeren Frauen wird das Unterhaltsrecht mehrheitlich zugesprochen, wobei der Umfang der Unterhaltsverpflichtung umstritten ist. Muss noch ein Teil der Brautgabe bezahlt werden – häufig wird ein Teil der Brautgabe erst bei der Scheidung bezahlt (sog. *mahr muʾaǧǧal*) –, erfolgt dies hiermit. Das gegenseitige Erbrecht wird bei unwiderruflicher Scheidung hinfällig, während es bei widerruflicher Scheidung wirksam ist, solange die Wartezeit nicht überstritten ist.

Weitere Formen der Scheidung sind *īlāʾ*, *ẓihār* und *liʿān*. Sie alle sind eine Form der Scheidung, die durch einen Schwur eingeleitet wird. Beim *īlāʾ* schwört der Mann darauf, auf den Geschlechtsverkehr mit seiner Ehefrau zu verzichten. Das ist eine vorislamische Praxis, die mit dem Koran auf eine Zeitspanne von 4 Monaten beschränkt wurde (vgl. Q 2:226–227). Hanafiten sehen nach dieser Zeit die Ehe als aufgelöst. Die anderen Rechtsschulen bieten es an, gerichtlich zu verhandeln und die Möglichkeit der Fortführung der Ehe in Erwägung zu ziehen. Mit einem anschließenden Scheidungsspruch kann die Ehe beendet werden.

Eine andere – aber als verpönt angesehene – Scheidungsform ist *ẓihār*. Der Ehemann spricht dabei die folgende Formel aus: »Du bist mir wie der Rücken meiner Mutter«. Also vergleicht er seine Ehefrau mit einer Verwandten, mit der die Eheschließung grundsätzlich verboten ist. Diese Aussage beendet die Ehe nicht, hat aber eine Sühneleistung (*kaffāra*) zur Folge. Solange die Sühneleistung nicht eingelöst wird, ist der eheliche Verkehr untersagt. Fällt die Leistung aus, kann die Scheidung bewirkt werden. Einige Gelehrte gehen daher davon aus, dass bei fehlender Sühneleistung und Scheidungsausspruch spätestens nach Ablauf von 4 Monaten (analog zu *īlāʾ*) die Scheidung wirksam wird.

Beim *liʿān* schwören im Gegensatz zu den bisherigen Scheidungsformen beide Parteien. Das gegenseitige Beschwören kommt durch den Vorwurf des Ehemannes zustande, dass seine Ehefrau Unzucht begangen habe bzw. ein Kind nicht von ihm abstamme. Es erfolgt ein fünfmaliger Schwur, worin sich die eigene Verwünschung befindet, um die Richtigkeit der Behauptung zu untermauern. Die Ehefrau verteidigt sich ebenfalls mit Schwurformeln. Die Folge ist die Beendigung der Ehe nach vielen Sunniten und Schiiten. Einige sunnitische Gelehrte fordern noch einen weiteren Scheidungsausspruch oder eine gerichtliche Scheidung. Zieht der Ehemann den Vorwurf zurück, ist die Ehe gültig. Doch das hat für den Ehemann Konsequenzen: Er wird mit der Strafe für Verleumdung (*qaḏf*) bestraft. Das sind 80 Peitschenhiebe und der Entzug des Rechts zur Zeugenaussage (vgl. Q 24:4).

Eine Ehe kann auch gerichtlich beendet werden. Dies wird in der Regel *at-tafrīq* (Trennung) und *at-taṭlīq* (Scheidung) genannt. Die Ehefrau kann die Trennung vor Gericht herbeiführen, indem sie nachweist, dass der Ehemann seinen ehelichen Pflichten nicht nachkommt. Welche Gründe dabei anerkannt werden, ist je nach Rechtsschule unterschiedlich. Tendenziell legen Hanafiten und Schafiiten das Scheidungsrecht eng aus, wogegen Malikiten und Hanbaliten den

Frauen mehr Rechte zusprechen. Ungeachtet dessen, welche Rechtsschule welche Meinung vertritt, seien hier einige exemplarisch genannt. Zu den anerkannten Scheidungsgründen gehören Impotenz, Abfall vom Glauben, geistige oder körperliche Schwächen (*ʿuyūb*), zeitliche Abwesenheit (eine solche Person nennt man *ġāʾib*) und eventuell eine damit verbundene Todeserklärung des verschollenen (*mafqūd*) Ehemannes, Unfähigkeit zur Unterhaltszahlung (der Zustand des *iʿsār*), Inhaftierung und Schaden (*ḍarar*, wie z. B. häusliche Gewalt und Zerwürfnis).

Neben diesen gerichtlichen Scheidungsverfahren gibt es einen weiteren außergerichtlichen Vorgang. Das ist *ḫulʿ*, das Lösungsrecht der Ehefrau. Die Ehefrau zahlt dafür die Brautgabe (*mahr, ṣadāq*) zurück. Es kann auch eine andere Summe unter den Ehepartnern vereinbart werden (genannt *badal, fidya, māl, ʿiwaḍ, ǧuʿl*). Nach der Mehrheitsmeinung ist die Folge des Gebrauchs vom Lösungsrecht die unwiderrufliche Scheidung. Solch eine Scheidung kann aber auch als Anfechtung und Aufhebung (*fasād* und *fasḫ*) betrachtet werden, woraus sich, bis auf die vereinbarte Summe, keine weiteren Rechte und Pflichten aus der Scheidung begründen lassen.

Auch wenn über das 20. Jahrhundert hinaus traditionelle Formen der Scheidung (so etwa *ṭalāq*) anerkannt wurden und immer noch werden, werden für ihre Durchsetzung – wie teilweise früher auch – zunehmend gerichtliche Verfahren oder zumindest gerichtlich anerkannte Dokumente gefordert, um die Ausbeutung von Frauen zu verhindern. Grundsätzlich sind die patriarchalen Strukturen, wie wir sie im traditionellen Recht sehen, nicht vollständig aufgebrochen. Viele Staaten ermöglichen heute die Auflösung von Ehen dagegen nur noch durch gerichtliche Verfahren. Flächendeckend werden den Ehefrauen mehr Rechte eingeräumt, die Ehe beenden zu können. Um die willkürliche Ausübung des *ṭalāq* zu verhindern und Frauen zu schützen, werden in einigen Ländern die Unterhaltsrechte der Frauen erweitert. Solche ›Reformen‹ variieren aber stark voneinander, entsprechend der Rechtslage in den verschiedenen Ländern, in denen das traditionelle islamische Scheidungsrecht in irgendeiner Form angewandt wird. Mit der fortschreitenden Entwicklung der Technologie kommen weitere Frage auf, wie etwa, ob der Scheidungsausspruch per Handynachricht gültig ist.

Auch im Bereich der Eheschließung haben sich wie im Scheidungsrecht viele Änderungen ergeben, so etwa die Aufhebung der Minderjährigen-Ehe, wobei die traditionellen Strukturen des klassischen Rechts weitestgehend beibehalten wurden. Nicht selten wird versucht, diese kontingenten historischen Entwicklungen religiös zu begründen, sodass Anpassungen und Änderungen Steine in den Weg gelegt werden. Dennoch wurde auch die Zwangsehe weitestgehend abgeschafft, was nicht heißt, dass sie keineswegs vorkommt. Ferner wurde vielerorts die Forderung nach einem Vormund bei der Eheschließung abgeschafft. Weitgehend flächendeckend wird die Polygynie kritisiert und die Ehe monogam verstanden, oder es wird zumindest explizite Zustimmung der Ehefrau zu weiteren Eheschließungen des Mannes eingefordert. Beobachten lässt sich auch eine generelle Tendenz, Frauen mehr Selbstbestimmungsrechte zuzugestehen, wenn auch das traditionelle Verständnis hier noch deutlich zu sehen ist. Kritisiert wird in diesem Rahmen die Erlaubnis interreligiöser Ehen nur für muslimische Männer.

5.2.2 Erbrecht

Einer der kompliziertesten Rechtsbereiche im islamischen Recht ist das Erbrecht (Pl. *farāʾiḍ*). Je nach Verwandtschaftskonstellation kann die Berechnungen höchst komplex sein. Auffällig ist, dass der Koran selbst detaillierte Informationen zum Erbrecht beinhaltet. Sie sind überwiegend in Sure 4 zu finden (vgl. Q 4:7–8.11–12.33.176). Grundsätzlich gilt, dass die Höchstmenge des Nachlasses (*tarika*) bzw. des Erbes (*mīrāṯ*) ⅔ ist. Über ⅓ des Nachlasses kann der:die Erblasser:in testamentarisch verfügen (vgl. Q 2:180–182): Der:Die Testator:in (*mūṣī:ya*) kann eine Verteilung per Testament (*waṣīya*) für die Testamenterben (Sg. *mūṣā lahu*) vornehmen.

Das Erbe wird auf drei Wegen begründet: Die Blutsverwandtschaft (*al-qarāba, an-nasab*), die Ehe (*zawǧīya*) und das Klientelverhältnis (*walāʾ*). Letzteres bezieht sich auf freigelassene Sklaven. Die sunnitische Meinung über die Erbverteilung unterscheidet sich von der schiitischen. Die Sunniten folgen dem Prinzip der Privilegierung der agnatischen Verwandtschaft (männliche Blutsverwandtschaft). Dieses Prinzip lehnen die Schiiten ab. Beginnen wir zunächst mit der Darstellung der Verteilungssystematik der Sunniten, woran sich die schiitische anschließen wird. In der sunnitischen Literatur finden wir drei unterschiedliche Gruppen erbberechtigter Personen: Quotenerben (*aṣḥāb al-farāʾiḍ*), agnatische Resterben (*ʿaṣaba*) und Kognaten (*ḏawū l-arḥām*). Malikiten lehnen die Erbberechtigung der letzten Gruppe ab.

Die folgende Tabelle fasst die Anteile der Quotenerben zusammen; umstrittene Fälle schließt sie aus:[34]

Quotenerben	**Quote**
Ehemann (*zawǧ*)	¼, neben Kindern oder Sohneskindern usw. ½, ohne Kinder oder Sohneskinder usw.
Ehefrau (*zawǧa*)	⅛, neben Kindern oder Sohneskindern usw. ¼, ohne Kinder oder Sohneskinder usw.
Vater (*al-ab*)	⅙, neben Söhnen und Sohnessöhnen usw. des Erblassers ⅙, neben Töchtern und Sohnestöchtern usw. des Erblassers und Resterben Bei Fehlen dieser beiden Konstellationen, Resterben
Mutter (*al-umm*)	⅙, neben Kindern oder Sohneskindern sowie mind. einem Bruder oder Schwester ⅓, ohne Kinder oder Sohneskinder sowie einen Bruder oder Schwester

34 Ebert/Heilen, *Islamisches Recht*, 180; Hamdi Döndüren, Ashâbü'l-Ferâiz, islam ansiklopedisi.org.tr/ashabul-feraiz (22.4.2021). Die folgende Ausführung bezieht sich mit Ausnahmen auf Ebert/Heilen, *Islamisches Recht*, 175–179.

Quotenerben	**Quote**
	neben dem Ehepartner und dem Vater ⅓ von dem, was vom Ehepartner übrigbleibt; der Vater erhält auch einen weiteren Erbteil als Resterbe
Großvater (*al-ǧadd*)	⅙ (nur für Großväter, Urgroßväter usw., deren Verwandtschaft zum Erblasser durch Männer zustande kommt), ohne Vater und näherem Großvater neben Söhnen, Sohnessöhnen usw. ⅙, ohne Vater und näherem Großvater neben Töchtern oder Sohnestöchtern usw. Resterbe, ohne Vater, näherem Großvater, Kinder, Sohneskinder usw. Ausschluss neben Vater oder näherem Großvater
Großmutter (*al-ǧadda*)	⅙ (nur für Großmütter, Urgroßmütter usw., deren Verwandtschaft nicht durch einen unechten Großvater zustande kommt), bei mehreren Großmüttern gleiche Aufteilung der Quote Ausschluss durch Mutter, nähere Großmütter
Tochter (*al-bint*)	½, ohne Sohn Mehrere Töchter ohne Söhne: gleiche Aufteilung von ⅔ Resterbe, neben Sohn
Sohnestochter	½, ohne Sohn, Tochter, Sohnessohn Mehrere Sohnestöchter: zusammen ⅔, ohne Sohn, Tochter, Sohnessohn ⅙, ohne Sohn neben einer Tochter Resterbe (1:2), ohne Sohn neben Sohnessohn Ausschluss neben Sohn Ausschluss ohne Sohn neben mind. einer Tochter

Quotenerben	Quote
Schwester (*al-uḫt*)	Ausschluss neben Sohn, Sohnessohn, Vater, Großvater, ansonsten eine Schwester: ½ mehrere Schwestern: zusammen ⅔ Resterbe neben einem Bruder mit 1:2 Aufteilung Resterbe neben Tochter, Sohnestochter usw., ohne Bruder
Halbschwester (väterlicherseits)	Ausschluss neben Sohn, Sohnessohn, Vater, Großvater, Bruder oder mind. 2 Schwestern, ansonsten eine Halbschwester: ½ mehrere Halbschwestern: zusammen ⅔ ⅙ neben einer Schwester Resterbe neben einem Halbbruder mit 1:2 Aufteilung Resterbe neben Tochter oder Sohnestochter
Halbgeschwister (mütterlicherseits)	Ausschluss neben Kind, Sohneskind usw., Vater und Großvater, ansonsten ⅙, bei mehreren Halbgeschwistern mütterlicherseits gleichgroße Aufteilung von ⅓

Die agnatischen Resterben (*ʿaṣaba*) begründen ihre Blutsverwandtschaft über die männliche Abstammungslinie: Es sind Abkömmlinge, Seitenverwandte sowie Vorfahren. Wenn sie alleinige Erben sind, Erben sie den gesamten Nachlass. Gibt es neben diesen weitere Erbberechtigte, erben sie das, was vom Nachlass übrigbleibt. Es gibt zwei Gruppen von Resterben. Die erste Gruppe sind solche durch Abstammung, welche sich wieder in 3 aufteilen: a) *al-ʿaṣaba bi-nafsih,* also Resterben durch sich selbst, b) durch andere (*al-ʿaṣaba bi-ġayrih*) und c) neben anderen (*maʿa l-ġayr*). Diese drei Gruppen sind wie folgt zusammenzufassen:

a) *al-ʿaṣaba bi-nafsih*: die agnatische Beziehung entsteht durch die persönliche, direkte Beziehung, darunter die
   i) Beziehung durch Sohnschaft: Söhne, Sohnessöhne, deren Söhne,
   ii) Beziehung durch Vaterschaft: Vater, Großvater (des Vaters Vater), Urgroßvater,
   iii) Beziehung durch Bruderverhältnis (darunter Halbbrüder): Brüder, Brudersöhne, deren Söhne,
   iv) Beziehung begründet durch Onkel: Onkel, Onkelsöhne, Onkel des Vaters usw. und deren Söhne.
b) *al-ʿaṣaba bi-ġayrih*: die agnatische Beziehung entsteht durch andere Personen. Sie erben die Hälfte von dem, was der Bruder erbt. Darunter befinden sich
   i) Töchter neben dem Sohn,
   ii) Sohnestöchter und Sohnessohnestöchter neben Sohnessohn und Sohnessohnessohn,
   iii) Schwestern neben Bruder,
   iv) Halbschwestern neben Halbbruder.
c) *al-ʿaṣaba maʿa l-ġayr*: »Vollbürtige bzw. halbbürtige Schwestern väterlicherseits, die zusammen mit einer Tochter bzw. Sohnestochter oder mehreren Töchtern bzw. Sohnestöchtern usw. erben, fallen in die Gruppe der Resterben, wenn sie nicht anderweitig agnatisiert oder ausgeschlossen werden. Sie verlieren dadurch ihr eigenes Quotenerbrecht.«[35]

Zu den Resterben können zudem Personen gehören, die ihre Erbberechtigung nicht durch Abstammung begründen, sondern durch das Klientelverhältnis: Sollte es keine Erben geben, werden freigelassene Sklaven zum Erben.

Kommen wir zur letzten Gruppe, den Kognaten (*ḏawū l-arḥām*): Das sind Erbberechtigte, die ihre Beziehung zum Verstorbenen über

35 Ebert/Heilen, *Islamisches Recht*, 182.

eine Frau begründen, wie z. B. die Kinder der Tochter und deren Kinder, die Kinder der Sohnestöchter und deren Kinder, Großväter und -mütter mütterlicherseits. Sie sind aber nur erbberechtigt, wenn es keine Quoten- und Resterben gibt. Ferner muss ein Rest des Erbes übrigbleiben, nachdem der Ehepartner des:der Verstorbenen seinen: ihren Anteil erhalten hat. Dann sind Personen aus *ḏawū l-arḥām* erbberechtigt. Die Anteile sind unter den Rechtsschulen umstritten.

Die Schiiten folgen hier wie die Sunniten den Aussagen im Koran und den Überlieferungen, haben aber eine andere Systematik. Sie unterscheiden zwischen der Verwandtschaft (*nasab*) und der Erbberechtigung durch einen anderen Anlass (*sabab*) außer der Verwandtschaft. Die Quotenerben, die im Koran genannt werden, sowie andere Verwandte, die ihre Beziehung zum Erblasser über die dort genannten Männer und Frauen begründen, fallen unter die erste Gruppe. Damit entfällt die Unterscheidung zwischen Quotenerben und Resterben, wie die Sunniten sie vornehmen: Es existiert eine große Gruppe von Verwandten. Unterteilt wird diese Gruppe in 3 Subklassen:

1) Eltern, und Nachkommen direkter Linie,
2) Vorfahren des Erblassers sowie Nachkommen der Eltern in direkter Linie,
3) a) Tanten und Onkel mütterlicher- sowie väterlicherseits,
   b) deren Nachkommen,
   c) Tanten und Onkel mütterlicher- sowie väterlicherseits der Eltern und Großeltern,
   d) und deren Nachkommen.

Die zweite Gruppe, die ihre Beziehung zum Erblasser durch einen ›Anlass‹ (*sabab*) begründet, besteht nach Ebert aus »Ehegatten sowie nicht blutsverwandte[n] Personen, etwa der Patron eines freigelassenen Sklaven oder der Imam im 12er *šīʿītischen* Verständnis«[36].

36 Ebert/Heilen, *Islamisches Recht*, 183.

Ebert fasst zusammen, welche Prinzipien bei der Erbverteilung nach der zwölferschiitischen Lehre berücksichtigt werden müssen. Dazu gehört, dass die Ehegatten ihren koranisch angeordneten Anteil erhalten, die o. g. Klassen hierarchisch zueinander geordnet sind und die Existenz der übergeordneten Klassen, die sich darunter befindende, ausschließt. Das gilt auch für die Subgruppen a)–d) der 3. Gruppe. Nähere Verwandtschaften können entfernte ebenfalls ausschließen. Die Nähe der Verwandtschaft wird für die jeweilige Gruppe gesondert ermittelt, so z. B. einzeln für die Subkategorien a)–d) innerhalb von Gruppe 3. Die väterliche Linie erhält hier den doppelten Anteil der mütterlichen.

Die folgende Tabelle fasst in Grundzügen die festen Quoten für konkrete Verwandtschaftsverhältnisse nach den Schiiten zusammen:[37]

Erbe	**Quote**
Ehemann	½ ohne Kinder, ansonsten ¼
Ehefrau	¼ ohne Kinder, ansonsten ⅛; bei mehreren Frauen gleiche Aufteilung[38]
Vater	⅙ neben Kindern, ansonsten der verbleibende Rest
Mutter	⅓ ohne Kinder, ⅙ neben Kindern und Vater
Tochter	½ eine Tochter ⅔ mehrere Töchter neben Sohn die Hälfte vom Anteil des Sohnes
Schwester	½ eine Schwester ⅔ mehrere Schwestern neben Bruder die Hälfte vom Anteil des Bruders

37 Die Tabelle gibt die Angaben von Ebert/Heilen, *Islamisches Recht,* 183 genau wieder.

38 Zur kinderlosen Witwe gibt Ebert an, dass sie keine Immobilien, sondern nur den Gegenwert erbt; vgl. Ebert/Heilen, *Islamisches Recht,* 183.

Erbe	**Quote**
Halbschwester (väterlicherseits)	½ eine Halbschwester ⅔ mehrere Halbschwestern neben Halbbruder die Hälfte vom Anteil des Halbbruders
Halbgeschwister (mütterlicherseits)	⅙ eine Person ⅓ in gleich großen Anteilen für mehrere Geschwister

Eines der Hindernisse für die Erbberechtigung außerhalb der oben beschriebenen Erbkonstellationen ist die Zugehörigkeit zu unterschiedlichen Religionen. Die Gelehrten vertreten insgesamt die Meinung, dass das gegenseitige Beerben von Muslim:innen und Nichtmuslim:innen ausgeschlossen sei. Schiiten dagegen, auch einige frühe Autoritäten, die die Sunniten anerkennen, lassen die Erbschaft auch von nichtmuslimischen Erblassern zugunsten von Muslim:innen zu. Tötet ein Erbberechtigter seinen Erben, wird er vom Erbe ebenfalls ausgeschlossen.

Ob nun sunnitisch oder schiitisch: Es ist zu sehen, dass Frauen überwiegend weniger erben als die erbberechtigen männlichen Verwandten. Oft ist eine gleiche Verteilung dennoch möglich. Ein Ausgleich bei ungleicher Verteilung wurde über andere Wege ermöglicht, etwa über die testamentarische Verfügung des Erblassers über ein Drittel des Nachlasses. Es ist jedoch umstritten, ob und unter welchen Umständen den Quotenerben weitere Anteile testamentarisch zugesprochen werden können. Man fand auch andere Ausgleichswege, z. B. durch *tawlīǧ*, also durch die Übertragung von Vermögen noch zu Lebzeiten des Erblassers, bevor die Sterbephase, genannt *maraḍ al-mawt* (wörtl. ›Todeskrankheit‹), eintrat. Die Gelehrten erklären die Geschlechterungleichheit in der Erbverteilung mit der Belastung des Mannes durch die Unterhaltspflicht. Grundsätzlich gilt, dass die Ehefrau keine Unterhaltspflicht hat, was durch die ungleiche Erbverteilung ausgeglichen werden soll. In diesem Rahmen betonen sie, dass das islamische Erbrecht mit der Offenbarung des Korans die Lage der Frau spürbar gebessert habe, was tatsächlich der Fall war. Dass patriarchale Strukturen hier in der Ausarbeitung des Erbrechts wegweisend waren, ist evident. Auch haben Großfamilienstrukturen das islamische Erbrecht beeinflusst, in Geschichte wie in Gegenwart, was nach Rohe an der Bevorzugung der Großeltern gegenüber den Kindern zu sehen ist.[39] Zur neueren Entwicklung ist zu sagen, dass »hier Reformtendenzen zu verzeichnen [sind], wenn etwa Pflichttestamente oder Repräsentationsrechte zugunsten von Enkel eingeführt werden, die zu Lasten ansonsten erbberechtigter Onkel oder Tanten wirken. Damit wird dem auch in der islamischen Welt zu beobachtenden Trend hin zur Kleinfamilienstruktur Rechnung getragen.«[40]

Sofern islamisch-erbrechtliche Regelungen Teil des nationalen Rechts geworden ist, wurde es in seiner vormodernen Form ab dem 20. Jahrhundert weitestgehend beibehalten. Obwohl vielerorts Bestrebungen für die Gleichbehandlung von Frau und Mann scheiterten und das traditionelle Recht beibehalten wurde, konnten andernorts doch Justierungen vorgenommen werden, sodass z. B. mittels testamentarischer Verfügung oder anderer Rechtsmittel ein Ausgleich in der Erbverteilung ermöglicht wurde. Ähnliche Entwicklungen lassen sich bezüglich interreligiöser Erbkonstellationen beobachten. Dass das vormoderne Erbrecht weitestgehend bestehend blieb, hat nach Rohe neben weiterhin bestehenden patriarchalen Gesellschaftsstrukturen womöglich damit zu tun, dass der Koran als »höchstrangige Rechtsquelle« detaillierte Regelungen diesbezüglich vorzuweisen hat.[41]

5.2.3 Vertrags- und Wirtschaftsrecht

Die muslimische Tradition steht dem Wirtschaften positiv gegenüber. Der Prophet Muhammad war selbst Kaufmann und ist in einer Gesellschaft groß geworden, die wirtschaftlich weit entwickelt war. Der

39 Vgl. Rohe, *Das islamische Recht. Geschichte und Gegenwart*, 234.
40 Rohe, *Das islamische Recht. Geschichte und Gegenwart*, 234.
41 Vgl. Rohe, *Das islamische Recht. Geschichte und Gegenwart*, 232.

Koran und die Sunna führen keine neuen Vertragstypen an, sondern setzen altarabische Handelsformen fort, ohne sie vollständig zu übernehmen. Zentral ist, dass alle Geschäfte in gerechter Weise stattfinden und Übervorteilung unterbunden wird. Entsprechend soll der Handel durch Verträge kontrolliert werden, was sogar für Schenkungsvorgänge gilt, in denen nur die eine Seite der Vertragsparteien sich zu einer Leistung verpflichtet. Dabei soll kontrolliert werden, wie seriös solche Verträge sind; Übervorteilungen und Missstände sollen unterbunden werden. Mit diesem Ansatz steht das islamische Recht nicht allein da; nahezu alle Rechtssysteme kennen solche Kontrollmechanismen für Schenkungen.

Da der Koran und die Sunna Vertragstypen aus vorislamischer Zeit aufnehmen, bestimmen sie nicht, was darunter zu verstehen ist, sondern gehen von deren Bekanntheit aus. Eine allgemeine Erlaubnis für Kaufgeschäfte finden wir in Q 2:275. Beide Quellen behalten viele bestehende vorislamische Vertragstypen bei, modifizieren sie und erklären einige Vertragstypen für nichtig. Die muslimischen Rechtsgelehrten haben zwar die Angaben in den Quellen systematisch aufgearbeitet, jedoch keine allgemeine Vertragstheorie entwickelt. Einzelne Vertragstypen werden in Anlehnung an bestimmte Rechtsfragen beschrieben und analysiert. Das heißt aber nicht, dass eine Systematik fehlt. Die Gelehrten bevorzugten eine fallbeispielorientierte Darstellung systematischer Zusammenhänge, sodass ein unabhängiger Metadiskurs nicht notwendig war.

Als Idealtyp der Verträge wird rechtsschulübergreifend *bayʿ* (zu Deutsch etwa ›Verkauf, Barkauf‹, im Folgenden: ›Kaufvertrag‹) bestimmt. Mit Referenz auf Q 2:275 wird jeglicher Vertragstyp erlaubt, solange es dafür kein explizites Verbot gibt oder er den Grundsätzen des Kaufvertrags nicht widerspricht. Der Terminus *bayʿ* steht im islamischen Recht für den Tausch von Waren. Dabei wird entweder Ware gegen Ware getauscht oder eine Ware mit Gold- bzw. Silbermünzen bezahlt. Die Gelehrten diskutierten in diesem Rahmen Aspekte wie Wirksamkeit und Bedingungen für einen gültigen Vertrag, die dann maßgeblich für andere Vertragsformen sind.

Weshalb wurde aber der Kaufvertrag (*bayʿ*) als Idealtyp gewählt? Der Grund liegt wahrscheinlich darin, dass er zum einen für Transparenz sorgt. Denn der Kaufvertrag setzt voraus, dass die Waren und das Entgelt bei Vertragsschluss zugegen sein müssen. Ferner bedingt der Kaufvertrag eine Risikominimierung. Daher müssen die gültigen Vertragstypen diesem Vorbild gerecht werden, risikoreiche und intransparente Transaktionen müssen gesondert begründet werden.[42]

All das bedeutet, dass im islamischen Recht im modernen Sinne keine Vertragsfreiheit bzw. Gestaltungsfreiheit der Verträge herrscht. Eine eingeschränkte Vertragsfreiheit kann jedoch attestiert werden. Diese Einschränkung sehen wir am Beispiel des Terminkaufs (*salam*) und des Werklieferungskaufs (*istiṣnāʿ*): Bei beiden Verträgen wird die Gegenleistung in der Zukunft erbracht. Prinzipiell gilt nach dem traditionellen Recht, dass das, was nicht zum Zeitpunkt des Kaufs existiert, auch nicht verkauft werden darf. Unter bestimmten Bedingungen, wie etwa durch die Festlegung der Kaufmenge und der Lieferungszeit, werden diese Vertragsformen dennoch für zulässig erklärt.

Ein Vertrag kommt beim Vorliegen von zwei übereinstimmenden Willenserklärungen zustande: Angebot (*īǧāb*) und Annahme (*qabūl*). Ein Rücktrittsrecht (*ḫiyār*) hängt vom Vertragstyp ab und kann eine Zeitspanne von etwa 3 Tagen betragen. Das Rücktrittsrecht kann je nach Rechtsschule nach der Betrachtung des Verkaufsgegenstandes in Anspruch genommen werden (sog. *ḫiyār ar-ruʾya*) oder bei der Ermittlung von Mängeln (sog. *ḫiyār al-ʿayb*). Der Vertrag kann ferner verschiedene Bedingungen (*šurūṭ*) beinhalten, die aber den Grundsätzen des Vertragsrechts nicht widersprechen dürfen. Das Angebot und die Annahme sollen an einem Ort (Vertragsort, *maǧlis*) erfolgen; über eine Distanz erfolgte Geschäfte sind jedoch nicht ausgeschlossen. Bei Vertragsschluss wird vorausgesetzt, dass die Vertragsparteien, wie bereits oben beschrieben, geschäftsfähig, also verantwortlich (*mukallaf*, auch: rechtsmündig) sind. Ferner wird vorausgesetzt, dass ein Vertrag ohne Zwang (*ikrāh*) zustande kommen muss. Denn grundsätzlich gilt,

42 Vgl. Oberauer, *Islamisches Wirtschafts- und Vertragsrecht*, 16.

dass die für den gültigen Vertrag bedingte innere Zustimmung (*riḍā*) nur durch den Ausschluss von Zwang zustande kommen kann.

Eine bestimmte Form für den Vertrag ist nicht vorgeschrieben. Die Aufforderung, Schuldverhältnisse niederzuschreiben (siehe Q 2:282) wird von den meisten Gelehrten als eine Empfehlung gedeutet. Zeugen werden für die Gültigkeit eines Vertrags ebenfalls nicht vorausgesetzt. Dennoch gibt es verschiedene Formen der schriftlichen Dokumentation und Bezeugung. Ein Makler (*simsār*) darf ein Geschäft vermitteln. Wird das Angebot angenommen, wird der Vertrag bindend (*lāzim*, Bindung: *luzūm*). Unter diesen Vorzeichen sind die wichtigsten Vertragstypen die folgenden:

> »Kauf (›Verkäufe‹, *buyūʿ*) einschließlich des wichtigen Näherrechts/Vorkaufsrechts (*šufʿa*) und der Sonderform des Terminkaufs (*salam*, Kauf unter Zahlung als Vorleistung) und der *murābaḥa* (Kauf mit transparenter Kaufpreisberechnung aus den Einstandskosten), (Geld-)Tausch (*ṣarf*) und sonstiger Tausch (*muqāyada*), Verträge über Wasserrechte (*širb*), Hinterlegung (*wadīʿa*), Leihe (*ʿāriya*), (zinsloses) Darlehen (*qarḍ, qirāḍ*) und Schenkung (*hiba*), Miete als Sach- oder Personenmiete zur Verrichtung von Diensten oder Herstellung von Werken (*iǧāra*), Werklieferung (*istiṣnāʿ*), Pfandbestellungsvertrag (*rahn*) und andere Sicherungsverträge (*kafāla*), Vergleich (*ṣulḥ*), Gesellschaftsverträge wie die über die *mufāwaḍa* (vergleichbar der heutigen Offenen Handelsgesellschaft), die *muḍāraba* (entspr. der stillen Gesellschaft oder der KG) oder die Spezialform der *muzāraʿa* (landwirtschaftliche Gesellschaft).«[43]

Verkaufsgegenstände sind entweder real existierende Dinge, die als *ʿayn* bezeichnet werden, oder das Nutzungsrecht (*manfaʿa*). In der vertragsrechtlichen Terminologie kommt noch *ad-dayn* vor: *Ad-Dayn* ist das, was sich in der Verpflichtung des Schuldners befindet (obligatorisches Recht). Bei real existierenden Waren (*amwāl*, Sg. *māl*)

43 Rohe, *Das islamische Recht. Geschichte und Gegenwart*, 108.

unterscheidet man zwischen beweglichen (*manqūl*) und unbeweglichen Waren (*ʿaqār*, ›Immobilien‹). Damit eine Sache zu einem Verkaufsgegenstand, also einer Ware (*māl*) werden kann, muss sie bestimmbar sein (z. B. durch Gewicht, Masse, Anzahl). Man spricht hier von der Eigenschaft, *miṯlī* (›vertretbar‹) zu sein. Es gibt auch Verkaufsgegenstände, die nicht vertretbar sind; sie sind *qiyamī*, wozu z. B. Grundstücke und Tiere gehören. Diese Unterscheidung hat z. B. Auswirkungen auf den Schadensersatz (*ḍamān*): Vertretbare Waren müssen mit einer Ware aus derselben Klasse ersetzt werden, wogegen *qiyamī*-Waren nur mit ihrem Wert entschädigt werden können. Unabhängig davon, ob nun die Ware *miṯlī* oder *qiyāmī* ist, darf sie nur zu einem Verkaufsgegenstand werden, wenn sie verkehrsfähig (*mutaqawwim*) ist. Verkehrsfähig sind alle solchen Waren, deren Verkauf in den Quellen nicht verboten wurde. Daher sind etwa alle Tiere, die als unrein gelten, keine verkehrsfähigen Güter, ebenso wenig Wein und Rauschmittel. Bei Abschluss des Vertrages und der Besitzübertragung (*taqābuḍ*) entsteht Eigentum (*milk*), das man fortan besitzt. Wann genau der Gefahrenübergang stattfindet, ob bereits mit dem abgeschlossenen Verkauf (so die Malikiten und Hanbaliten) oder erst mit Inbesitznahme (so die Schafiiten und Hanafiten) der Ware, ist unter den Gelehrten umstritten. ›Gefahrenübergang‹ bedeutet in dem Fall, dass dieser erst durch Inbesitznahme der Ware selbst geschieht, Folgendes:

> »Der zufällige Untergang der Sache vor der Inbesitznahme geht zu Lasten des Verkäufers. Konkret bedeutet dies, dass sowohl Leistungs- als auch Gegenleistungspflicht entfallen: der Verkäufer muss den Preis zurückerstatten (so er ihn schon erhalten hat), muss aber auch keinen Ersatz für die untergegangene Ware leisten. Es kommt also, kurzum, zu einer Auflösung (*fasḫ*) des Vertrags.«[44]

44 Oberauer, *Islamisches Wirtschafts- und Vertragsrecht*, 136.

In diesem Sinne diskutieren die Gelehrten die Differenzierung von Gefahrtragung (auch *ḍamān*) und Treuhänderschaft (*amāna*). Der Besitzer der Ware wird »von der Gefahr des zufälligen Untergangs oder Schädigung befreit«[45]. Verursacht er selbst einen Schaden, muss der Treuhänder dafür haften. Also kann der Besitz einer Ware mit Konsequenzen für die Gefahrentragung z. B. durch Mietverträge und Schenkung auf andere Personen übertragen werden, oder jemand kann unrechtmäßig Besitz ergreifen, was mit dem Wort *ġaṣb* (Usurpation) wiedergegeben wird. Letzteres hat keine Besitzübertragung zur Folge.

Kommen wir kurz auf Mietverträge zu sprechen: Sie werden nach der Logik des Kaufvertrags systematisiert. Gegenstand des Vertrags ist das Nutzungsrecht (*manfaʿa*). Dieses Recht wird dem Mieter verkauft, worunter nicht nur das Nutzungsrecht von Sachgegenständen fällt, sondern auch die Arbeitskraft von Personen. Der Erwerbstätige wird innerhalb der Terminologie zu Mietverträgen (sg. *iǧāra*) als *al-aǧīr* (Tagelöhner) bezeichnet. Mietverträge bedürfen einer gesonderten Begründung für ihre Gültigkeit, denn nach der Auffassung der Gelehrten existiert der Nutzen, der verkauft wird, nur in dem jeweiligen Moment der Nutznießung (*intifāʿ*). Das würde bedeuten, dass man beim Vertragsschluss etwas verkauft, was noch nicht entstanden ist. Manche Hanafiten argumentieren hier mittels des *istiḥsān*, dem Für-gut-Halten, um eine Ausnahme zur Regel zu treffen. Denn grundsätzlich gilt, dass das Nichtvorhandene nicht verkauft werden darf. Da man aber Mietverträge abschließen muss, um die Nutzungsrechte zu regeln, lassen die Hanafiten eine Ausnahme zu. Sie sehen einen allgemeinen Nutzen darin, diese Vertragsform zu erlauben (sie heißen es für gut, wenden also *istiḥsān* an). Schafiiten dagegen versuchen Abstand zu nehmen von der Wahrnehmung, dass der Nutzen ein ständig zerfallendes Akzidens (*ʿaraḍ*)[46] sei (was eine Folge der

45 Oberauer, *Islamisches Wirtschafts- und Vertragsrecht*, 134.

46 Die muslimischen Gelehrten unterscheiden die existierenden Dinge in Substanzen (*ǧawhar*) und Akzidenzien (*ʿaraḍ*). Körper kommen nur durch die Verbin-

Atomlehre ist, der die muslimische Tradition folgte). Sie bewerten Nutzen so wie real existierende Dinge und sehen daher (anders als Hanafiten) keine Notwendigkeit darin, Mietverträge als Ausnahme zu begründen. Wie man das Nutzungsrecht definiert und zuordnet, hat Konsequenzen darauf, ob das Nutzungsrecht entschädigt werden muss.

Wird eine Ware verliehen und kein Gegenwert (*ʿiwaḍ*) gefordert, so handelt es sich dabei um die Leihe (*ʿāriya*). Bei Verlust wird Schadensersatz fällig. Darlehen (*qurūḍ*, Sg. *qarḍ*) sind eine spezielle Form der Leihe, so auch das Pfand (*rahn*). Schenkungen (Sg. *hiba*) sind eine weitere Form von Tauschgeschäften ohne Gegenwert, wobei hier die ausgehändigte Ware nicht zurückgegeben wird und zusätzlich eine Besitzübertragung stattfindet.

Geschäfte und Verträge können in einer Gesellschaft oder mit Partnern geschlossen werden. Es handelt sich dann um Gesellschaftsverträge (Sg. *šarika*), von denen es verschiedene Formen gibt. *Muḍāraba* ist die geläufigste Form und kann als ›Kommanditgesellschaft‹ bzw. ›stille Gesellschaft‹ verstanden werden. »Der Geschäftsführer (*muḍārib*) verdient seinen Gewinnanteil neben dem Kapitalgeber (*ṣāḥib al-māl*) aufgrund seiner Anstrengungen.«[47] Beteiligen sich mehrere Personen am Vertrag, sprechen wir von *mušāraka,* wobei Gewinnchancen und Verlustrisiko wie auch im Falle von *muḍāraba* gleichmäßig verteilt werden. Eine spezielle Form der *mušāraka,* nämlich *mufāwaḍa,* lässt eine unbegrenzte Zahl an Partnerschaften mit gleicher Beteiligung und Verfügungsrechten zu. Das Gegenteil davon ist die beschränkte Gesellschaft bzw. Partnerschaft (sog. *šarikat al-ʿinān*): Bei unterschiedlicher Beteiligung sind die Gewinnchancen und das

dung von Substanzen und Akzidenzien zusammen. Akzidenzien sind Eigenschaften, die den Substanzen ihre Qualität verleihen. Handlungen werden ebenfalls als Akzidenzien verstanden. Sie können nicht in zwei aufeinanderfolgenden Momente existieren und zerfallen in jedem Augenblick. Entsprechend können sie während des Vertragsschlusses nicht existieren, sondern kommen in jedem Moment der Nutznießung zustande. Das führt bei Mietverträgen zum Problem des Verkaufs von nichtexistierendem Gut. Für weitere Details siehe Kurnaz, »Atomlehre«, 27–58.

47 Rohe, *Das islamische Recht. Geschichte und Gegenwart,* 118.

Verlustrisiko entsprechend zu verteilen. Eine spezielle Form der *muḍāraba* ist die umstrittene *muzāraʿa*, eine Partnerschaft zwischen dem »Inhaber von Rechten an landwirtschaftlichen Grundstücken mit denjenigen, welche die erforderlichen Arbeiten darauf verrichten sollen«[48]. Zu den speziellen Formen zählt *musāqāt*, das die Partnerschaft im Rahmen der Bewässerungswirtschaft darstellt.

Zu den Hauptgründen, die zur Nichtigkeit bzw. Anfechtbarkeit von Verträgen führen, gehören Spekulation (*ġarar*) und Wucher (*ribā*, auch: Zinsen). *Ribā* ist eine Mehrleistung ohne Gegenleistung, also der Überschuss ohne den Ersatz, der im Vertrag ausbedingt wurde. *Ribā* hat zwei Arten: der Überschuss bei Tauschwaren desselben Gutes abweichender Menge (sog. *ribā al-faḍl* bzw. *at-tafāḍul*) und Zinsen durch Stundung (*ribā an-nasīʾa*). Durch die angepasste Vertragsform der *murābaḥa* können heute Zinsen vermieden werden. Dabei erwirbt eine Person den Verkaufsgegenstand und verkauft ihn dem eigentlichen Interessenten, der das Geld dafür nicht aufbringen kann. Mit einem Gewinnzusatz, der festgelegt und dem Interessenten kommuniziert wird, wird ihm das erworbene Gut erneut verkauft.

Spekulation ist »eine fehlende Absehbarkeit im Hinblick auf den Umfang der Austauschleistungen (daher das Bestimmtheitsgebot) wie auf ihren faktischen Vollzug (daher die Sensibilität hinsichtlich Lieferrisiken)«[49]. Die Gelehrten sprechen im Rahmen von Verträgen über ›profane‹ Gültigkeits- und Nichtigkeitsfaktoren; es vermengen sich neben diesen rechtlichen Beurteilungskategorien aber auch ethisch-religiöse. So finden die Normkategorien auf das Vertrags- und Wirtschaftsrecht Anwendung, die über den Verpflichtungsgrad der zu vollziehenden Handlung entscheiden. Es handelt sich um die in Kapitel 2 erwähnten Kategorien verpflichtend, empfohlen, freigestellt, verpönt und verboten. Diese Kategorien können eine Auswirkung auf die Gültigkeit von Verträgen haben, wie z. B. das Verbot, Verträge mit Zinsen oder hoch spekulative Verträge zu schließen. Auch die religiöse

48 Rohe, *Das islamische Recht. Geschichte und Gegenwart*, 119.

49 Oberauer, *Islamisches Wirtschafts- und Vertragsrecht*, 91.

Beurteilung des Verkaufs von unreinen Waren wie Wein und Schweinefleisch haben direkte Auswirkungen auf die Beurteilung von Verträgen. Dabei unterscheiden die Gelehrten zwischen Eigenschaften, die zu den Grundlagen des Vertrags (sog. *waṣf lāzim*) gehören. Wenn es sich dabei um verbotenes Gut oder einen verbotenen Vorgang handelt, dann ist der Vertrag nichtig. Sind es aber solche Eigenschaften, die nicht zu den Grundlagen des Vertrags gehören und außenstehend bzw. begleitend sind (d. h. *waṣf muǧāwir*), dann kann der Vertrag angefochten werden, aber gültig sein. Dieser Unterscheidung folgen insbesondere Hanafiten sowie einige Gelehrte anderer Rechtsschulen.

Auf diesen unterschiedlichen Wegen kann Privateigentum entstehen, worüber der Eigentümer frei verfügen kann. Das Erbe führt ebenfalls zum Erwerb von Eigentum, außerdem die Kultivierung von ›toten Ländereien‹, worauf gleich einzugehen sein wird. Zum Eigentum gehören auch Länder, die besteuert werden. Dabei handelt es sich um Grundbesitz, der mit der *zakāt* besteuert wird (sog. *ʿušr*). *Ḫarāǧ*-Länder, also von der muslimischen Herrschaft eroberte Länder, die den ursprünglichen Besitzern verpachtet werden, werden mit der *ḫarāǧ*-Steuer besteuert. Diese Ländereien konnten verpachtet, verkauft, verschenkt und zum Stiftungsgut umgewandelt werden. Daneben gibt es Ländereien, die wir als ›Staatsländer‹ bezeichnen können.

> »Militär- und Amts›lehen‹ (meist beschränkt auf finanzielle Aspekte und Dienste, also ohne die weitreichenden Bindungen des europäischen Lehenssystems), Steuerpacht und ähnliche Formen (*iqṭāʿ/muqāṭaʿa, tīmār*) bestimmten für lange Zeit wesentliche Teile des Wirtschaftslebens, oft zum Nachteil der Landbevölkerung und auf Kosten der eigentlich gebotenen Investitionen.«[50]

Wurde ein Land lange Zeit nicht kultiviert (sog. ›totes Land‹, *arḍ al-mawāt*), konnte die Kultivierung über eine Dauer von etwa mindestens 3 Jahren dazu führen, dass man das Land besitzen konnte (sog.

50 Rohe, *Das islamische Recht. Geschichte und Gegenwart*, 120.

Wiederbeleben der toten [Ländereien], arab. *iḥyāʾ al-mawāt*). Daneben stehen natürliche Wasservorkommen allen zu Verfügung, so auch großes Weideland. Bei Brunnen gilt, dass sie, sollten sie nicht von Privatpersonen gegraben worden sein, der Allgemeinheit gehören.

Das klassisch islamische Vertragsrecht als solches ist in den muslimisch geprägten Ländern zum größten Teil kein geltendes Recht mehr. Es ist entweder vollständig durch westliches Recht ersetzt worden, wie etwa in der Türkei, oder teilweise in das geltende Recht integriert. Zunehmend ist zu beobachten, dass einzelne Bereiche des klassisch islamischen Vertrags- und Wirtschaftsrechts (wieder) an Bedeutung gewinnen. So werden klassische *iǧāra*-Konzeptionen für Leasing und Franchising fruchtbar gemacht. Weitläufig werden klassische Vertragstypen auch in der Frage danach, wie zinslose Transaktionen ermöglicht werden können und wie man mit der Frage nach der Spekulation umgehen kann, berücksichtigt. Das bekannteste Beispiel dafür ist *murābaḥa*, also der Weiterverkauf mit Aufschlag. Investmentfonds und Aktien werden etwa in Form der *muḍāraba* konzipiert. Rechtskniffe (*ḥiyal*), insofern sie überhaupt akzeptiert werden, können auch für Flexibilität sorgen. Zinsen können z. B. als Gebühren (Sg. *ḍarība*) erhoben werden. Ausdiskutiert werden solche Vorgänge und Konzepte im sog. Islamischen Wirtschaften (Islamic Finance) und im Islamischen Bankwesen (Islamic Banking). Es darf nicht vergessen werden, dass Vorschriften und Gesetze existieren können, die der klassischen Literatur widersprechen, so etwa gesetzliche Zinsen. Nicht zuletzt werden Verkaufsgegenstände aus religiöser Sicht auch heute bewertet. So werden der Handel oder die Beteiligung an Handelsgeschäften mit Alkohol und Schweinefleisch verboten, genau wie Investitionen in Glücksspiele und Waffenhandel.

5.3 Das Strafrecht

Das Strafrecht (*ʿuqūbāt*) umfasst Regelungen, die sich in drei größere Bereiche zusammenfassen lassen:

1) *Ḥadd*-Strafen: Das sind Strafen, die von Koran und Sunna angeordnet werden.
2) Die Talion (*qiṣāṣ*), Tötungs- und Verletzungsdelikte (*ǧināyāt*): Dabei handelt es sich um den Ausgleich im Falle einer Tötung (*qatl*) und Körperverletzung (Pl. *ǧarā'iḥ*). Darunter fallen auch Regelungen zum Blut- bzw. Wergeld (*diya*).
3) Ermessensstrafen (Sg. *taʿzīr*): Hierunter fallen alle Straftaten, die von den bisherigen beiden Bereichen nicht gedeckt werden.

Die Strafmaßnahmen, die in den Quellen genannt werden und im Koran und in der Sunna vorkommen, sind eine Fortführung altarabischer und im Kulturkreis des Korans bekannter Maßnahmen. Damit stellt das von Koran und Sunna vermittelten strafrechtlichen Anordnungen kein originelles, eigenständig entwickeltes, sich vollständig von anderen Kulturen abgrenzendes Strafrecht dar. Die *ḥadd*-Strafen, die ich im Folgenden beschreiben werde, wurden selten ausgeführt. Die Richter und Gelehrten tendierten eher dazu, mildere Strafen zu verhängen, was sie in der Literatur auch offen diskutierten. Eine Maßnahme dafür war die Herleitung von Bedingungen, die eine leichte Ausführung von *ḥadd*-Strafen unterbinden sollten. Begründet wurden sie mit Hadithen. Der Grundgedanke aller Strafmaßnahmen ist die Abschreckung, Vergeltung, der Schadensausgleich und der Gemeinschaftsschutz. Zur Strafmündigkeit ist zu sagen, dass nur die geschäfts- und verstandesfähigen sowie geschlechtsreife Personen strafmündig sind. Umstritten ist, ob Betrunkene auch als solche gelten.

5.3.1 Die *ḥadd*-Delikte (*ḥudūd*)

Beginnen möchte ich mit der Darstellung der *ḥadd*-Strafen (Sg. *ḥadd*, Pl. *ḥudūd*). Dies sind Straftaten, die im Koran und in der Sunna mit einer Strafe thematisiert werden. Vier Straftaten kommen im Koran vor: 1) Wegelagerei (*qaṭʿ aṭ-ṭarīq, ḥirāba, muḥāraba*, vgl. Q 5:33–34),

2) Diebstahl (*sariqa*, vgl. Q 5:38), 3) Unzucht (*zinā*, vgl. Q 24:2) und 4) Verleumdung (*qaḏf*, vgl. Q 24:4). Eine weitere Tat wird grundsätzlich als *ḥadd* verstanden: Das ist der Alkoholkonsum (*šurb al-ḫamr*), das 5. *ḥadd*-Delikt. Der Koran ordnet dafür keine Strafe an, bezeichnet es aber als Satanswerk (vgl. Q 5:90). Damit ist der Alkoholkonsum eine Sünde. Die entsprechende diesseitige Strafe ist in Überlieferungen zu finden. Umstritten ist, ob Apostasie (*irtidād*), also Abfall vom Glauben, und der Aufruhr (*baġy*) unter *ḥadd*-Strafen fallen. Heute wird die Vorstellung, dass beide als *ḥadd*-Strafen verstanden werden sollen, stark kritisiert. Der Abfall vom Glauben hat z. B. die Todesstrafe zur Folge, was mit einem Hadith begründet wird. An dieser Stelle möchte ich die einzelnen Strafen, bis auf Apostasie und Aufruhr, nacheinander kurz besprechen.

a) Straßenraub

Der Straßenraub wird in Q 5:33–34 beschrieben:

> »Doch die Vergeltung derer, die gegen Gott und seinen Gesandten kämpfen und im Lande auf Unheil aus sind, die ist, dass sie getötet oder gekreuzigt werden oder ihnen ihre Hände und Füße abgehauen werden, wechselweise rechts und links, oder sie aus dem Land vertrieben werden. Das ist Erniedrigung für sie hier in diesem Leben. Im Jenseits aber ist ihnen harte Strafe bestimmt, außer denen, die bereuen, bevor ihr sie in eure Gewalt bekommt. So wisst, dass Gott bereit ist zu vergeben, barmherzig.«

Unter Straßenraub fallen viele Straftaten, die je nach Schwere nach den Vorschriften von Sure 5 unterschiedlich bewertet werden können. Den Richtern und Herrschern ist es untersagt, diese Strafmaßnahmen zu verändern.

b) Diebstahl

Q 5:38 thematisiert die nächste *ḥadd*-Strafe, den Diebstahl. Der Vers ordnet an, dass bei Diebstahl die Hand amputiert werden soll. Dennoch ist unklar, was unter Diebstahl zu verstehen ist. Das ist auch der Grund, weshalb die Hanafiten diese Aussage als ›versteckt‹ (*ḫafī*) bezeichnen: Die Bedeutung der Aussage ist versteckt und muss mit Rücksicht auf Überlieferungen aufgedeckt werden. Für alle anderen Rechtsschulen ist die Aussage zwar klar, jedoch auslegungsbedürftig, da Diebstahl hier nicht im wörtlichen Sinne allgemein als ›unerlaubtes Entwenden fremden Eigentums‹ verwendet wird. Also wird Diebstahl eingeschränkt verstanden. Diese Einschränkungen beziehen sich auf das Diebesgut selbst, auf seinen Wert, auf den Besitzer und auf die Nachweisbarkeit der Tat.

Als Diebesgut gelten grundsätzlich bewegliche Gegenstände. Auszuschließen davon sind freie Menschen. Ob freie Minderjährige und Sklaven auch ausgeschlossen werden, ist umstritten. Die Mehrheitsmeinung schließt sie aus, da sie dem Menschen, die Fähigkeit, Eigentum zu sein (die sog. *mālīya*), abspricht. Objekte und Güter, die allen zugänglich sind, werden ebenfalls ausgeschlossen. Denn für das Vorliegen des Tatbestands des Diebstahls muss die entwendete Ware in Gewahrsam (*ḥirz*) sein. Umstritten dagegen ist der Status von Früchten und Fleisch, also allem, was schnell verderblich ist. Ferner werden solche Objekte ausgeschlossen, deren Verkauf verboten ist, wie etwa Rauschmittel und Schweinefleisch. Ihnen fehlt die Eigenschaft, wertvolles Gut (*māl mutaqawwim*) zu sein. Bezüglich der Kultgegenstände anderer Religionstraditionen sind sich die Gelehrten nicht einig. Bemerkenswert ist die Beurteilung von Gelehrten zum Diebstahl von Musikinstrumenten: Einige sprechen den Instrumenten die Fähigkeit ab, Tatobjekt des Diebstahls zu sein, andere wiederum beschränken diese Entscheidung auf solche Instrumente, die durch ihre Musik zu sittenwidrigem Verhalten führen können. Das Entwenden von Koranexemplaren wird von vielen nicht als Diebstahl bewertet, da davon auszugehen sei, dass der Entwendende sich damit nicht materiell bereichern wolle.

Ein Ausschlusskriterium ist ferner, dass der Täter einen Anteil am Diebesgut hat. Die Strafe entfällt auch dann, wenn die Tat gegen Ehepartner:innen oder Schuldner:innen begangen wird. Ein weiteres Ausschlusskriterium ist der Wert des Tatobjekts. Dieser muss einen Mindestwert (*niṣāb*) haben und bewegt sich, je nach Rechtsschule, zwischen 10 Dirham (Silber) bzw. 1 Dīnār (Gold) oder 3 Dirham bzw. ¼ Dīnār.

Ich habe bereits oben die Bedingung genannt, dass das Tatobjekt in Gewahrsam sein muss. Wann wir von Gewahrsam sprechen können, ist umstritten. Entsprechend streitig ist daher die Ermittlung dieser Bedingung in Bädern, Moscheen, Karawanensiedlungen und Lagerplätzen. Der Tatvollzug muss zudem im Geheimen geschehen; gewaltsame Überfälle werden nicht unter Diebstahl subsumiert. Bewiesen wird die Tat durch Zeugenaussagen (Sg. *šahāda*) oder durch ein Geständnis (*iʿtirāf, iqrār*). Für die Zeugenaussagen werden zwei muslimische Männer aufgerufen, von denen der Richter verlangt, präzise Aussagen über den Tathergang zu tätigen. Eine Verjährung ist nicht ausgeschlossen. Rechtfertigungsgründe, wie etwa die Notlage des Diebes, können dazu führen, dass die Strafe nicht ausgeführt wird.

Das Strafmaß ist die Amputation der rechten Hand. Die Wiederholungstat hat zur Folge, dass der linke Fuß amputiert wird. Nach der Mehrheitsmeinung wird bei einer dritten Tat die linke Hand und bei einer weiteren Tat der rechte Fuß amputiert. Dagegen fordern viele Gelehrte nach der Amputation des linken Fußes für die Wiederholungstat für jeden weiteren Diebstahl eine Ermessensstrafe. Bei gemeinschaftlicher Täterschaft werden alle bestraft, die den Gewahrsamsbruch begangen haben.

Im Zweifelsfall wird die Strafe nicht vollzogen. Bei glaubhaft gemachter Reue (*tawba*) des Täters kann die Strafe entfallen, sofern er das gestohlene Gut zurückgibt. Umstritten ist, ob das Tatopfer das Verfahren durch Klage einleiten muss oder dies unabhängig davon geschehen darf. Die Antwort auf diese Frage hängt womöglich damit zusammen, dass nicht immer klar ist, ob im Falle von Diebstahl die Missachtung des Menschen- oder des Gottes-Rechts vorliegt.

c) Unzucht und Verleumdung

Die nächste *ḥadd*-Strafe, die im Koran vorkommt, ist die Strafe für Unzucht. Q 24:2 ordnet an, dass freie Frauen und Männer, die Unzucht begehen, also illegitimen Geschlechtsverkehr haben, mit 100 Peitschenhieben bestraft werden. Der Umfang des illegitimen Geschlechtsverkehrs ist umstritten: Manche Gelehrte beziehen sich nur auf den tatsächlichen Akt zwischen Mann und Frau, andere wiederum subsumieren darunter viele sexuelle Aktivitäten, auch solche, die gleichgeschlechtlich sind (sogenannter *liwāṭ* für männlichen gleichgeschlechtlichen Verkehr und *siḥāq* für den weiblichen), sowie Sodomie. Nicht selten versuchen Gelehrte, den gleichgeschlechtlichen Verkehr auf Q 4:15 zu beziehen und mit Hausarrest zu bestrafen. Andere sehen diesen Vers durch Q 24:2–3 für abrogiert. Zur Frage der Subsumtion von *liwāṭ* und *siḥāq* unter Unzucht (*zinā*) gibt es innerhalb der Rechtsschulen unterschiedliche Haltungen.[51] Die Strafe für verheiratete Personen (Sg. *al-muḥṣan*) fällt schwerwiegender aus; sie werden beim Begehen von Unzucht gesteinigt (Steinigung: *ar-rağm*). Ein entsprechender Vers kommt im Koran nicht vor, soll aber zunächst Teil des Korans gewesen sein. Sein Wortlaut sei abrogiert worden, habe aber seine normative Kraft nicht verloren und sei weiterhin gültig. Grundsätzlich müssen vier Männer die Tat bezeugen, damit die *zinā*-Strafe durchgesetzt werden kann. Ändert ein Zeuge seine Aussage oder stellt sich heraus, dass einer Person zu Unrecht Unzucht vorgeworfen wurde, wird der:die Falschaussagende bestraft. Das ist die vierte *ḥadd*-Strafe, die im Koran (vgl. Q 24:4.23) vorkommt. Die Strafe beträgt 80 Peitschenhiebe. Auch für die *zinā*-Strafe gilt, dass sie – zumindest mit einem richterlichen Beschluss – kaum ausgeführt wurde und die Ausführung erschwert werden sollte.

51 Siehe Omar, »From Semantics to Normative Law«.

d) Alkoholkonsum

Kommen wir nun auf den umstrittenen *ḥadd* des Alkoholkonsums zu sprechen. Der Konsum von Alkohol wird nach der Mehrheitsmeinung der Gelehrten in Q 5:90–91 verboten. Hier wird der Konsum von *ḫamr*, also Wein, als ›Werk Satans‹ beschrieben. Damit ist es eine Sünde, Alkoholhaltiges zu trinken. Eine diesseitige Strafe kommt in Überlieferungen vor, die unterschiedliche Angaben dazu machen: 40 bzw. 80 Peitschenhiebe. Nicht selten versuchen die Gelehrten, diese widersprechenden Überlieferungen zu versöhnen. Sie gehen davon aus, dass die ersten 40 Hiebe Teil der *ḥadd*-Strafe sind, die restlichen 40 dagegen eine Ermessensstrafe. Dagegen geht die größere Gruppe von Gelehrten davon aus, dass diese Strafe (80 Peitschenhiebe) insgesamt eine *ḥadd*-Strafe ist. Vereinzelt wird von zeitgenössischen Autoren angeführt, dass die Strafe gänzlich eine Ermessensstrafe sein könnte. Grundsätzlich verbietet die Mehrheit der Gelehrten den Konsum aller alkoholischen Getränke, selbst in geringen Mengen. Dagegen hielten viele Gelehrte, insbesondere diejenigen, die im Irak wirkten, die konsumierte Menge, die nicht zum Rausch führt, für zulässig, sofern kein Traubenwein konsumiert wird. Diese Meinung hat sich aber nicht durchgesetzt.

e) Rechtsansprüche im Bereich der *ḥadd*-Strafen

Wir haben in Kapitel 4 gesehen, dass die Normen in Gottes-Recht und Menschen-Recht aufgeteilt werden. Die Gelehrten sind sich oft nicht einig, wie die *ḥadd*-Strafen hierbei einzuordnen sind. Ferner sind sie sich nicht einig darin, ob Nichtmuslim:innen, die unter muslimischer Herrschaft leben, denselben Strafen ausgesetzt sind. Insgesamt lässt sich beobachten, dass diejenigen, die das Religiöse in den Strafen betonen, sie den Muslim:innen vorbehalten. Diejenigen, die darin eine notwendige Sanktionierung bei Verstößen gegen die öffentliche Sicherheit sehen, ordnen sie dagegen für Nichtmuslim:innen ebenfalls an. Außerdem ist es umstritten, ob *ḥadd*-Strafen auf die muslimischen Herrschaftsgebiete (*dār al-Islām*) beschränkt sind oder auch außerhalb dessen gelten.

Abschließend ist zu sagen, dass bei mehreren Gesetzesverletzungen (*tadāḫul*: Konkurrenzverhältnis) die Strafen hintereinander angewendet werden sollen. Tendenziell wird in Konkurrenzverhältnissen Menschen-Recht dem Gottes-Recht vorgezogen. Die bisher beschriebenen *ḥudūd* haben über die tatsächliche Bestrafung von Delikten hinaus eine weitere wichtige Rolle gespielt: Von ihnen ausgehend haben Gelehrte wie al-Ġazālī die übergeordneten Ziele (*maqāṣid*) der Scharia bestimmt: Diese sind der Schutz des Lebens, der Vernunft, der Religion, der Nachkommenschaft und des Vermögens.[52]

5.3.2 Die Talion *(qiṣāṣ)*, Tötungs- und Verletzungsdelikte *(ǧināyāt)*

Die nächste Gruppe von Straftaten bilden die Tötung und Körperverletzung. Sie haben zur Folge, dass Talion ([Wieder]Vergeltung) angewendet bzw. Blutgeld (*diya*) gezahlt wird. Die Talion teilt sich somit in zwei Bereiche auf: Talion in Bezug auf das Leben (*qiṣāṣ fī n-nafs*, also Todesstrafe) und in Bezug auf den Köper (*qiṣāṣ mā dūna n-nafs*, also Körperverletzung). Die Grundlage für die Talion bildet Q 2:178–179. Sie wird bei vorsätzlicher (*ʿamdan*) Tötung und Körperverletzung fällig und fällt in den Bereich des Menschen-Rechts, sodass nur das Opfer bzw. seine Rechtsnachfolger das Recht ausüben bzw. dieses Recht auszuüben veranlassen dürfen. Das Opfer bzw. die Rechtsnachfolger können auf das Talionsrecht verzichten.

Der Ersatz der Talion ist das Blutgeld. Bei vorsatzähnlicher (*šibh al-ʿamd*) oder fahrlässiger (*ḫaṭaʾ*) Tötung oder Körperverletzung wird nur Blutgeld angeordnet. Man unterschied zwischen fahrlässiger und

52 Vgl. al-Ġazālī, *al-Mustaṣfā*, 2:481–483.

vorsätzlicher Tötung dadurch, dass man die Tötungsart und das Tatwerkzeug betrachtete. Mit dieser Strafform sollte womöglich noch zu Anfängen des islamischen Rechts innerhalb der Großfamilienstrukturen Sicherheit gewährleistet werden, insbesondere durch den Ersatz der Talionsstrafe, also das Blutgeld. Entsprechend entscheidet die Sippe (*ʿāqila*) über die Anwendung der Körperstrafe bzw. die Blutgeldzahlung. Für Nichtmuslim:innen entfällt das Talionsrecht, da nach vielen Gelehrten keine Gleichheit gegeben sei, die Q 2:178 voraussetze. Viele widersprechen dieser Auffassung und sehen keinen Unterschied zwischen Muslim:innen und Nichtmuslim:innen, so etwa die Hanafiten. Das Blutgeld beträgt 100 Kamele oder 1000 Dinar oder 12 000 Dirham bzw. den entsprechenden Wert bei der Tötung eines Mannes, die Hälfte bei der Tötung einer Frau. Ähnliche Summen werden für die Tötung eines Schutzbefohlenen (*ḏimmī*) gefordert, somit ein Viertel davon für schutzbefohlene Frauen. Q 4:92 ordnet für die fahrlässige Tötung eines Muslims an, dass neben dem Blutgeld auch eine Sühneleistung erbracht werden muss. Diese besteht darin, einen gläubigen Sklaven zu befreien.

Ein Tötungsdelikt kann durch *qasāma* ermittelt werden. Dabei tätigen die Großfamilienmitglieder des Opfers 50 Schwüre, um das Recht auf die Talion zu begründen. Dieser Meinung sind Schafiiten, Malikiten, Hanbaliten und die Zwölferschiiten. Zayditen, Ibaditen und Hanafiten dagegen verstehen *qasāma* anders. Wird an einem Ort jemand tot aufgefunden, so leisten 50 Ortsansässige einen Eid darauf, dass sie diese Person nicht getötet haben und den Täter nicht kennen. Entsprechend entfällt dann die Talion.

5.3.3 Ermessensstrafen (Sg. *taʿzīr*)

Alle weiteren Delikte, die nicht unter *ḥadd*-Delikte, *ǧināyāt* oder *qiṣāṣ* fallen, sowie *ḥadd*-verdächtige Delikte, die durch Vorliegen der o. g. Kriterien ausgeschlossen wurden bzw. den Kriterien nicht gerecht werden (z. B. niedriger Wert des Diebesgutes), werden mit Ermessensstrafen bestraft. Diese liegen in der Initiative des Herrschers bzw.

des Richters. Beispiele dafür sind Strafen für Glücksspiele, Betrug und Tierquälerei. Insgesamt lässt sich feststellen, dass solche Handlungen, die als Sünde (*maʿṣīya*) gelten und dem Grundprinzip, »das Gute/Anständige zu gebieten und das Schlechte zu verbieten« widersprechen, hierunter fallen. Die Strafmaßnahmen werden meist nicht in der klassisch-islamischen Rechtsliteratur ausgehandelt, sondern z. B. in solchen Werken, die sich mit *as-siyāsa aš-šarʿīya* befassen. Dieser Begriff gibt die Kompetenz von Herrschern und Richtern wieder, Entscheidungen vorzunehmen und Regelungen zu erlassen, die den religiösen Grundsätzen nicht widersprechen und der öffentlichen Ordnung dienen. Bspw. befassen sich Gesetzeserlasse von Sultanen, sogenannte *qānūnnāmeh*, damit. Die Zuständigkeiten – wie etwa Richter, Polizei (*šurṭa*), Marktaufseher (*muḥtasib*) – für solche Strafen und Ordnungswidrigkeiten und das Beweisverfahren sind nicht immer klar, jedoch in Grundsätzen geregelt. Das Strafmaß ist zudem oft nicht so streng wie das für die *ḥadd*-Strafen. Eine Ermessensstrafe kann schwerwiegend ausfallen, darf aber nicht schwerer als eine *ḥadd*-Strafe wiegen. Vermehrt griff man auf Haft-, Körper- (z. B. Peitschenhiebe, Stockschläge auf die Fußsohlen, also Bastonade) und Vermögensstrafen zurück.

Wenn wir berücksichtigen, dass die *ḥadd*-Strafen, *ǧināyāt* und der *qiṣāṣ* nur einen geringen Teil des Strafrechts ausmachen, können wir feststellen, dass der Großteil des Strafrechts in den Bereich der Ermessensstrafen fällt. Diese sind orts- und zeitgebunden. Entsprechend ist das Aktualisierungs- und Modernisierungspotenzial des Strafrechts hoch. So kam es seit dem 19. Jahrhundert vermehrt zu Veränderungen und Anpassungen. Heute nehmen die meisten Länder Abstand von Körperstrafen, in einigen Ländern werden sie aber noch angewandt.

Zusammenfassung

Das islamische Recht lässt sich grundsätzlich in drei größere Bereiche aufteilen: gottesdienstliche Handlungen (*ʿibādāt*, z. B. das Gebet, das Fasten und die Pilgerfahrt), zwischenmenschliche Beziehungen (*muʿāmalāt*, z. B. Ehe- und Familienrecht, Erbrecht und Vertragsrecht) und das Strafrecht (*ʿuqūbāt*, wie etwa die Strafe bei Diebstahl, die Talion und Ermessensstrafen für andere Delikte). Damit regelt das islamische Recht sowohl die Beziehung des Menschen zu Gott als auch zu seinen Mitmenschen. Die zwischenmenschlichen Beziehungen sind im Gegensatz zu gottesdienstlichen Handlungen auf einen Rechtsgrund zurückführbar. Deshalb stellt sich hier die Frage, ob diese Normen den sich verändernden Umständen angepasst werden können. Es gibt kein einheitliches islamisches Recht: Die Rechtsschulen haben Meinungen hergeleitet, die zur Pluralität des islamischen Rechts geführt haben. Nichtsdestotrotz lassen sich bestimmte Grundzüge erkennen, die einen gemeinsamen Nenner darstellen und auf die wir in Kapitel 5 eingegangen sind. Das bisher Dargestellte entspricht nicht unbedingt der tatsächlichen Praxis der Muslim:innen, gibt aber die Rahmenbedingungen wieder. All diese Normen haben unterschiedliche Auswirkungen auf den Alltag; einige alltägliche Vorstellungen über die religiöse Praxis sind zudem nicht Gegenstand des islamischen Rechts, sondern möglicherweise von kulturellen Überzeugungen beeinflusst. Viele Normen sind unter spezifischen historischen Bedingungen entstanden, auf die eingangs verwiesen wurde (siehe den Beginn von Kapitel 5). Demnach stellt sich die Frage nach der Aktualität und Veränderbarkeit bestehender Normen, insbesondere im Bereich der zwischenmenschlichen Beziehungen.

Schlusswort

Wir haben gesehen, dass die islamrechtlichen Normen eine ausgefeilte Systematik aufweisen. Dennoch hat es, wenn wir das islamische Recht mit modernen Rechtssystemen vergleichen, Defizite. Viele islamrechtliche Regelungen und Normen bauen zudem auf vorislamische Vorstellungen und Praktiken sowie auch die Rechtskultur anderer Traditionen auf. Damit führt das islamische Recht Bekanntes fort und ändert es auch ab. Islamrechtliche Normen in ihrer klassischen Ausprägung, wie etwa Personenstands-, Erb- und Familienrecht werden heute teilweise modifiziert und angepasst angewandt; sehr viele Bereiche fallen aus dem geltenden Recht heraus. Einige muslimisch geprägte Staaten verzichten gänzlich auf traditionelle islamrechtliche Normen im Bereich der zwischenmenschlichen Beziehungen und das Strafrecht.

In den gottesdienstlichen Handlungen dagegen, die Gegenstand von Fatwas sind, bestehen die meisten Vorstellungen weiterhin so, wie sie in der klassischen Literatur dargestellt werden. Nicht selten vermengen sich kulturelle Aspekte mit religiös begründeten Annahmen und Handlungsanweisungen. Änderungen sind hier nicht ausgeschlossen, aber nur in einem begrenzten Umfang möglich. Insbesondere Vorstellungen über die Reinheit von Dingen haben Auswirkungen auf die wirtschaftliche Tätigung von Muslim:innen. Diese Vorstellungen haben immer noch aktuelle Relevanz. Beliebtheit genießen daneben solche Grundsätze, die wir insbesondere im Vertragsrecht gesehen haben, wie etwa das Zinsverbot. Es haben sich daraus regelrechte Disziplinen wie Islamic Finance entwickelt. Auch im Bereich des Ritualrechts achten die Gelehrten heute immer noch auf die formale Korrektheit der Handlungen. Selten wird die Frage gestellt, ob eine Handlung moralisch ist oder nicht. Dies hat damit zu tun, dass im

Ritualrecht die Normen das Verhältnis zwischen Gott und Mensch regeln. Daneben wird in Bereichen wie Speisevorschriften, Handel und zwischenmenschlichen Beziehungen im weitesten Sinne stärker die Frage anvisiert, wie moralisches Verhalten begründet werden kann. Dazu gehören Themen wie die Tier- und Umweltethik, die als solche bisher in der klassischen Literatur nicht markiert und systematisch behandelt worden sind. Neuere Publikationen beschränken sich entsprechend nicht nur auf das islamische Recht, wenn sie sich mit Themen der Ethik befassen.[53] Es können aber Diskussionen und Meinungen wiedergefunden werden, die vereinzelt und verstreut in der klassischen sowie modernen Islamrechtsliteratur vorkommen.

Ein weiterer Bereich, den ich bisher nicht angesprochen habe, sind ethische Themen, die insbesondere aus der islamischen Rechtstradition heraus besprochen werden. Dazu gehören neben wirtschaftsethischen Themen die Bioethik – ein beliebtes Thema in heutigen islamrechtlichen Forschungen und Tätigkeitsfelder. Themen wie Organspende, Sterbehilfe, Stammzellenforschung, Genmanipulation, Schwangerschaftsabbruch und Leihmutterschaft sind nur einige Beispiele, die unter die Bioethik fallen.[54] Das islamische Recht wahrt seine Relevanz heute insbesondere in diesen und weiteren ethischen Fragen wie der Umwelt- und Tierethik, auch erlauben diese Themen die Berücksichtigung der muslimischen Tradition unter geltendem säkularen Recht. Neben der praktischen Anwendung islamrechtlicher Normen im staatlichen Nationalrecht wird das islamische Recht insbesondere im Bereich der gottesdienstlichen Handlungen und den erwähnten Bereichen der Ethik rezipiert, angewandt und fortgeschrieben.

53 Für die Tierethik siehe El Maaroufi, *Ethik des Mitseins*. Für eine islamische Umwelttheologie siehe Binay/Khorchide, *Islamische Umwelttheologie*. Für Sexualethik, siehe Alsoufi/Kurnaz/Sievers, *Wege zu einer Ethik*.

54 Für die Bioethik siehe Eich, *Islam und Bioethik*; Kellner, *Islamische Rechtsmeinungen zu medizinischen Eingriffen an den Grenzen des Lebens*.

Literaturempfehlungen und Bibliographie

Die folgenden Literaturempfehlungen sind zugleich die Quellen dieser Einführung. Übersichtsinformationen sind zudem in den jeweiligen Einträgen zu den Quellen in den folgenden Enzyklopädien empfohlen, die ich ebenfalls konsultiert habe.

Enzyklopädien und Lexika

Bearman, Peri J./Th. Bianquis/C. E. Bosworth/E. van Donzel/W. P. Heinrichs et al. (Hgg.): *Encyclopaedia of Islam, Second Edition* (*EI*[2]), 13 Bde., Leiden: Brill, 1986–2004.

Fleet, Kate/Gudrun Krämer/Denis Matringe/John Nawas/Everett Rowson et al. (Hgg.): *Encyclopaedia of Islam – Three* (*EI*[3]), Leiden: Brill, seit 2007.

Hallermann, Heribert/Thomas Meckel/Michael Droege/Heinrich de Wall (Hgg.): *Lexikon für Kirchen- und Religionsrecht,* 4 Bde., Gesamtausgabe: Brill/Schöningh, 2019–2021.

Türkiye Diyanet Vakfı İslâm Ansiklopedisi (*TDVİA*), türkisch, islamansiklopedisi.org.tr (Zugriff am 12.11.2021).

Bibliographie

Albrecht, Sarah: *Dār al-Islām Revisited. Territoriality in Contemporary Islamic Legal Discourse on Muslims in the West,* Leiden/Boston: Brill, 2018.

Albrecht, Sarah: *Islamisches Minderheitenrecht: Yūsuf al-Qaraḍāwīs Konzept des fiqh al-aqallīyāt*, Würzburg: Ergon, 2010.

Alsoufi, Rana/Serdar Kurnaz/Mira Sievers (Hgg.): *Wege zu einer Ethik. Neue Ansätze aus Theologie und Recht zwischen modernen Herausforderungen und islamischer Tradition*, Baden-Baden: Nomos, 2023, doi.org/10.5771/9783748932413.

Aparicio, Mònica Colominas: »Disputes about Purity in Late Medieval Iberia. Interreligious Contacts and the Polemical Language of the Mudejars«, in: *Journal of Transcultural Medieval Studies* 1.1 (2014), 117–141.

Apaydın, H. Yunus: *İslam Hukuk Usulü*, Kayseri: Kimlik Yayınları, 2017.

al-Baġawī, Abū Muḥammad al-Ḥusayn ibn al-Farrāʾ: *at-Tahḏīb fī fiqh al-Imām aš-Šāfiʿī*, hrsg. von ʿĀdil Aḥmad ʿAbd al-Mawǧūd und ʿAlī Muḥammad Muʿawwaḍ, 8 Bde., Beirut: Dār al-Kutub al-ʿIlmīya, 1997.

Binay, Sara/Mouhanad Khorchide (Hgg.): *Islamische Umwelttheologie. Ethik, Norm und Praxis*, Freiburg: Herder, 2019.

Der Koran, übers. von Hartmut Bobzin, München: C. H. Beck, 2012.

Ebert, Hans-Georg/Julia Heilen: *Islamisches Recht. Ein Lehrbuch*, Leipzig: Edition Hamouda, 2016.

Eich, Thomas: *Islam und Bioethik. Eine kritische Analyse der modernen Diskussion im islamischen Recht*, Wiesbaden: Reichert, 2005.

El Maaroufi, Asmaa: *Ethik des Mitseins. Grundlinien einer islamisch-theologischen Tierethik*, Freiburg/München: Karl Alber, 2021.

al-Ġazālī: »Erlaubtes und verbotenes Gut«, übers. und erläutert von Hans Bauer, in: *Islamische Ethik. Nach den Originalquellen übersetzt und erläutert, Hefte I–IV*, hrsg. von Hans Bauer, Hildesheim/New York: Georg Olms, 1979.

al-Ġazālī, Abū Ḥāmid Muḥammad ibn Muḥammad: *Iḥyāʾ ʿulūm ad-dīn*, Beirut: Dār Ibn Ḥazm, 2005.

al-Ġazālī, Abū Ḥāmid Muḥammad ibn Muḥammad: *al-Mustaṣfā min ʿilm uṣūl al-fiqh*, hrsg. von Ḥamza ibn Zuhayr Ḥāfiẓ, Medina: Šarikat al-Madīna al-Munawwara li-ṭ-Ṭibāʿa wa-n-Našr, o. J.

Hendrickson, Jocelyn: »Prohibiting the Pilgrimage: Politics and Fiction in Mālikī Fatwās«, in: *Islamic Law and Society* 23 (2016), 161–238.

Ibn Rušd, Abū l-Walīd: *Bidāyat al-muǧtahid wa-nihāyat al-muqtaṣid*, hrsg. von Abū Aws Yūsuf ibn Aḥmad al-Bakrī, 2 Bde., Amman: Bayt al-Afkār ad-Duwalīya, 2007.

al-ʿImrānī, Abū l-Ḥusayn Yaḥyā ibn Abī l-Ḫayr: *al-Bayān fī maḏhab al-Imām aš-Šāfiʿī*, hrsg. von Qāsim Muḥammad an-Nūrī, 14 Bde., Beirut: Dār al-Minhāǧ, 2000.

Johnston, David: »A Turn in the Epistemology and Hermeneutics of Twentieth Century *Uṣūl al-Fiqh*«, in: *Islamic Law and Society* 11.2 (2004), 233–282.

Kellner, Martin: *Islamische Rechtsmeinungen zu medizinischen Eingriffen an den Grenzen des Lebens. Ein Beitrag zur kulturübergreifenden Bioethik*, Würzburg: Ergon, ²2022.

Kurnaz, Serdar: »Der Diskurs über *maqāṣid aš-šarīʿa* – Eine begriffshistorische Untersuchung«, in: *Maqāṣid aš-šarīʿa. Die Maximen des islamischen Rechts*, hrsg. von Jameleddine Ben Abdeljelil und Serdar Kurnaz, Berlin: EB Verlag, 2014, 85–149.

Kurnaz, Serdar: »Der Einfluss der Atomlehre auf die muslimische Rechtstradition«, in: *Frankfurter Zeitschrift für islamisch-theologische Studien* (2021), 27–58.

Lohlker, Rüdiger: *Islamisches Recht*, Stuttgart: utb, 2011.

al-Marġīnānī, Burhān ad-Dīn Abū l-Ḥasan: *al-Hidāya Šarḥ Bidāyat al-mubtadī*, hrsg. von Naʿīm Ašraf Nūr Aḥmad, 8 Bde., Karachi: o. V., 1417/1996–1997.

Müller, Christian: *Recht und historische Entwicklung der Scharia im Islam*, Berlin/Boston: De Gruyter, 2022.

Oberauer, Norbert: *Islamisches Wirtschafts- und Vertragsrecht. Eine Einführung*, Würzburg: Ergon, 2017.

Omar, Sara: »From Semantics to Normative Law: Perceptions of *Liwāṭ* (Sodomy) and *Siḥāq* (Tribadism) in Islamic Jurisprudence (8th–15th Century CE)«, in: *Islamic Law and Society* 19 (2012), 222–256.

Oßwald, Rainer: *Das islamische Sklavenrecht*, Würzburg: Ergon, 2017.

al-Qurṭubī, Abū ʿAbdallāh Muḥammad ibn Aḥmad: *al-Ǧāmiʿ li-aḥkām al-Qurʾān wa-l-mubayyin la-mā taḍammanahu min as-sunnati wa-āy al-Furqān*, hrsg. von ʿAbdallāh ibn ʿAbd al-Muḥsin at-Turkī, 24 Bde., Beirut: Muʾassasat ar-Risāla, 2006.

Reinhart, A. K.: »Like the Difference Between Heaven and Earth«, in: *Ḥanafī and Shāfiʿī Discussions of* Farḍ *and Wāǧib in Theology and Uṣūl* (Studies in Islamic Legal Theory), hrsg. von B. G. Weiss, Leiden: Brill, 2002, 205–234.

ar-Rāzī, Faḫr ad-Dīn: *Tafsīr al-Faḫr ar-Rāzī al-mašhūr bi-t-Tafsīr al-kabīr wa-Mafātīḥ al-ġayb*, 32 Bde., Beirut: Dār al-Fikr, 1981.

Rohe, Mathias: *Das islamische Recht. Eine Einführung*, München: C.H.Beck, 2013.

Rohe, Mathias: *Das islamische Recht. Geschichte und Gegenwart*, 4., akt. Aufl., München: C.H.Beck, 2022.

Šaʿbān, Zakī ad-Dīn: *Uṣūl al-fiqh al-islāmī*, Bengasi: 1995.

Schrode, Paula: »Practices and Meanings of Purity and Worship among Young Sunni Muslims in Germany«, in: *How Purity is Made*, hrsg. von Petra Rösch und Udo Simon, Wiesbaden: Harrassowitz, 2012, 309–331.

Schrode, Paula: *Sunnitisch-islamische Diskurse zu Halal-Ernährung. Konstituierung religiöser Praxis und sozialer Positionierung unter Muslimen in Deutschland*, Würzburg: Ergon, 2010.

az-Zarkašī, Badr ad-Dīn Muḥammad ibn Bahādur: *al-Baḥr al-muḥīṭ fī uṣūl al-fiqh*, hrsg. von ʿAbd al-Qādir ʿAbdallāh al-ʿĀfī, 6 Bde., Hurghada: Dār aṣ-Ṣafwa, [2]1992.

Internetquellen

Döndüren, Hamdi: »Ashâbü'l-Ferâiz«, in: *Türkiye Diyanet Vakfı İslâm Ansiklopedisi*, islamansiklopedisi.org.tr/ashabul-feraiz (letzter Zugriff 22.4.2021).

Halal-Zertifikat.de: »Halal Certification Worldwide: List of Halal Certifiers in Different Systems Worldwide«, in: Halal-Zertifikat.de (o.J.), www.halal-zertifikat.de/englisch/worldwide/halal_certification_bodies.htm (letzter Zugriff 25.5.2021).

Index

Schlagwortverzeichnis

A

Abbasiden (reg. 750–1258), abbasidisch 86
Abendgebet 99, 103, 106, 109
Abfall vom Glauben *siehe* Apostasie
abgrenzen, Abgrenzung 98, 126, 165
ableiten, Ableitung aus Rechtsquellen 21, 53
abrogieren 60, 169
Absicht 44, 53, 64, 109, 125
Abstammung (von Kindern), Abstammungslinie 141 f., 145, 150 f.
abwesend (Person, *ġā'ib*) 146
Ackersteuer für erbeutete Länder (*ḫarāǧ*) 115
adā' (regulärer Handlungsvollzug) 71, 73 f., 90, 97
adab (gutes Benehmen, Höflichkeit) 51
aḍāḥī bzw. *uḍḥiya siehe* Opfergabe
aḏān siehe Gebetsruf
Adoption (*tabannī*) 142
Afrika 133
agnatisch, agnatische (männliche Bluts-)Verwandtschaft 148, 150 f.
  agnatische Beziehung 151
  agnatische Resterben (*'aṣaba*) 148, 150
  agnatisiert 151
āḥād siehe Einzeltradition
aḥkām (Sg. *ḥukm*) 16 f., 24, 26 f., 37 f., 54, 65, 68 f., 71, 74 f.
  aḥkām 'amalīya siehe Norm
  al-aḥkām al-ḫamsa (›die fünf Regelungskategorien‹) 38
  aḥkām ḫuluqīya siehe Norm
  aḥkām i'tiqādīya siehe Norm
  al-aḥkām al-waḍ'īya (Konditionen setzende Normen) 26 f., 54, 64, 68–71, 74 f.
  al-aḥkām at-taklīfīya (verpflichtende Normen) 26 f., 37, 54, 69 f.
ahl aḏ-ḏimma 88
aḫlāq (Ethik, gutes Benehmen) 51
ahlīyat al-adā' siehe geschäftsfähig
ahlīyat aḏ-ḏimma siehe Rechte qua Geburt
ahlīyat al-wuǧūb siehe Rechte qua Geburt
akzidentiell, Akzidenz (*'araḍ*) 33, 71, 160 f.
Alkohol, alkoholisch, alkoholhaltiges Rauschgetränk 67, 121 f., 166, 170
  alkoholhaltige Medizin 121, 159, 167, 170
  Alkoholkonsum Weinkonsum (*šurb al-ḫamr*) 121, 166

allgemeine Aussagen, allgemeingültig 68, 156
Almosen, Spenden für gemeinnützige Zwecke 109, 131
  Almosengabe im Ramadan (*ṣadaqat al-fiṭr*) 78, 108, 112 f.
  Almosensteuer (*zakāt ṣadaqa*) 25, 42, 45, 60, 62, 68 f., 72, 80, 92 f., 112–115
  fortwährende Almosen (*aṣ-ṣadaqa al-ǧāriya*) 113
altarabisch, Altarabisch 136, 143, 156, 165
ʿamd siehe Vorsatz
ʿamdan (vorsätzliche Tötung und Körperverletzung) 171
amīr (Emir) 87 f.
Amputation, amputieren 20, 81–83, 167 f.
analog, Analogie(schluss) *siehe qiyās*
Andalusien, andalusisch 98, 120, 129
anfechtbar (*fāsid*), Anfechtbarkeit 70 f., 74, 141, 162
  Anfechtung, anfechten 19, 41, 74, 146
Angebot (*īǧāb*) 71, 157 f.
Anklage 80, 84
Anlass, Veranlasstes 65–68, 74, 91, 152, 171
  Anlass für Verpflichtung 70
Annahme (*qabūl*) 71, 109, 111, 136, 157, 175
annullieren, Annullierung 41, 56–58
Anrecht auf Unterhalt *siehe* unterhaltsberechtigt
Ansprache des Gesetzgebers (*ḫiṭāb aš-šarʿ*) 16
  Ansprache des Setzens [von Konditionen usw.] (*ḫiṭāb al-waḍʿ*) 71
Anstandsregel 17
Anwendung Körperstrafe bzw. Blutgeldzahlung 172
Apostasie (*irtidād*) 20, 49, 88, 146, 166
ʿāqil:a (geistig fähig, sich des eigenen Verstandes zu bedienen) 90, 99
ʿaqd, Pl. *ʿuqūd siehe* Vertrag
arabisch, Arabisch 12 f., 24, 115, 134
  arabisches Nationalrecht 24
ʿArafat 104, 118
  siehe auch Pilgerfahrt
arḍ al-mawāt (totes Land) 163
ʿāriya (entgeltfreie Leihgabe) 112, 118, 161
al-ʿaṣaba (Resterben) 148, 150 f.
  al-ʿaṣaba bi-ġayrih siehe Resterben durch andere
  al-ʿaṣaba bi-nafsih siehe Resterben durch sich selbst
  al-ʿaṣaba maʿa l-ġayr siehe Resterben neben anderen
ascharitisch-sunnitisch 30
al-ašhur al-ḥurum (›die verbotenen Monate‹) 38, 116
Asien 133
ʿĀšūrāʾ (Tag des Märtyrertods al-Ḥusayns, gest. 61/680) 111
ʿatah siehe Geistesschwäche
Atomlehre 161
Aufenthaltserlaubnis (*amān*) 89
Auflösen (i. S. v. zerfallen, abbauen; *istihlāk*) *siehe* Wandlung, Umwandlung (Nahrungsmittel)
Auflösung (*fasḫ*) des Vertrags 140, 146, 159
Aufruhr (*baġy*) 20, 166
Ausbluten (*ḏabḥ*, *taḏkiya*) 122 f.
Ausgleich 154 f., 165
Auskunft, Rechtsauskunft 23
Auslegung 34, 55, 128, 167
  auslegungsbedürftig 167
Ausnahme, Ausnahmefall (*ruḫṣa*) 53 f., 68, 72, 91, 93 f., 100 f., 104, 122, 128, 137, 160 f.
Austauschleistung 116, 120, 162

Auswanderer (*muhāǧirūn*) 90, 127
Auswanderung 113, 127
Autorität, autoritativ 22, 60, 80, 136, 154
autoritativer Text 48, 73
awǧab (noch mehr verpflichtend) 44
al-ʿawra siehe Schambereich
ʿayn siehe Verkaufsgegenstand
ayyām at-tašrīq (der 11., 12. und 13. Tag im Monat Ḏū l-Ḥiǧǧa, nach dem Opferfest) 111, 119
ʿazīma (Handlungsvollzug unter gewöhnlichen Umständen) 53f., 68

B

bāliġ:a siehe volljährig
basmala (Kurzformel für ›Im Namen Gottes, des Allerbarmers, des Barmherzigen‹) 122f., 125f.
bāṭil (nichtig, unwirksam), *buṭlān* (Nichtigkeit) 19, 40, 69–71, 141
siehe auch nichtig, Nichtigkeit
bayʿ (Pl. *buyūʿ*, Handel, Verkauf, Barkauf, Kaufvertrag) 55, 138, 156f., 158
baynūnat al-kubrā bzw. *aṣ-ṣuġrā siehe* Scheidung
Beamter 114
beauftragt (*mukallaf*) 37, 90, 114, 117
Bedingung (von Handlungen, *aš-šarṭ*, Pl. *šurūṭ*) 24–26, 32, 39, 65–71, 74f., 77, 88, 110, 112, 117, 123, 131, 141, 156f., 165, 168, 174
Bedingung der Norm (*šarṭ al-ḥukm*) 68
Bedingung des Anlasses (wörtl. *šarṭ as-sabab*) 68
rechtliche (*šarʿī*) Bedingung 67
selbst festgelegte (wörtl. *ǧaʿlī*, ›positiv‹) Bedingung 67
Bedürfnis 53, 104
Befehl 73, 88
befugte Person 17f., 80
Behutsamkeit (*waraʿ*) 51
(Glaubens)Bekenntnis 92
Beratung (*šūrā*) 88
Berühren des anderen Geschlechts 95
Beschneidung 133f.
Beschwören *siehe* Schwören, Schwur
besetztes Gebiet *siehe* Haus des Krieges
Besitz, Besitzer 62, 68f., 71, 92, 113, 115, 159f., 163, 167
Besitzübertragung (*taqābuḍ*) 71, 159–161
Bestandteil (einer Handlung, *rukn*) 33, 46, 66, 69, 75, 96, 100, 103, 116, 136
besteuern, Besteuerung von Vermögen 25, 113f., 163
Bestrafung, Strafe 79, 83f., 145, 168f., 171f.
Beteiligung 87, 117, 120, 125, 129, 161, 164
Betende:r (*muṣallī:ya*) 19, 100–103, 108
Betrunkene:r 165
Beugung (*rukūʿ*, ›Neigung des Oberkörpers‹) 102–104, 107f.
Beweisverfahren 173
bezichtigen, Bezichtigte:r 79f.
eine Frau der Unzucht bezichtigen 79
Bilder, Bilderverbot 134f.
bindend (*lāzim*), Bindung (*luzūm*) 41, 158, 163
Bioethik 176, 178f.
Bittgebete (*qunūt*) 89, 102, 104–106, 135
Blutgeld (*diya*), Wergeld 92, 165, 171f.
blutsverwandt, Blutsverwandtschaft (*qarāba, nasab*) 139, 147f., 150, 152
siehe auch Ehe
Blutungen (*istiḥāḍa*, Frau in diesem Zustand: *mustaḥāḍa*) 97

Bodenschätze (*maʿdin*) 79
Böser Blick (*naẓar*) 135
Böses (*qabīḥ*) 18, 26, 29–36, 50, 54, 71, 135
Bosnien 24
Brautgabe (*mahr, ṣadāq*) 140 f., 144, 146
Buddhisten *siehe ahl aḏ-ḏimma*
Burka (Ganzkörperschleier mit Gesichtsgitter) *siehe* Frauen, Bedeckung der Haare
buṭlān (Nichtigkeit) *siehe bāṭil*

C

Christ:in, Christen, christlich 88, 98, 119 f., 123, 129, 140

D

ḏabḥ siehe schächten
ḍamān siehe Schadensersatz
Dämonen(wesen, Sg. *ǧinn*) 93, 98, 135 f.
dār al-... (Haus des/der ...)
...*ʿahd* (... Vertrags) 89
...*ḥarb* (... Krieges; nichtmuslimisches Gebiet) 77, 89, 128
...*islām* (... Islams) 77, 89, 128
...*kufr* (... Unglaubens) 89
...*šahāda* (... Zeugnisses) 89
...*ṣulḥ* (... Versöhnung) 89
ḍarība siehe Gebühr, *siehe* Steuern für Verwaltungsakte
Darlehen (zinslos: *qarḍ/qirāḍ*, Pl. *qurūḍ*) 112, 158, 161
ḏawū l-arḥām siehe Kognaten
ad-dayn (in der Verpflichtung des Schuldners Befindliches) 158
Defekt 71
definitiv (*qaṭʿī*) 42–44, 49, 125
Dekret (*Qānūnnāma*, osman.-türk.; *Yasaqnāme*; arab. *Qawānīn*) 22
Delikt 92, 165 f., 171 f., 174
siehe auch ǧināyāt
Deontologie 22
Diebstahl (*sariqa*) 20, 50, 79–82, 166–168, 174
diesseitig 29, 42, 49, 166, 170
diesseitige Sanktion 19, 36, 42
ḏimma-Kopfsteuer 88, 155
ḏimma-Status des Schutzbefohlenen (*ḏimmī*) 88, 90 f., 172
Diskriminierungsverbot 19
Dissensgrund 80
Distanz-Geschäft 157
diya siehe Blutgeld
›drittes Geschlecht‹ (*ḫunṯā*) 131
Drogen 122
dschafaritisch-schiitisch 31
Dschihad (*ǧihād*) 90, 93, 120, 127–130
Durchsetzbarkeit, durchsetzungsfähig 17 f., 22 f., 41, 80, 146
Dynastien 86

E

Ebenbürtigkeit (*kafāʾa*) 140
Ehe (*nikāḥ*, Begründung eines Erbverhältnisses: *az-zawǧīya*), ehelich 139–141, 145, 147
Ehefrau, Ehemann, Ehepaar, Ehepartner 67, 117, 137, 139, 140–146, 149, 152, 168
Ehehindernis 139, 142
Ehevertrag 138, 140 f., 144
Ehevollzug 140 f.
Ehrenmord 137
Eid 72, 86, 131, 172
Eigentum (*milk*) 50, 71, 88, 159, 163, 167
Eigentümer:in 41, 142, 163
Eingottglauben 35

Annullierung bzw. Anfechtung (*fasḫ*) 19, 41, 56–58, 74, 140, 146, 159
Einzelfallentscheidung 22
Einzelfallrecht 21
Einzeltradition (*āḥād*) 43 f.
Emir *siehe amīr*
empfehlenswert(e Handlung), Empfehlung, empfohlen(e Handlung) (*mandūb*) 13, 37, 40, 48 f., 54 f., 57, 61 f., 72, 78, 96, 106 f., 126, 130, 143, 158
siehe auch mustaḥabb, nadb
Engel 93, 134, 136
Entgelt 112, 142, 157
entrückt, Entrückung (*ġayba*) 87, 128
entschädigen, Entschädigung (*ḍamān*) *siehe* Schadensersatz
Entschuldigungsgrund
Erbe, erben 24–26, 29, 39, 68, 72, 79, 87, 91 f., 102–104, 107 f., 111, 115, 123, 138, 145, 147–154, 163 f., 170, 176
agnatische Resterben (*ʿaṣaba*) 148, 150
Erbanteil 68
erbberechtigt(te Person), Erbberechtigte:r 68, 150–155
Erbkonstellation 154 f.
Erblasser:in 68, 79, 147–149, 152, 154
Erbrecht (Pl. *farāʾiḍ*) 24, 88, 91, 137, 142, 144, 147, 151, 154 f., 173
Erbverteilung 148, 153–155
erkenntnistheoretisch 42
Erlass 22
Erleichterung 96
Ermessen(sspielraum)
Ermessensstrafe (*taʿzīr*) 20, 80, 165, 168, 170, 172–174
Ersatz 73, 79, 81–83, 106, 113, 159, 161 f., 171 f.
Erschwernis 34
erstrebenswert(e Handlung, (*sunna*) 44, 48
as-sunna al-muʾakkada, ›bestätigte Sunna‹) 48 f.
erstrebenswert (*sunnat al-hudā*, ›Sunna der Rechtleitung‹) 48
Erwerbstätiger (*aǧīr*) 160
erwünschte Handlung (*nāfila, mandūb*) 37, 40, 48 f., 54, 72
Essensvorschriften 33
ethisch 16, 162, 176
ethische Normen (*aḥkām ḫuluqīya*) 16
ethisch-religiös 162
Ethikkommission 18
wirtschaftsethisch 176
europäisch 24, 163
europäisches Lehenssystem 163

F

faḍīla (Vorzüglichkeit) 21, 48 f., 51, 100
fahrlässige Tötung (*ḫaṭaʾ*) 111, 171 f.
fallbeispielorientiert 156
Falschaussage 169
Familie 15, 24, 85, 88, 91, 101, 109, 112 f., 137 f., 140 f., 155, 172 f., 175
Familienrecht 138, 173, 175
farḍ (definitive Pflicht) 42–45, 49
farḍ siehe auch wāǧib
fasād (Anfechtbarkeit, Nichtigkeit) 19, 69 f., 146
fāsid (anfechtbar, nichtig) 70 f., 141
fasḫ (Annullierung, Anfechtung, Auflösung) 19, 41, 56–58, 74, 140, 146, 159
Fasten, fasten 19, 46 f., 50, 54, 68, 79, 92 f., 97, 106, 108–111, 126, 131, 173
Fastenbrechen (*ifṭār*) 106, 109, 111, 126

Frühmahl vor Morgendämmerung (*saḥūr*) 108 f.
Fatwa, Fatwas (Rechtsgutachten) 21, 23, 25 f., 39, 80, 90, 175
fatwā- und *nawāzil*-Werk 21
Fatwa-Verzeichnis 39
Feier, Fest(e)/Festtag(e), Feierlichkeit 40, 50, 58 f., 61, 72, 99, 106, 109–111, 116, 119 f., 125 f., 131, 133 f.
Fest des Fastenbrechens (*ʿīd al-fiṭr*, Ramadanfest, Zuckerfest; *Šawwāl*) 106, 111
Festtagsgebet 99, 106, 125
fidya (Zahlung) 108, 146
Fisch 122
flexibel, Flexibilität 46, 72, 164
formal, formale Korrektheit 22, 23, 70, 75, 175
Fotografieren 135
Franchising 164
Frau, Frauen 15, 71, 79, 90–92, 94 f., 97, 101, 105, 108, 117, 119, 131–133, 137–148, 152–155, 169, 172
Ausbeutung, Schlechterstellung 146
Bedeckung der Haare 132
Frauenschmuck 133
freie Frau 132, 169
Kleidung 131 f.
reisen 117
Selbstbestimmung 147
Freie, freie Menschen 31, 37, 47, 90, 92, 132, 167, 169
freigelassene Sklaven *siehe* Sklave(n)
freigestellt (*mubāḥ*), freigestellte Handlung, Freigestelltes, Freistellung 19, 26, 37, 39–41, 52 f., 63, 70, 162
Freiheit 35, 157
Freitagsgebet (*ṣalāt al-ǧumʿa*) 19, 33 f., 50, 55 f., 73, 99 f., 104–106
freiwillige Handlung/Tat 46, 49, 99, 105–107, 112
freiwilliges Gebet 99, 105–107
Friedensvertrag 89, 128
Frömmigkeit (*birr*) 136
fundamentalistisch 25
Fünferschiiten 87, 139
Furchtgebet (*ṣalāt al-ḫawf*) 99, 107
furūʿ al-fiqh (›Zweige des Rechts‹) 21 f., 39, 41
furūʿ-Werk/*furūʿ al-fiqh*-Literatur 21, 41

G

ġāʾib (abwesend [Person]) 146
ǧāʾiz (zulässig) 32, 39 f., 50, 57, 89, 104, 109, 121, 123, 126, 133 f., 136 f., 157, 170
ǧamrat al-ʿAqaba 119
ġanīma siehe Kriegsbeute
Ganzkörperwaschung (*ġusl*) *siehe* rituelle Reinigung: große Waschung
ġarar siehe Spekulation
ǧarāʾiḥ (Körperverletzung) 165
siehe auch Körperverletzung
ġaṣb (Usurpation) 50, 58, 106
ġayba siehe entrückt, Entrückung
ġayr lāzim (nicht bindend) 41
ġayr nafiḏ siehe schwebend unwirksam
ǧawāz (religiöse Zulässigkeit) 40
Gebet (*ṣalāt*) 17, 19, 33 f., 42, 44–47, 49 f., 50, 52, 55–58, 60 f., 65–67, 69 f., 73, 86, 88, 92 f., 95–112, 118 f., 125 f., 131, 134–136, 173
Gebet für den Regenfall (*ṣalāt al-istisqāʾ*) 106
Gebet für die ›Begrüßung der Moschee‹ (*taḥīyat al-masǧid*) 106
Gebet zur Lobpreisung (*ṣalāt at-tasbīḥ*) 107
Gebet zur Mitternacht bzw. im

letzten Drittel der Nacht (*ta-haǧǧud*) 106
Gebet zur Mondfinsternis (*ṣalāt al-ḫusūf*) 106
Gebet zur Sonnenfinsternis (*ṣalāt al-kusūf*) 106
Gebetseinheit (*rakʿa*, Pl. *rakʿāt*) 100–107
Gebetsnische (*miḥrāb*) 101
Gebetsort 60, 101
Gebetsrichtung (*qibla*)
Gebetsruf (*aḏān*) 100 f., 109, 134
Gebetsruf, zweiter Gebetsruf (*iqāma*) 101 f., 109, 134
Gebetsrufer (*muʾaḏḏin*) 100 f.
Gebetsteppich (*saǧǧāda*) 101
Gebetszeit 99 f., 103 f.
gemeinsames Gebet, Gemeinschaftsgebet 100–107, 126
istiḫāra-Gebet vor dem Schlafengehen 106 f.
Mittagsgebet 46, 73, 99, 103–106, 119, 134
Morgengebet 106, 118
tarāwīḥ-Gebet während des Ramadan 99, 107, 110
Gebühr (*ḍarība*) 115, 164
Geburtstag des Propheten (*mawlid an-nabīy*) 134
Gefahr zufälligen Untergangs oder Schädigung (einer Ware) 159 f., 187
Gefahrtragung (*ḍamān*) 160
Gegenleistung, Gegenwert (*ʿiwaḍ*) 23, 146, 157, 159, 161 f.
Gehorsam, gehorsam 19 f., 85, 88
Gehorsamspflicht/-verpflichtung 19 f., 85
Geisteskranke:r (*maǧnūn*) 91
Geistesschwäche (*safah, ʿatah*), Geistesschwache:r (*safīh, maʿtūh*) 91
Gelatine 15 f., 124
Geldstrafe 79, 83
Geldtausch (*ṣarf*) 158
Gelehrsamkeit, Gelehrte:r 18, 25, 136
Gelehrtendiskurs 86
Gelübde (*naḏr*) 111, 131
Gemeinde 101
gemeinnützig (karitativ), Gemeinnütziges 45, 79, 127, 182
gemischte Rechtsansprüche (*ḥuqūq muǧtamaʿa* bzw. *muḫtalaṭa*) 79
gerecht, Gerechtigkeit 31, 35, 51, 128, 156
Gericht, gerichtlich 21–23, 39, 79 f., 84, 88, 120, 131, 141, 143, 145 f.
Gerichtsakten, Gerichtsdokument (*siǧillāt*, Sg. *siǧill* und *šurūṭ*) 21, 39, 188
Gesandter (Gottes) 18, 61, 83, 92, 100, 110, 166
Geschäft(e) 21–23, 26, 30, 71, 80, 90–92, 125, 142, 156–158, 161, 164
Geschäftsfähigkeit (*ahlīyat al-adāʾ*) 71, 90, 142, 157, 165
Geschäftsführer (*muḍārib*) 161
geschäftsunfähig 71, 90–92, 142
Geisteskranke:r (*maǧnūn*) 91
Geistesschwäche (*safah, ʿatah*) 91
Minderjährige:r (*ṣaġīr*) 91 f., 142
geschlechtsreif 165
Geschlechtsverkehr 71, 94–97, 109, 117, 140, 144, 169
geschützter Raum *siehe masǧid al-ḥarām*
Gesellschaft, gesellschaftlich 17, 45, 52, 57, 86, 92, 98, 135, 141, 155, 158, 161
Gesellschaftsordnung 86
Gesellschaftsvertrag (finanziell/wirtschaftlich: *šarika*) 161
Gesellschaftsvertrag (*mufāwaḍa*) 158, 161
Gesetz 16–18, 22, 24, 33, 37, 42, 46, 48 f., 51–53, 65–67, 73, 86, 90, 97, 106, 114, 126, 129, 132–135,

138, 157 f., 164, 169–171, 173
Gesetzgeber 16–18, 33, 37, 42, 46, 48 f., 51–53, 65–67, 90
Gestaltungsfreiheit 157
Geständnis (*iʿtirāf, iqrār*) 168
Gewahrsam (*ḥirz*) 167 f.
Gewinn (*ribḥ*) 23, 55, 113, 121, 161 f., 164
ǧihād siehe Dschihad
ǧināyāt (Delikte) 165, 171–173
siehe auch Delikt
ǧizya siehe Kopfsteuer
Glaubensabfall *siehe* Apostasie
Glaubensnormen (*aḥkām iʿtiqādīya*) 16
Gläubige:r (finanziell/wirtschaftlich) 41
Gleichbehandlung, Gleichheit 35, 154 f., 172
gleichgeschlechtlich 169
Gold-/Silbermünze 62, 113, 133, 156, 168
Gottes-Recht *siehe* Recht Gottes
Gottesdienst, gottesdienstlich 19, 22 f., 25, 27, 31–34, 38, 69 f., 72, 78–80, 85, 91–93, 115, 117, 127, 130, 134, 137, 173–176
gottesdienstliche Handlung (*ʿibādāt*, Ritualrecht) 19, 22 f., 25, 27, 31–34, 38, 69 f., 72, 78–80, 85, 91–93, 115, 117, 127, 130, 134, 137, 173–176
Gottesgedenken (*ḏikr*) 20, 133
göttliches Normensystem 16
Gottheit 92, 100, 107, 123
Gouverneur (*wālī*) 87
Grab, Gräber 117, 126, 136
Grabbesuch 136
große Waschung (*ġusl*) *siehe* rituelle Reinigung: große Waschung
Großfamilie 86, 155, 172
Großfamilienstruktur 86, 155, 172
Großmoschee (*ǧāmiʿ*) 105
Grundbesitz 163
Grundlagen des islamischen Rechts *siehe uṣūl al-fiqh*
Grundstück 159, 162
Grundversorgung 113
Grußformel (*salām: as-salāmu ʿalaykum wa-raḥmatullāh*, ›Friede sei auf euch, und der Segen Gottes‹) 103, 105, 118
gültig (*ṣaḥīḥ*), Gültigkeit (*ṣiḥḥa*) 19, 23 f., 26, 30, 34, 38, 40 f., 46, 65, 69 f., 143, 158, 160, 162
ǧunub (Ausschluss) 94, 96
ġusl siehe rituelle Reinigung: große Waschung
Gütertrennung 142
Gutes (*ḥusn*) 18, 26, 29–36, 50, 52, 54, 63, 74, 113, 128, 131

H

ḫabaṯ, ḫabīṯ siehe unrein, Unreinheit
ḥadaṯ siehe Unreinheit, rituell
ḥaḍāna siehe Personensorge
ḥadd(-Strafe, Pl. *ḥudūd*) 20, 79, 83, 165–167, 169–173
ḥadd-Delikt 165 f., 170, 172
ḥadd al-qaḏf, (›Strafe des Verleumdens‹, *ḥadd al-qaḏf*) 79
Hadith 13, 42–44, 68, 83, 89, 95–97, 112 f., 121, 126, 130, 133 f., 165 f.
Hadithwissenschaftler 83
Haftstrafe 173
Haftung 82
ḥaǧǧ siehe Pilgerfahrt
al-ḥākim siehe Normsetzer
ḥalāl (erlaubt), *ḥill* (Erlaubt-Sein) 38 f.
Halal-Zertifikat, Zertifizierung des Schächtens 125, 180
halbbürtig 151
ḫalīfa (Kalif) 86
ḫamr siehe alkoholhaltige Getränke; *siehe auch* Traubenwein

Hanafiten, hanafitisch 27, 42–45, 48 f., 52, 58, 69 f., 95, 104, 106, 122, 138, 145, 159–161, 163, 167, 172
Hanbaliten, hanbalitisch 145, 159, 172
Handamputation 20, 167 f.
Handel 26, 55, 89, 156, 158, 164, 176
 Handelsbeziehung, Handelspartner 89
Handeln, Handlung 29–31, 49
 Handlungsnormen (*aḥkām ʿamalīya*) 16
 Handlungsutilitarismus 22
 Handlungsanweisung, -aufforderung 16 f., 20, 29, 68, 77 f., 80, 85, 130, 141, 175
 Handlungsempfehlung 48, 96
 Handlungsverpflichtung 65
ḫarāǧ-Länder 163
 ḫarāǧ-Steuer 115
ḥarām (verboten, Pl. *ḥurum*) 15 f., 38–40, 49 f., 52, 54, 88, 116, 118
 ḥarām li-ḏātihi bzw. *li-ʿaynihi* 33, 50
 ḥarām li-ġayrihi 50
ḥarb (Krieg) 77, 89, 127 f.
 siehe auch dār al-ḥarb
ḥasan (gut) 29, 44, 56, 58 f., 112
ḫaṭaʾ siehe fahrlässige Tötung/Körperverletzung
Haus der/des … *siehe dār al-…*
Hausarrest 169
häusliche Gewalt 146
ḥayḍ siehe Menstruation
ḥaẓr, ḥurma (›das Verboten-Sein‹, verboten, *ḥarām, muḥarram,* auch: *maḥẓūr*) 38
heilig 127, 130, 137
 Heiligenverehrung 136
Heirat 50, 138 f., 142, 144, 169
Herabsendung der Offenbarung/des Koran 53, 111
Herleitung von Normen 11, 24, 34
 hergeleitetes (Gelehrten-)Recht 17, 21–23, 53, 63, 174
Herrscher, Herrschaft 21 f., 80, 84, 86–89, 115, 118, 128, 130, 134, 138, 157, 163, 166, 170–173
hiba siehe Schenkung
Hierarchie, Hierarchisierung 43 f., 48, 153
ḥiǧāb (einteiliges Kopftuch) 132
 siehe auch Frauen
ḥill (Erlaubt-Sein)
Hindernis (*mānīʿ*), Hinderungsgrund 29, 41 f., 62, 66, 68, 70, 74, 85, 89, 93, 108, 141, 146, 154
Hindus 88
Hinterlegung (*wadīʿa*) 158
al-Ḥirāʾ-Höhle 120
ḥirāba siehe Wegelagerei
ḥirz siehe Gewahrsam
ḥiyal, Sg. *ḥīla siehe* Rechtskniffe
ḫiyār siehe Rücktrittsrecht
Hochzeit 134
Höllenstrafe *siehe* Strafe
ḥudūd siehe ḥadd
ḥukm siehe aḥkām
ḫulʿ (Loskaufscheidung, Lösungs-/Loskaufrecht der Ehefrau) 143, 146
Huldigung (*bayʿa,* auch: Eid) 86
Hund, Jagdhund *siehe* Jagd
ḫunṯā 131
ḥuqūq Allāh siehe Recht Gottes
ḥuqūq al-ʿibād siehe Recht der Menschen
ḥuqūq muǧtamaʿa bzw. *muḫtalaṭa siehe* gemischte Rechtsansprüche
ḥurma (Unversehrtheit des menschlichen Körpers) 38 f.
 siehe auch ḥaẓr
ḥusn (das Gute) 29
ḫuṭba siehe Predigt
Hygiene(maßnahme) 97 f., 117, 126, 133

I

iʿāda (Wiederholung) 71, 73 f.
Ibaditen, ibaditisch 172
ʿīd al-aḍḥā siehe Opferfest
ʿidda siehe Wartezeit
identitätsstiftend, Identitätsstiftung 98, 127
ideologisch 123
Idschtihad 25
ifrād (einzeln) *siehe* große Pilgerfahrt
īǧāb, wuǧūb (Verpflichtend-Sein) 37, 91, 157
iǧāra 158, 160, 164
siehe auch Miete
iǧzāʾ (das Genügen) 70
iḥrām siehe Weihezustand
iḥsān (Wohltat) 49, 160
iḥyāʾ al-mawāt (Wiederbeleben ›toter‹ Ländereien) 164
ikrāh siehe Zwang
īlāʾ-Scheidung 131, 143–145
ʿilla (Rechtsgrund) 20, 66 f., 85
Imam 18, 31, 86 f., 101, 107, 111, 128, 152
Imamat (*imāma*) 86
Immobilien (*ʿaqār*) 113, 159
imsāk (Enthaltung, Zeit vor der Morgendämmerung) 108
Inbesitznahme 159
individuelle Pflicht (*al-wāǧib al-ʿaynī*) *siehe* Pflicht
individueller Rechtsanspruch 79
infāq (freiwillige Almosen) 112
innere Zustimmung (*riḍā*) 158
Intention (*nīya*) 46, 95 f.
Interesse (*maṣlaḥa*, Pl. *maṣāliḥ*) 29, 36, 78 f., 83 f., 162
intifāʿ siehe Nutznießung
Investition 41, 114 f., 163 f.
Investmentfonds 164
iqāma (Gebetsruf vor dem Gemeinschaftsgebet) 100
iqṭāʿ/muqāṭaʿa, tīmār 163
Irak, irakisch 121, 170
Iran 15
Irrtum 43
Islamic Finance (Islamisches Wirtschaften, Islamisches Bankwesen, Islamic Banking) 26, 155, 164, 175
ʿiṣma siehe Unfehlbarkeit
Ismailiten *siehe* Siebenerschiiten
istiḫāra-Gebet *siehe* Gebet
istihlāk (auflösen, zerfallen) *siehe* Auflösen, Wandlung
istiḥsān (Für-gut-Halten) 160
istiṣnāʿ siehe Werklieferungskauf

J

Jagd, Jagen (*ṣayd*) 94, 111, 117 f., 122, 126
jenseitig, Jenseits 19, 29, 31 f., 34, 42, 48 f., 72, 113, 129, 134, 166
jenseitige Sanktion 42
jenseitige Strafe 42, 49
jenseitiger Lohn (*ṯawāb*) 31, 42
Jude, Jüdin, Juden 88, 98, 119, 123, 140
Jüngster Tag, Jüngstes Gericht 61, 120, 136
Jurist, juristisch 21 f., 29, 32, 37, 47, 53–55, 63, 77, 90, 113, 129
Juristen- bzw. Gelehrtenrecht 21
juristische Lizenz/Konzessionen (*ruḫṣa*, Pl. *ruḫaṣ*) 53 f., 63, 68, 104
juristisch verantwortlich(e Person, *mukallaf*, Pl. *mukallafūn*,) 22, 29, 37, 47, 77, 90, 157
juristische Verantwortung 32

K

Kaaba 38, 46, 101, 115, 118–120
›geschützte Moschee‹ (*masǧid al-ḥarām*) 38, 88, 118
›Gruß des Schwarzen Steins‹ (*al-ḥaǧar al-aswad*) 118
kafāla (Bürgschaft) *siehe auch* Sicherungsvertrag
kaffāra, Pl. *kaffārāt siehe* Sühne(handlung), Sühneleistung
kalām (systematische Theologie) 29, 77
Kalif (*ḫalīfa*) 86–88
Kalifat (*ḫilāfa*) 86
rechtgeleitete Kalifen (*al-ḫulafāʾ ar-rāšidūn*) 86
Kalligraphie 135
Kampf 127–130
Kanzel (*minbar*) 105
Kapitalgeber (*ṣāḥib al-māl*) 161
karitativ *siehe* gemeinnützig
Kauf (Verkäufe, *buyūʿ*) 19, 23, 25, 33, 38, 41, 47, 55–58, 71, 91 f., 123, 136, 138, 140, 143, 155–160, 162–164, 167
Kaufvertrag (*bayʿ*) 23, 33, 55, 71, 86, 138, 156 f., 160
Kaufmann, kaufmännisch 91, 155
Kerbela 87, 111
Kind(er) 59, 108, 126, 137, 139, 141–143, 145, 148–150, 152 f., 155
Klage 80, 84, 168
Kleidung(sform) 15, 49, 58, 88, 91, 94, 101, 105, 113, 117, 131, 132
Kleidungsvorschrift 131
kleine rituelle Unreinheit *siehe* Unreinheit
kleine Waschung *siehe wuḍūʾ*
Klientelverhältnis (*walāʾ*) 147 f., 151
Kodifikation, kodifizieren, Kodifizierung 22, 24
Kognaten (*ḏawū l-arḥām*) 148, 151 f.
kollektive Pflicht (*al-wāǧib al-kifāʾī*) *siehe* Pflicht
Kollision 25
Kolonialerfahrung 24, 90, 130
Kolonialverwaltung 24
Kommanditgesellschaft/stille Gesellschaft (*muḍāraba*) 158, 161 f., 164
Kondition(en) 26, 50, 65, 74
Konditionen setzende Normen (*al-aḥkām al-waḍʿīya*) 26 f., 54, 64, 68–71, 74 f.
Konfliktfeld 25
konkrete Pflichten (*al-wāǧib al-muʿayyan*) 47
Konkretisierung 18
Konkurrenzverhältnis 171
kontingent, Kontingenz 147
Kontrollmechanismus 156
Körper(teil) 39, 54, 79, 94–98, 101 f., 108 f., 117, 120, 131–134, 146, 165, 171, 173
Körperhygiene 98, 117, 135
siehe auch Beschneidung
Körperpflege/Pflege des Aussehens 117
Körperstrafe 79 f., 172 f.
Körperverletzung 165, 171
siehe auch ǧarāʾiḥ
Kopfsteuer (*ǧizya, ḏimma*) 88, 115
Koran, koranisch 13, 16–18, 20 f., 30, 34 f., 38 f., 42–45, 50, 55, 63, 69, 71, 79, 86, 91, 95–99, 101–103, 107, 110–112, 116, 121 f., 124, 127–129, 132, 134–137, 139, 141 f., 144, 147, 152–156, 165–167, 169
Koranexegese 55, 128 f.
Koranrezitation 110, 134
Koransure, Koranvers 44, 102 f., 105, 112, 129, 135, 147, 160
Q 1 102 f., 105
Q 2 112
Q 2:30 86

Q 2:110 99
Q 2:127 115
Q 2:173 51, 123 f.
Q 2:177 112, 136
Q 2:178 172
Q 2:178–179 171
Q 2:180–182 147
Q 2:183–187 108
Q 2:185 110
Q 2:191 127
Q 2:194 38
Q 2:222 96
Q 2:226–227 145
Q 2:229 143
Q 2:230 144
Q 2:233 142
Q 2:237 141
Q 2:239 107
Q 2:264–271 112
Q 2:275 156
Q 2:282 48, 78, 91, 158
Q 3:37 142
Q 3:39 99
Q 4 147
Q 4:3 140
Q 4:4 140
Q 4:7–8.11–12.33.176 147
Q 4:15 169
Q 4:22–23 139
Q 4:34 139
Q 4:92 172
Q 4:95 127
Q 4:102 107
Q 5 166
Q 5:1 38
Q 5:3 122
Q 5:4 126
Q 5:5 38, 52, 123
Q 5:6 20, 95
Q 5:33–34 165 f.
Q 5:38 20, 166, 167
Q 5:55 99
Q 5:64 127
Q 5:89 131
Q 5:90 166
Q 5:90–91 121, 170
Q 6:92 99
Q 6:121 123
Q 6:145 122
Q 6:162 99
Q 9 128
Q 9:29 88
Q 9:41 127
Q 9:60 114
Q 9:103 115
Q 14:40 99
Q 16:81 56
Q 19:31 99
Q 19:55 99
Q 19:58 f. 99
Q 20:14 99
Q 21:73 99
Q 22:27–29 115
Q 23:9 99
Q 24:2 20, 166, 169
Q 24:2–4 169
Q 24:4 145, 166
Q 24:4.23 169
Q 24:31 132
Q 30:30 35
Q 33:4–5.37 142
Q 33:53.59 132
Q 62:9 34, 55, 57
Q 65:1–2 143
Q 97 111
Q 108:2 61
krank, Krankheit 15, 45, 53 f., 72, 91, 108, 112, 115, 154
Krieg 77, 79, 89 f., 107, 116, 120, 127–130, 136
Kriegsbeute (*ġanīma*) 79, 129
kufisch 83
Kultgegenstände 167
kulturell 25, 116, 132, 137, 174 f.
Kunst 113, 135

L

Landbevölkerung 163
Ländereien 163 f.
lāzim, luzūm siehe bindend
Leasing 164
Legislative (Gesetzgebung) 17 f.
legitimieren, Legitimierung, Legitimität 23, 26, 35, 50, 86 f., 89, 141, 169
Leiche, Leichnam 97, 106, 120
  Leichentuch 97, 106, 120
  Leichenwaschung 97, 106
  Leichenwaschung für Totgeborene 97
Leihe (*ʿāriya*) 112, 118, 158, 161
Lesart 95, 140
Leugnung 43 f., 49
Lieder 133
Lieferrisiko 162
liwāṭ (männlicher gleichgeschlechtlicher Verkehr) 169
Lobpreisung Gottes (Formel *al-ḥamdu li-llāh*) 102, 107, 126
Lohn 31, 42, 48, 53, 61, 113, 130, 134
Lösungsrecht 146
lügen, Lügen 32

M

mā šāʾa llāh (Formel ›was Gott will‹) 135
Machtbefugnis 86 f.
maḏhab, Pl. *maḏāhib siehe* Rechtsschulen
Magie und Zauberei *siehe* Volksglaube
maǧlis siehe Vertragsort
maǧnūn siehe Geisteskranke:r
Mahdi (*mahdī*; erwarteter Erretter, *al-mahdī al-muntaẓar*) 87
al-maḥkūm fīh bzw. *al-maḥkūm bihi* 77
mahr siehe Brautgabe
maḥǧūr (der:die eingeschränkt Rechtsfähige) 91
maḥẓūr (verboten) 38, 51
Makler (*simsār*) 158
makrūh (verpönte Handlung) 19, 26, 37, 41, 44, 49, 51–54, 70, 99 f., 111, 122, 145, 162
maks siehe Zoll
māl siehe Verkaufsgegenstand
māl mutaqawwim (Eigenschaft, wertvolles Gut zu sein) 159, 167
Malikiten, malikitisch 39, 48, 55, 57, 94, 120, 122, 145, 148, 159, 172
mālīya (Eigentum-Sein) 167
manʿ (Unterlassung) 50
mandūb (empfohlen) 37, 40, 48, 54, 72
manfaʿa (Nutzungsrecht) 158, 160 f.
māniʿ siehe Hinderungsgrund
Mangel 41, 157
maqāṣid aš-šarīʿa siehe übergeordnete Ziele der Scharia
manqūl siehe Ware(n) beweglich
Markt, Märkte 15, 56, 84, 87, 111, 116, 125, 173
  Marktaufseher (*muḥtasib*) 84, 87, 173
Märtyrer (*šahīd,* Pl. *šuhadāʾ*) 97, 111, 129 f., 134
  Märtyrertod 111, 134
al-Marwa 61, 118 f.
mašaqqa siehe Mühe
masǧid al-ḥarām 38, 88, 118
masḥ (Benetzen) 96, 98
materielle Handlungen (*afʿāl ḥissīya*) 33
maʿtūh siehe Geistesschwäche
Maturiditen 30–32
  maturiditisch-sunnitisch 30
maʾūna (›Hilfeleistungen‹) 78
mayta siehe verendete Tiere
Mecelle-i aḥkām-ı ʿadlīye 24
Medina 99, 113, 117, 127
Meeresfrüchte 122

Mehrleistung ohne Gegenleistung 162
Mekka 88, 99, 110, 113, 116–119, 127 f.
Menschen-Recht (Recht der Menschen) 27, 77, 79 f., 83, 170 f.
Menschenrechte 25, 78
Menstruation (*ḥayḍ*), menstruieren 91, 94, 96 f., 108, 144
  Menstruationsperiode (*ṭuhr*) 144
Messe 116
miḥrāb siehe Gebetsnische
Miete (Sach- oder Personenmiete zur Verrichtung von Diensten/Herstellung von Werken: *iǧāra*) 41, 113, 158, 160
Milchmutter 139, 142
  Milchverwandtschaft *siehe* Ehe: Hindernis
Militär, militärisch 88, 127, 163
  Militärdienst 88
  Militärlehen 163
Mina (Zeltstadt) 118 f.
Minarett 111
Minderheit 89
minderjährig(es Kind), Minderjährige:r (*ṣaġīr*) 59, 91, 138, 147, 167
  minderjährige Frauen 138
  Minderjährigen-Ehe 147
Mindestalter (bei Eheschließung) 138
Mindestanzahl der Gebetsgemeinschaft 105
Mindestgrenze/-menge/-wert (*niṣāb*) 62, 68 f., 113, 115, 168
mīqāt (Grenze zum Eintritt in den Weihezustand) 117
mīrāṯ (Erbe) 147
  siehe auch Erbe, erben
miṯlī siehe Ware(n) vertretbar
Mittagsgebet *siehe* Gebet
modern, Moderne 11, 20, 24, 27, 35, 68, 91, 101, 114, 130, 138, 157, 173, 175 f.
Monat, ›geschützte Monate‹ (*al-ašhur al-ḥurum*) 38, 116
Mondkalender 106, 108, 110, 116
moralisch 15 f., 18 f., 22 f., 98, 128, 175 f.
Mord, Mörder 50, 68, 79 f., 87, 137
Morgengebet *siehe* Gebet
Moschee (*masǧid*) 38, 88, 96, 100 f., 105 f., 110 f., 118, 120, 134, 168
mu'aḏḏin siehe Gebetsrufer
muʿāmalāt siehe zwischenmenschliche Beziehungen
mubāḥ (freigestellt), *ibāḥa* (Freistellung) 19, 26, 37, 39–41, 52–54, 63, 70, 162
muḍāraba (Kommanditgesellschaft/stille Gesellschaft) 158, 161 f., 164
muḍārib siehe Geschäftsführer
muḍayyaq (eng) *siehe* zeitlich enggehalten
mufāwaḍa siehe Gesellschaftsvertag
muftī, Mufti 23, 80
muǧāhidūn (Kriegsbeteiligte) 129
muḥarram (verboten) 38, 49, 51, 111
Mühe (*mašaqqa*), bemühen 77 f., 127 f., 130
muḥāraba siehe Wegelagerei
muḥtasib siehe Marktaufseher
mukallaf siehe verantwortlich
mulāzama (Abhängigkeit) 30
mumayyiz siehe unterscheidungsfähige:r Minderjährige:r
munʿaqid siehe wirksam, Wirksamkeit
murābaḥa (Kauf mit transparenter Kaufpreisberechnung aus den Einstandskosten, Weiterverkauf mit Aufschlag) 158, 162, 164
Murdschiiten, murdschiitisch 43 f.
musāqāt (Partnerschaft im Bereich der Bewässerungswirtschaft) 162
mušāraka (Mehrpersonenvertrag) 161
Musik 133, 167
mustaḥabb (empfehlenswert) 49
musta'man (ausgestattet mit einer Aufenthaltserlaubnis) 89
mustaḥāḍa (Frau mit Blutungen im Zustand von *istiḥāḍa*) 97

mutawātir(-Hadith) 43
Mutaziliten, mutazilitisch 18, 30 f.
muwassa' *siehe* zeitlich ausgedehnt
muzāra'a (landwirtschaftliche Gesellschaft, Partnerschaft im Bereich der Landwirtschaft) 158, 162
Muzdalifa 104, 119
Mystiker 107, 133

N

Nachkommen 139, 152, 171
Nachlass (*tarika*) 147, 150, 154
Nachmittagsgebet *siehe* Gebet
Nacht der Bestimmung (*laylat al-qadr*) 111
siehe auch Ramadan
Nachtgebet *siehe* Gebet
nadb (Empfehlung) 37
naḏr *siehe* Gelübde
nāfila (zusätzliche Handlungen zu vorgebebenen Gebeten) 49, 72
naǧāsa (Unreinheit) 94, 97
naǧāsa ḥaqīqīya *siehe* unrein, Unreinheit
naǧāsa ma'nawīya *siehe* unrein, Unreinheit
Näherrecht/Vorkaufsrecht (*šuf'a*) 158
naḥr *siehe* schächten
nasab *siehe* verwandt, Verwandtschaft
nationales Rechtssystem, Nationalrecht 24 f., 155, 176
Nationalstaat 25
Natur/natürliche Veranlagung des Menschen (*fiṭra*) 35, 122, 133
nawāzil siehe Sammlung realer Fälle
nicht bindend (*ġayr lāzim*) 41
nichtig ([*fāsid*] *bāṭil*), Nichtigkeit ([*fasād*] *buṭlān*) 19, 26, 34, 40, 50, 58, 65, 69–71, 141, 162
Nichtmuslim, nichtmuslimisch 24, 77, 88 f., 114 f., 123, 128 f., 154, 170, 172
Nichtvorhandenes 160
Niederwerfung (*saǧda*, Pl. *suǧūd*) 102, 107 f.
nikāḥ *siehe* Ehe
nikāḥ al-mut'a *siehe* Zeitehe
niqāb (schwarzes Kopftuch mit Gesichtsbedeckung) 132
siehe auch Frauen
nīya *siehe* Intention
Norm, normativ 11 f., 15–27, 29 f., 34 f., 38, 41, 45, 48, 50, 53–55, 58 f., 61, 63, 65–68, 70, 73–75, 77, 80, 85, 122, 124, 162, 169 f., 174–176
ethische Normen (*aḥkām ḫuluqīya*) 16
Glaubensnormen (*aḥkām i'tiqādīya*) 16
Handlungsnormen (*aḥkām 'amalīya*) 16
Normadressat 22 f., 27
Normsetzer (*ḥākim*) 29
Not 19, 51, 53 f., 100, 106, 114, 121, 124, 136, 138, 168
Notwendigkeit 51, 53, 138, 161
›Notwendigkeiten erlauben Verbotenes‹ (wörtl. *aḍ-ḍarūrātu tubīḥu l-maḥẓūrāt*) 51
Nutzen, Nutznießung (*intifā'*) 160 f.

O

Offenbarung 17 f., 30–35, 120, 141, 154
Offenbarungstext 32, 34
Offenbarungszeit 141
öffentliche Sicherheit 170, 173
Onkel(schaft) 151 f., 155
Opfer, Opfern, opfern 44, 58–62, 72, 80, 106, 111, 117, 119, 125 f., 131, 168, 171 f.
Opferfest (*'īd al-aḍḥā*) 106
Opfertier 44, 58–62, 72, 117, 119, 125 f., 131
siehe auch ayyām at-tašrīq

Opfergabe (*aḍāḥī, uḍḥiya*) 59, 61, 125
Ordnungswidrigkeit 173
Ornamentik 135
osmanisch 22, 24, 87
osmanisches Zivilgesetzbuch *siehe Mecelle-i aḥkām-ı ʿadlīye*

P

Paradies 118, 130
patriarchal(e Strukturen) 86, 141, 146, 154 f.
Patron 152
Peitschenhiebe 145, 169 f., 173
Personenrecht, Personenstandsrecht 24, 91, 175
  Personensorge (*ḥaḍāna*) 143
Pfand(bestellungsvertrag, *ar-rahn*) 158, 161
Pflegekind 142
Pflicht (*wāǧib*) 17, 19 f., 22, 24, 26, 30–32, 34, 37, 39–49, 52–55, 58–60, 62 f., 65–70, 72–75, 77–82, 85, 88, 90, 92, 99, 103–106, 108, 110–115, 128, 131–133, 139–142, 144–146, 154–156, 158 f., 162 *siehe auch wāǧib*
  ähnelnde (sog. *ḏū š-šabhayn*) Pflichten 46 f.
  individuelle Pflicht (*al-wāǧib al-ʿaynī*) 45, 78, 99, 105, 113
  kollektive Pflicht (*al-wāǧib al-kifāʾī*) 45, 78, 83, 105, 128
  konkrete Pflicht (*al-wāǧib al-muʿayyan*) 47
  Wahlpflichthandlung (*al-wāǧib al-muḫayyar*) 47, 53
  zeitlich absolute Pflicht (*al-wāǧib al-muṭlaq*) 45
  zeitlich ausgedehnte (*muwassaʿ*) Pflicht 46, 72
  zeitlich enggehaltene (*muḍayyaq*) Pflichten 46, 72
  zeitlich relative Pflicht (*al-wāǧib al-muqayyad*) 45
Pilger, Pilgerfahrt (*ḥaǧǧ*) 38, 46, 72, 92 f., 96, 104, 111, 115–120, 126, 129, 134, 173
  Abschiedspilgerfahrt (*ḥiǧǧat al-wadāʿ*) des Propheten (10/632) 116
politische Ämter 88
Polizei (*šurṭa*) 84, 87, 173
Polygynie 140, 147
polytheistisch 115, 128
präsumtiv 49
Praxisrelevanz 135
Predigt 56, 100, 105 f., 118
  ḫuṭba (Freitagsgebet) 19, 33 f., 50, 55 f., 73, 99 f., 104–106
Prinzip des grundsätzlichen Erlaubtseins (*al-ibāḥa al-aṣlīya*) 52
Privateigentum 163
  Privatperson 164
  Privatsphäre 25
Prophet, legitimer Nachfolger 87
  prophetische Praxis 101, 142
Prozess 79, 91
Pubertät 90
puristische Bewegung 98

Q

qabīḥ (böse) 29, 50
qaḍāʾ (Nachholung von Pflichthandlungen) 71, 73 f., 108
qaḍāʾ (richterliches Urteil) 22
qaḏf siehe Verleumdung
qāḍī siehe Richter
Qānūnnāma, Qānūnnāme, qānūnnāmeh (Gesetzeserlasse von Sultanen) 22, 24, 173
qarḍ ḥasan (zinsloses Darlehen) 112
qasāma 131, 172
qaṣr siehe Verkürzung (des Gebets)
qaṭʿ aṭ-ṭarīq siehe Wegelagerei

qatl (Tötung) 165
siehe auch Tötung
qawānīn, Sg. *qānūn siehe auch qānūnnāme*
qibla siehe Gebetsrichtung
qiṣāṣ (Talion) 80, 165, 171–173
qiṣāṣ fī n-nafs (Talion in Bezug auf das Leben) 171
qiṣāṣ mā dūna n-nafs (Talion in Bezug auf den Köper) 171
qitāl (Kampf, Schlacht) 127
qiyamī-Waren (nicht vertretbare Waren) 159
qiyās (Analogieschluss) 20, 67, 82, 85, 124, 139, 145
Qualifikation 48, 87, 96, 101, 141
Qualität 18, 161
Quantität 46 f.
quantitativ bestimmte (*muḥaddad*) Pflicht 46
quantitativ unbestimmt (*ġayr muḥaddad*) 46
qawāʿid siehe Rechtsprinzipien
qubḥ (das Böse) 29
quḍāt, Sg. *qāḍī* (Richter) 22, 87
Quelle (Wasser; Zamzam) 119
Quoten für Verwandtschaftsverhältnisse 148 f., 151–154
Quotenerbe 148, 152, 154
Quotenerbrecht 151
qurba (Annäherung [zu Gott]) 49

R

raġība (wünschenswert) 48, 54
rahn siehe Pfand(bestellungsvertrag)
rakʿa, Pl. *rakʿāt siehe* Gebetseinheit
Ramadan 46, 54, 68, 78, 99, 106–113, 126, 129
Pflichtalmosen im Ramadan *siehe ṣadaqat al-fiṭr*
Ratio, rational 20, 30–35, 40, 53, 67
Rauchen von Tabak 109, 122
Rausch 121 f., 124, 170
Rauschzustand 95
Recht:
Recht Gottes (*ḥuqūq Allāh*) 27, 77 f., 80, 82 f.
Recht der Menschen (*ḥuqūq al-ʿibād*) 27, 77, 78–80, 83, 170 f.
Rechte qua Geburt begründet (*ahlīyat al-wuǧūb* bzw. *aḏ-ḏimma*) 91
Rechtsauskunft 23
siehe auch Fatwa
Rechtsgeschäft 22, 30, 80, 92
Rechtsgrund (*ʿilla*) 20, 66 f., 85, 174
Rechtsinstitution 131, 142
Rechtskniffe (*ḥiyal*) 164
Rechtsliteratur 93, 97, 173, 176
Rechtsprinzipien (*qawāʿid*) 18, 24
Rechtstradition 12, 18, 121, 128, 176
Rechtsverantwortlichkeit 90
rechtlich 13, 16–19, 22–27, 29, 33 f., 36, 50, 53, 57, 66 f., 74, 78–80, 83, 85–87, 89, 91, 128, 138, 141 f., 155, 158, 162, 165, 175 f.
rechtliche Handlungen (*taṣarrufāt šarʿīya*) 33
rechtmäßig 18, 160
rechtsmündig *siehe* verantwortlich
rechtspraktisch, Rechtspraxis 20 f., 35, 39 f., 50 f.
rechtspraktische Literatur (*furūʿ al-fiqh*) 35, 39 f.
rechtsrelevant 42, 45, 53
Rechtsschule (*maḏhab*, Pl. *maḏāhib*) 11 f., 21, 23 f., 27, 29, 33, 41, 43 f., 48 f., 71 f., 80, 85, 89, 91 f., 97, 99 f., 102–107, 110, 117, 121, 133, 137, 142, 145 f., 152, 156 f., 163, 167–169, 174
rechtsschulübergreifend 22, 137, 156
rechtsvergleichend 80
rechtswidrig 18 f.

rechtswirksam 20, 34, 50, 63, 71
Reform(en) 24–26, 146, 155
reformorientiert 26
Regelung 16, 19, 22, 24, 36, 38, 65, 74, 85, 87, 91 f., 121, 142, 155, 164 f., 173, 175
regulärer Handlungsvollzug (*adā'*) 71–74, 90, 97
Reihe (beim Gebet) (*ṣaff*) 103
rein (*ṭāhir, ṭayyib* [gut]) 95–98, 101, 121, 124
Reinheit *siehe ṭahāra*
Reise, Reisender 53, 60, 104, 107 f., 114, 117 f., 120, 134
Reisen (von Frauen) 117
Religionsgelehrte (Sg. *muftī*) 23, 80
siehe auch Mufti
Religionsgemeinschaft, -gruppe 98
Religionskultur 136
religiös 15, 18–20, 23, 25–27, 30, 35 f., 40, 50, 78, 86–88, 90, 92, 98, 116, 125 f., 132 f., 135–138, 140, 147, 155, 162, 164, 170, 173–175
religiöse Verpflichtung 90
religiös-kulturell 116
religiös-moralisch 19, 23
Resterbe 148–152
Resterben durch andere (*al-ʿaṣaba bi-ġayrih*) 150 f.
Resterben durch sich selbst *al-ʿaṣaba bi-nafsih* 150 f.
Resterben neben anderen (*maʿa l-ġayr*) 151
Reue (*tawba*) 20, 42, 166, 168
Rezitation (*qirā'a*) des Korans/von Koranversen 44, 69, 97, 101–103, 105, 107, 110, 129, 134 f.
ribā (Überschuss ohne Gegenwert bei Tauschgeschäften) 23, 128, 162
ribā al-faḍl bzw. *at-tafāḍul* (Überschuss bei Tauschwaren desselben Guts abweichender Menge) 162
ribā an-nasī'a (Überschuss bei Zinsen durch Stundung) 162
ribḥ siehe Gewinn
Richter (*qāḍī*, Pl. *quḍāt*) 22, 87
riǧs siehe unrein, Unreinheit
Risiko, risikoreich 157, 161 f.
Risikominimierung 157
Ritus, Riten, Ritual 27, 85, 92 f., 96, 110, 116, 118, 120, 129, 175 f.
rituelle Reinheit 93, 95 f., 134
rituell reinigend (*ṭahūr*) 96
rituelle Reinigung, große Waschung (*ġusl*) 94, 96, 105
rituelle Reinigung, kleine Waschung (*wuḍū'*) 94 f., 97
rituelle Unreinheit 93–96, 98, 105, 108
Rücktrittsrecht (*ḫiyār*) 41, 157
Rücktrittsrecht bei Ermittlung von Mängeln (*ḫiyār al-ʿayb*) 157
Rücktrittsrecht nach Betrachtung des Verkaufsgegenstands (*ḫiyār ar-ru'ya*) 157
Rückzahlung bzw. Begleichung von Schulden 41 f., 72, 82
ruḫṣa (Ausnahme) 54, 68, 104
rukn (Bestandteil, Pl. *arkān*) 66, 69

S

sabab (Anlass) 65–68, 74, 91, 152, 171
ṣadāq siehe Brautgabe
ṣadaqa (Almosen) 78, 108, 112 f., 115
siehe auch infāq
ṣadaqat al-fiṭr (Pflichtalmosen im Ramadan, Ramadanalmosen) 78, 108, 112 f.
aṣ-ṣadaqa al-ǧāriya (fortwährende Almosen) 113
aṣ-Ṣafā 118 f.
safah siehe Geistesschwäche
safīh bzw. *maʿtūh siehe* Geisteskranke:r
saǧǧāda siehe Gebetsteppich

šahāda siehe Zeuge, Zeugenaussage
šahīd, šuhadāʾ siehe Märtyrer
ṣaḥīḥ siehe gültig
säkular 26, 176
säkulares Recht 176
Salafismus 98
salam siehe Terminkaufvertrag
ṣalāt (Gebet) 45, 99–101, 104, 106 f.
ṣalāt al-ʿaṣr (Nachmittagsgebet) 46, 99, 103 f., 119, 134
ṣalāt al-faǧr/aṣ-ṣubḥ (Gebet zur Morgendämmerung/bis Sonnenaufgang) 99
ṣalāt al-ǧanāza (Totengebet) 45, 99, 105 f.
ṣalāt al-ǧumʿa (Freitagsgebet) 19, 33 f., 50, 55 f., 73, 99 f., 99, 104–106
ṣalāt al-ḫawf (Furchtgebet) 99, 107
ṣalāt al-ḫusūf (Gebet zur Mondfinsternis) 106
ṣalāt al-ʿīd (Festtagsgebet) 99, 106, 125
ṣalāt al-ʿišāʾ (Nachtgebet nach Einbruch der Dunkelheit) 99, 103 f., 119
ṣalāt al-istiskāʾ (Gebet zum Regenfall) 106
ṣalāt al-kusūf (Gebet zur Sonnenfinsternis) 106
ṣalāt al-maǧrib (Abendgebet: Sonnenuntergang bis Dämmerung) 99, 103, 106, 109
ṣalāt at-tasbīḥ (Gebet zur Lobpreisung Gottes) 107
ṣalāt aẓ-ẓuhr (Mittagsgebet) 43, 73, 99, 103–106, 119, 134
Sammlung realer Fälle (*nawāzil*) 21, 39
Sanktion, sanktionieren 17–19, 32 f., 36, 42 f., 85, 170
ṣarf siehe Geldtausch
šarika siehe Gesellschaftsvertrag
šarikat al-ʿinān (beschränkte Gesellschaft bzw. Partnerschaft) 161
šarikat al-mufāwaḍa (unbeschränkte Gesellschaft bzw. Partnerschaften mit gleicher Beteiligung und Verfügungsrechten) 161
šarṭ, Pl. *šurūṭ* (Bedingung) 39, 66–68, 157
Satan 119 f., 128–130, 166, 170
Säulen des Islams 92, 119
as-saʿy (Hin- und Herlaufen zwischen aṣ-Ṣafā und al-Marwa) 118
ṣayd siehe Jagd
schächten, Schächten (*ḏabḥ, taḏkiya, naḥr*) 122, 125
Schaden (*ḍarar*, auch *mafsada*) 29, 32, 52, 81–83, 124, 135, 141, 146, 159–161, 165
Schadensersatz (*ḍamān*) 79, 81–83, 159–161
Schafiiten, schafiitisch 39, 58, 61, 71, 89, 145, 159 f., 172
Schaltmonat (*nasīʾ*, Verschiebung) 116
Schambereich (*ʿawra*) 15, 101
Scharia (*šarīʿa*) 13, 16, 25, 171
Scheidung 57, 71, 111, 131, 140–147
durch Gerichtsbeschluss 143
durch Schwur (*īlāʾ, ẓihār, liʿān*) 111, 131, 143–145
große Trennung‹ (*baynūnat al-kubrā*) 144
ḫulʿ (Loskaufscheidung -recht der Ehefrau) 143, 146
kleine Trennung (*baynūnat aṣ-ṣuǧrā*) 144
Scheidungsausspruch (*ṭalāq*, ›Scheidungsausruf‹) 141, 143–145, 147
Scheidungsausspruch der Frau (*ṭalāq at-tafwīḍ*) 141, 144

unwiderrufliche (*bā'in*) Scheidung 143 f., 146
widerruflich (*raǧ'ī*) 143 f., 146
Schenkung (*hiba*) 57, 156, 158, 160 f., 163
Schicksalsglaube 73
Schiiten, schiitisch 17 f., 30 f., 86 f., 93, 95 f., 98, 100, 104, 111, 122, 128, 134, 136, 138–140, 143, 145, 152–154, 172
Schlachten, schlachten, Schlachtung 44, 58–60, 62, 72, 117, 119, 122–127, 131
siehe auch schächten
Schmuck (für Männer) 132 f.
Schmutz, schmutzig 94, 98, 101
Schriftbesitzer 140
Schulden 41, 68 f., 72, 113
Schuldverhältnis 48, 78, 91
Schutzbefohlener (*ḏimmī*) 88, 172
Schutzgarantie 89
Schwägerschaft 139
Schwangerschaft 91, 142, 176
Schwangerschaftsdauer 142
schwebend unwirksam (*ġayr nāfiḏ*) 141
Schwein, Schweinefleisch 16, 19, 50, 94, 122–124, 132, 163 f., 167
Schwein(sknochen) 16, 124
Schwimmunterricht 135
siehe auch Sportunterricht
schwören, Schwur, Schwüre (*yamīn*, Pl. *aymān*) 45, 47, 111–113, 131, 143–145
Schwurbruch 45, 47, 111–113
Seitenverwandte:r (*ḥawāšī*) 142, 150
sesshaft, Sesshafter 59 f., 62
sexuelle Aktivität 94, 109, 142, 169
šibh al-'amd (vorsatzähnliche Tötung oder Körperverletzung) 171
Sicherheit 20, 32, 52, 84, 117, 170, 172
Sicherungsvertrag (*kafāla*) 142, 158
siǧill, Pl. *siǧillāt siehe* Gerichtsakten, Gerichtsdokumente
siḥāq (weiblicher gleichgeschlechtlicher Verkehr) 169
ṣiḥḥa siehe Gültigkeit
Siebenerschiiten (Ismailiten) 87
simsār siehe Makler
Sippe (*'āqila*) 172
širb siehe Wasserrechtsvertrag
sittenwidrig 167
Sitzen (beim Gebet; *qu'ūd*) 102
as-siyāsa aš-šar'īya 173
Sklave, Sklavin, Sklaven 47, 56, 91 f., 114, 132, 136 f., 140, 148, 151 f., 167, 172
Sklavenfreikauf 136
Sklavenrecht 92, 137
Smartphone(-App) 101
Sodomie 169
Sohn des Weges (Reisender) 114, 136
Sohnschaft 151
Soldaten, Krieger 97, 129 f.
Solidarität 18, 142
Sonnenkalender 110, 116
Sorge, Fürsorge 141–143, 164
Sorgerecht 142 f.
sozial 17–19, 114, 140
Sozialabgabe 114
soziale Norm 17–19
Speise(gebot) 38, 52, 93, 109, 120–122, 127, 176
Speisevorschriften 127, 176
Spekulation (*ġarar*) 162, 164
Spende(naktion) 109, 131, 176
Spezifikation (*taḫṣīṣ*), spezifisch 46, 68, 174
Spiel: Gesellschafts- und Brettspiele, Wett- und Glücksspiel 135
Spiritualität 110
Sport(unterricht) 135
Staat 18, 20, 24 f., 79 f., 84–87, 114, 146, 163, 175 f.

Staatsform 86
Staatsführung 87
Stätte Abrahams (*maqām Ibrāhīm*) 118
Steinigung (*rağm*) 120, 169
Steinigung Satans 120
Sterbehilfe (Euthanasie) 18, 176
Sterbephase (*maraḍ al-mawt*, wörtl. ›Todeskrankheit‹) 154
Steuer, Steuerabgabe 25, 42, 45, 60, 62, 68 f., 72, 78, 80, 88, 92 f., 112–115, 136, 163
Steuern für Verwaltungsakte (*ḍarība*) 115, 164
Steuerpacht 163
Steuerrecht, steuerrechtlich 78, 80
Steuersatz 10 % (*ʿušr*, ›Zehnt‹) 113
Steuersumme 114
Stiftung (*waqf*) 78, 127, 137, 163
Stiftungsrecht 137
stillen, Stillen 108, 139, 142
Stillentgelt (*uğrat ar-riḍāʿ*) 142
Stockschläge auf die Fußsohlen (Bastonade) 173
Strafe, Strafen (Pl. *ʿuqūbāt*) 19 f., 33, 42, 48–51, 68, 78–80, 83–85, 88 f., 137, 145, 164–174
Strafrecht 18, 20, 78 f., 85, 91 f., 131, 137, 141, 164 f., 173–175
beschränkt (*ʿuqūbāt qāṣira*) 79
für Apostasie 20, 89, 166
für Diebstahl 20, 79, 167, 174
für Unzucht 20, 79, 169
für Verleumdung (*qaḏf*) 79, 145, 166
Geldstrafe (Zahlung von Blutgeld) 79, 83, 92, 172
strafmündig, Strafmündigkeit 165
Straftat vollkommene (*ʿuqūbāt kāmila*) 79
Todesstrafe 20, 88 f., 166, 171
Straßenraub 166
substantiell böse (*qabīḥ*) 29, 50
Substanz (*ğawhar*) 124, 160 f.
šufʿa siehe Näherrecht/Vorkaufsrecht
Sufismus 120, 129, 136
Sühne(handlung), Sühneleistung, *kaffāra*, Pl. *kaffārāt*) 45, 79, 109, 111–113, 117, 131, 145, 172
Sultan (*sulṭān*) 22, 87, 173
Sünde (*iṯm, ğunāḥ, ḏanb, maʿṣiya*), sündhaft 15, 20, 31, 34, 38, 42, 48–53, 88, 97 f., 115, 118, 120, 137, 144, 166, 170, 173
Sunna 16 f., 21, 30, 34 f., 38, 44 f., 48 f., 55, 59–61, 63, 71, 86, 99, 104, 106, 121 f., 128, 135, 144, 156, 165
as-sunna al-muʾakkada (bestätigte Sunna) 48
as-sunna ġayr al-muʾakkada (nicht bestätigte Sunna) 49
sunnat az-zawāʾid (zusätzliche Sunna, Nachahmung der rein menschlichen Handlungen und Vorzüge des Propheten) 49
Sunniten, sunnitisch 30, 66, 85–87, 93, 95 f., 98, 104, 136, 138–140, 143, 145, 148, 152, 154
šurṭa siehe Polizei
Symbolik, symbolisch 86, 94, 96 f., 107, 119 f.
systematische Theologie (*kalām*) 29, 77
systematisch-theologisch 35

T

taʿabbudī (gehorsamspflichtig) 20, 85
taʿammud siehe Vorsatz
tabannī siehe Adoption
tadāḫul (Konkurrenzverhältnis) 171
Tadel 17
tafrīq (Trennung) 143, 145

taǧwīd (wörtl. ›das Gut-Machen‹) *siehe* Koranrezitation
tahaǧǧud siehe Gebet
ṭahāra (Zustand ritueller Reinheit) 18, 93–98, 105, 108, 124, 127, 134, 175
ṭāhir siehe rein
taḥrīm (für verboten erklären) 38, 49, 52
taḥsīn (für gut erklären) 29
taḫṣīṣ siehe Spezifikation
ṭahūr siehe rituell reinigend
takbīr (Formel ›Gott ist groß‹, *Allāhu akbar*) 101–103, 105 f.
taklīf mā lā yuṭāq (›Auferlegung des Unerfüllbaren‹) 77
ṭalāq, at-taṭlīq (Scheidung) 141, 143–146
    unwiderruflich (*bā'in*) 143
    widerruflich (*raǧʿī*) 143
    ṭalāq al-bidʿa 144
    ṭalāq as-sunna 144
    ṭalāq at-tafwīḍ siehe Scheidung
talbiya 118
taʿlīlī (›mit einem Rechtsgrund begründbar‹) 85
Talion (*qiṣāṣ*), -prinzip, -recht 80, 165, 171–173
    Talion in Bezug auf das Leben (*qiṣāṣ fī n-nafs*) 171
    Talion in Bezug auf den Köper (*qiṣāṣ mā dūna n-nafs*) 171
tamattuʿ (wörtl. ›Genuss‹) 116
    siehe auch Pilgerfahrt
tamyīz siehe Unterscheidungsfähigkeit
Tanz, Tänze, tanzen 133 f.
taqbīḥ (für böse erklären) 29
tarāwīḥ-Gebet (während des Ramadan) *siehe* Gebet
tarika siehe Nachlass
tašahhud (Glaubensformel) 102
    siehe auch Bekenntnis
taṣarrufāt šarʿīya siehe rechtliche Handlungen
taṭawwuʿ (freiwillige Tat) 49
    siehe auch freiwillige Handlung
Tausch(geschäft, *muqāyada*) 23, 116, 120, 156, 158, 161 f.
ṭawāf siehe Umrundung der Kaaba
tawātur (mehrfache/vielfache Bezeugung) 43
    mutawātir (mehrfach/vielfach bezeugt) 43
tawlīǧ (Übertragung von Vermögen zu Lebzeiten des Erblassers) 154
tayammum (symbolisch gewaschen) 94
ṭayyib (rein, gut) *siehe* rein
taʿzīr siehe Ermessensstrafe
taʿziya (Trauerbesuch) 111
Terminkauf (*salam*, Kauf unter Zahlung als Vorleistung) 157 f.
Testament (*waṣīya*), testamentarisch 147, 154 f.
    Testamenterbe/-erbin (*mūṣā lahu*) 147
    Testator:in (*mūṣī:ya*) 147
Theologe, theologisch 12, 17 f., 29, 35, 44, 53, 66, 72, 77, 93, 101, 133, 141
Tiere 94, 111, 123–126, 129, 137, 142, 159, 173, 176
    Tierethik 176
Tischgebet 126
Tischmanieren 17, 126
Tod, tot 20, 45, 50, 55, 68, 80, 86, 88 f., 97, 99, 105, 108, 111, 120, 130, 134, 136, 142, 146, 154, 164, 166, 171 f., 174
    Todesstrafe *siehe* Strafe
    Totengebet 45, 99, 106
    Totschlag, Tötung, Tötungsdelikt 50, 68, 80, 75, 92, 111, 165, 171 f.
    siehe auch qatl
Toilette(ngang) 94, 97 f., 126
traditionalistisch 77

traditionell 19 f., 22, 24–26, 35, 97, 126, 128, 130, 140 f., 146 f., 155, 157, 175
Transaktion 157, 164
Transparenz 157 f.
transrational 67
Traubenwein (*ḫamr*) 121, 166, 170
Trauerfeier 134
Treuhänder, Treuhänderschaft (*amāna*) 160
Triebseele 128 f.
Türkei, Türkische Republik 13, 22, 24, 134, 164
türkisches Recht 24

U

Überfall 107
übergeordnete Ziele (*maqāṣid*) der Scharia 25, 171
Überliefererkette, Überlieferung 43, 59, 61, 116, 129, 152, 166 f.
Umayyaden (reg. 661–750) 86
Umrundung der Kaaba (*ṭawāf*) 46, 118–120
Umweltethik 176
Unfehlbarkeit (*ʿiṣma*) 87
Ungerechtigkeit 31, 35, 51, 128, 156
Unglaube, Ungläubige:r 43, 89, 93, 128
Ungleichheit (Erbrecht) 154
unrein, Unreinheit 93–98, 105, 108, 121, 124, 159, 164
große rituelle Unreinheit (*ǧunub*) 94, 96
kleine rituelle Unreinheit (*ḥadaṯ, al-ḥadaṯ al-aṣġar, al-ḥadaṯ al-akbar*) 94, 96, 98, 108
physische/materielle Unreinheit (*naǧāsa ḥaqīqīya* bzw. *ḥissīya*; *naǧāsa, riǧs* und *ḫabaṯ*) 93–98
rituelle Unreinheit (*ḥadaṯ, naǧāsa maʿnawīya*) 94
Unreinheit (*ḫabīṯ*) 98, 124
Unterhalt 62, 113, 139, 142, 144, 146, 154
Unterhaltsanspruch 142
Unterhaltspflicht, unterhaltspflichtig 62, 139, 142, 154
Unterscheidungsfähigkeit (*tamyīz*) 91
unterscheidungsfähige:r Minderjährige:r (*mumayyiz*) 91
Unversehrtheit des menschlichen Körpers (*ḥurma*) 38 f.
unwirksam (*ġayr munʿaqid*) 36, 41, 140 f.
Unzucht (*zinā*) 20, 79, 145, 166, 169
unzulässige Neuerung (*bidʿa*) in der Religion 136, 144
ʿuqūbāt siehe Strafe
Ursache, Anlass (*sabab*) 54, 65–68, 74, 91, 138, 152, 171
Urteil (*qaḍāʾ*) 17, 22 f., 73, 79
ʿušr siehe Steuer
uṣūl al-fiqh 27, 29 f., 35, 38–41, 45, 51, 77
Usurpation, usurpiertes Land 50, 58, 160
ʿutrīya (rituelle Schlachtung von Opfertieren im Monat Raǧab) 60
ʿuyūb (Schwächen, Mängel) 146

V

Vaterschaft, väterlich 129, 138 f., 141–143, 148–153
verantwortlich (*mukallaf*, auch: rechtsmündig), Verantwortung 22, 90, 157
verantwortliche Person 29, 45
Verbot, verboten (*ḥarām*) 15 f., 19, 23, 26, 30–36, 38–41, 49–58, 63, 67, 70 f., 88, 97, 111, 116–118, 121–124, 126, 129, 133–135, 137, 139 f., 145, 156, 159, 162–164, 167, 170, 175
verderblich, Verderbliches 167

Vereinbarung 41, 50, 79, 146
verendete Tiere, Verendetes (*mayta*) 94, 122–124, 126
Verfahren, Prozess 79, 91, 146, 168, 173
  Verfahrensrecht 137
Vergeltung 68, 165 f., 171
Vergleich (*ṣulḥ*) 89, 158
verheiratete Person (*muḥṣan*) 169
Verjährung 168
Verkauf, verkaufen 19, 33, 41, 55–58, 92, 156–164, 167
  Verkaufsgegenstand (*māl*), real Existierendes (*ʿayn*) 146, 157–159, 162, 167
verkehrsfähig (*mutaqawwim*) 159, 167
Verkürzung (*qaṣr*) des Gebets 104
Verletzte:r, Verletzung 80, 85, 97, 125, 165, 171
Verleumdung (*qaḏf*) 79, 145, 166, 169
vermietet, Vermietung 113
  siehe auch Miete
Vermögen 25 f., 59, 82, 88, 112–115, 141–143, 154, 171, 173
  Vermögenssorge (*wilāya, walāya*) 143
  Vermögensstrafe 173
vermutlich (*ẓannī*) 43 f., 49
Vernunft, vernunftbasiert 18, 30 f., 34, 171
Verpachten 163
Verpflichtend-Sein (*wuǧūb*) 37, 91
  siehe auch wāǧib
verpönt (*makrūh*; *karāha* ›Verpönung‹), Verpöntes 19, 26, 37, 40 f., 44, 49, 51–54, 70, 99 f., 111, 122, 145, 162
Verschmutzung, Schmutz 94, 98, 101
verschollen (*mafqūd*) 146
Versöhnung 89, 143, 170
verstandesfähig 165
versteckt (*ḫafī*) 167
verstoßen, Verstoßung 23
Vertrag, Verträge (*ʿaqd*, Pl. *ʿuqūd*), vertraglich 19, 25, 32, 38, 41, 45, 50, 55, 57, 71, 79, 89, 128, 156–158, 160–163
  Vertragsfreiheit 157
  Vertragsort *maǧlis* 157
  Vertragspartner 67
  Vertragstheorie 156
verwandt, Verwandtschaft (*nasab*) 117, 136, 138 f., 141 f., 145, 147–150, 152–154
Verzehr von Land-, Huftieren (*anʿām*), Geflügel 16, 19, 50, 109, 121–124, 126
  Verzehr von Schweinefleisch 19, 50, 124
verzinst 25, 33, 38, 71
  verzinster Kaufvertrag 33, 71
Volksglaube, Magie, Zauberei 93, 119, 130, 135
vollbürtig 151
volljährig (*bāliġ:a*), Volljährigkeit 90, 95, 99, 138, 142
  volljährige Frauen 138
Vorbeter (*imām*) 101, 103
Vorfahren 139, 150, 152
vorislamisch 115 f., 127, 142–144, 156, 175
vormodern, Vormoderne 20, 22, 25, 27, 35, 39, 45, 68 f., 77, 83, 86, 89, 97, 105, 108, 123 f., 127, 137, 155
Vormund (*walīy*), Vormundschaft 91, 100, 138, 141, 147
Vorsatz, vorsätzlich (*taʿammud*) 42, 44, 68, 109, 171 f.
Vorurteil 19

W

wadīʿa siehe Hinterlegung
Waffenstillstand 89

wāǧib (Pflicht) 37, 40, 42–45, 47, 49, 53 f., 59, 104, 106
al-wāǧib al-ʿaynī siehe Pflicht: individuelle Pflicht
al-waǧib al-kifāʾī siehe Pflicht: kollektive Pflicht
al-wāǧib al-muʿayyan siehe Pflicht: konkrete Pflicht
al-wāǧib al-muḫayyar siehe Pflicht: Wahlpflichthandlung
al-wāǧib al-muqayyad siehe zeitlich relative Pflicht
al-wāǧib al-muṭlaq siehe Pflicht: zeitlich absolute Pflicht
al-wāǧib al-muḫayyar (Wahlpflichthandlung) siehe Pflicht: Wahlpflichthandlung
wahrscheinlich, Wahrscheinlichkeit 43 f., 113, 157
Währung: Gold-, Silbergeld (*dīnār, dirham*) 62, 114
walāʾ siehe Klientelverhältnis
walīy siehe Vormund
Wandlung/Umwandlung (Wein zu Essig, *istiḥāla*) 121, 124
waqf, Pl. *awqāf siehe* Stiftung
waraʿ siehe Behutsamkeit
Ware(n) 47, 50, 156–163, 167
bestimmbar (*miṯlī*) 159
beweglich (*manqūl*) 159
nicht vertretbar (*qiyāmī*) 159
real existierend (*māl*, Pl. *amwāl*) 146, 158 f., 167
Wartezeit (*ʿidda*) 143
Waschen, Waschung 15, 20, 58, 94–98, 105 f.
siehe auch rituelle Reinigung
Leichenwaschung 97
waṣf (Vertragsgrundlage) 163
waṣf lāzim (wesentlich zugehörige Eigenschaften) 163
waṣf muǧāwir (außenstehende/begleitende Eigenschaften) 163
wāṣīya siehe Testament
Wasser 58, 94–96, 98, 119, 122
Reinheit von Wasser, materiell/rituell rein (*ṭāhir*) 96, 124
rituell reinigend (*ṭahūr*) 95 f.
Wasser 158, 164
Wasserrechtsvertrag (*širb*) 158
Wasservorkommen 164
Wegelagerei (*qaṭʿ aṭ-ṭarīq, ḥirāba, muḥāraba*) 165
Weideland 164
Weihezustand (*iḥrām*) 38, 111, 116 f., 119, 126
Wein/Essig *siehe* Wandlung
Wergeld (*diya*) *siehe* Blutgeld
Werklieferung(skauf, *istiṣnāʿ*) 157 f.
Wesenseigenschaft 30
westliches Recht 164
Wettspiele 135
Wiederholung (*iʿāda*) 46, 71, 73 f., 95, 97, 100, 106 f., 109, 115, 119
Willenserklärung 138, 157
wirksam (*munʿaqid*), Wirksamkeit 20, 30, 34, 41, 50, 63, 71, 138, 141, 144 f., 156
Wirksamkeitsvoraussetzung 141
Wirtschaft, wirtschaftlich 26, 116, 137, 155, 158, 162–164, 175 f.
Wirtschaftsrecht 137, 155, 162, 164
witr-Gebet 103 f., 107
Wochenbett (*nifās*) 96, 108
Wucher (*ribā*, auch: Zinsen) 162
siehe auch ribā
wuǧūb siehe verpflichtend; *siehe īǧāb*

Y

Yasaqnāme 22
yawm at-tarwiya (Tag der Tränkung [der Reittiere]) 118

Z

Zahlungsunfähigkeit (Zustand des *i'sār*) 146
zakāt (allgemeine Almosensteuer) 25, 42, 45, 60, 62, 68 f., 72, 80, 92 f., 112–115, 163
zakāt-besteuerter Grundbesitz (*'ušr*) 114, 163
ẓannī siehe vermutlich
zawāǧ al-mut'a siehe Zeitehe
Zayditen 87, 139, 172
Zeitehe (*nikāḥ* bzw. *zawāǧ al-mut'a*) 139 f.
zeitliche Pflichten *siehe* Pflicht
zeitgenössisch 20, 90 f., 123, 138, 170
zentralasiatisch 24
Zeremonie 134
Zerwürfnis 146
Zeuge, Zeugin, Zeugen 42, 67, 71, 89, 91, 100, 131, 138, 143, 145, 158, 168 f.
Zeugenaussage (*šahāda*) 89, 91, 131, 145, 168
Zeugnis 89, 98, 138
ẓihār siehe Scheidung
zinā siehe Unzucht
zinā-Strafe 169
Zins, Zinsen 25 f., 33, 38, 71, 112, 158, 162, 164, 175
siehe auch ribā
Zinsverbot 26, 175
zivilrechtlich 138
Zoll (*maks*), Zölle 115
zuhd (Askese, Verzicht auf weltliche Freuden) 51
zulässig, Zulässigkeit (*ǧawāz*) 32, 39 f., 50, 57, 88, 104, 109, 121, 124, 126, 133 f., 136 f., 157, 170
Zurückziehen in die Moschee (*i'tikāf*) 110
siehe auch Ramadan
Zusammenlegung (*ǧam'*) von Gebeten 104
Zwang (*ikrāh*) 157
Zwangsehe 147, 157 f.
Zweitehe 141
zwischenmenschliche Beziehungen (*mu'āmalāt*) 19, 85, 137, 173
Zwölferschiiten, zwölferschiitisch 17, 86 f., 104, 122, 128, 138 f., 153, 172

Personenverzeichnis

A

ʿAbd ar-Raḥmān ibn ʿAwf (gest. 32/652) 83
Abū ʿAbdallāh Muḥammad al-Qurṭubī (gest. 671/1273) 55, 58, 129
al-Ǧāmiʿ 58
Abū ʿAlī al-Ḥusayn ibn Muḥammad al-Marwarrūḏī (gest. 462/1069) 61
at-Taʿlīqa 61
Abū Bakr (gest. 13/634) 62, 86
Abū Ǧaʿfar aṭ-Ṭaḥāwī (gest. 321/933) 59
Abū Ḥāmid al-Ġazālī (gest. 505/1111) 39, 51, 171
Iḥyāʾ ʿulūm ad-dīn 39, 51, 164
Abū Ḥanīfa an-Nuʿmān ibn Ṯābit (gest. 150/767) 59, 62, 81, 104
Abū l-ʿAbbās al-Mahdawī (gest. 440/1048–49) 57
Abū l-Ḥusayn Aḥmad ibn Abī Bakr al-Qudūrī (gest. 428/1037) 58 f.
Bidāyat al-mubtadī 58
Abū l-Qāsim az-Zamaḫšarī (gest. 538/1144) 57
at-Tafsīr 57
Abū l-Walīd Ibn Rušd (gest. 595/1198) 13, 80, 83
Bidāyat al-muǧtahid 13, 80, 83
Abū Muḥammad al-Ḥusayn ibn Muḥammad al-Farrāʾ al-Baġawī (gest. 516/1122) 61 f.
at-Tahḏīb 61 f.
Abū Ṯawr (gest. 240/854) 81
Abū ʿUmar Ibn ʿAbd al-Barr an-Namarī (gest. 463/1071) 83
Abū Yūsuf *siehe* Abū Yūsuf Yaʿqūb ibn Ibrāhīm
Abū Yūsuf Yaʿqūb ibn Ibrāhīm (gest. 182/798) 59
al-Ǧawāmiʿ 59
Adam und Eva 118
Aḥmad ibn Ḥanbal (gest. 241/855) 81
ʿĀʾiša bint Abī Bakr (gest. 58/678) 61
ʿAlī ibn Abī Ṭālib (gest. 40/661) 86
ʿAṭāʾ ibn Abī Rabāḥ (gest. 114/732) 56, 61
az-Zarkašī *siehe* Badr ad-Dīn az-Zarkašī

B

Badr ad-Dīn az-Zarkašī (gest. 794/1392) 71
al-Baḥr al-muḥīṭ 71
al-Baġawī *siehe* Abū Muḥammad al-Ḥusayn ibn Muḥammad al-Farrāʾ al-Baġawī
Burhān ad-Dīn ʿAlī ibn Abī Bakr al-Marġīnānī (gest. 593/1197) 58, 60
al-Hidāya 58, 60

D

aḍ-Ḍaḥḥāk ibn Muzāḥim (gest. 105/723) 56

E

Ebert *siehe* Hans-Georg Ebert

G

al-Ġazālī *siehe* Abū Ḥāmid al-Ġazālī

H

Hagar (Hāğar) 119
Hans-Georg Ebert (geb. 1953) 152 f.
al-Ḥasan al-Baṣrī (gest. 110/728) 56
al-Ḥasan ibn Ziyād (gest. 204/819) 59
al-Ḥusayn (ʿAlīs Sohn; gest. 61/680) 87, 111, 134

I

Ibn Abī Laylā (gest. 148/765) 81
Ibn al-ʿArabī (gest. 543/1148) 57
Ibn al-Qāsim (gest. 191/806) 82
Ibn Rušd *siehe* Abū l-Walīd Ibn Rušd
ʿIkrima (gest. 105/723) 61
Ismael, Sohn Abrahams, Sohn Hagars 115, 119

L

al-Layṯ ibn Saʿd (gest. 175/791) 81

M

Mālik ibn Anas (gest. 179/795) 56, 82
al-Marġīnānī *siehe* Burhān ad-Dīn ʿAlī ibn Abī Bakr al-Marġīnānī
Mathias Rohe (geb. 1959) 13, 141 f., 155
Mehmed II. (gest. 886/1481, reg. 1444–1446, 1451–1481) 22
Muḥammad ibn al-Ḥasan aš-Šaybānī (gest. 189/805) 44, 58 f.
Muḥammad ibn Idrīs aš-Šāfiʿī (gest. 204/820) 56 f., 59, 81
Muhammad (Gesandter) *siehe* Prophet Muhammad

N

an-Nasāʾī (gest. 303/915) 83

P

Prophet Muhammad 18, 42, 92, 99 f., 115, 155

Q

al-Qaraḍāwī *siehe* Yusūf al-Qaraḍāwī
al-Qudūrī *siehe* Abū l-Ḥusayn Aḥmad ibn Abī Bakr al-Qudūrī
al-Qurṭubī *siehe* Abū ʿAbdallāh Muḥammad al-Qurṭubī

R

Rohe *siehe* Mathias Rohe

S

aš-Šāfiʿī *siehe* Muḥammad ibn Idrīs aš-Šāfiʿī
aš-Šaybānī *siehe* Muḥammad ibn al-Ḥasan aš-Šaybānī
Sufyān aṯ-Ṯawrī (gest. 161/778) 81
Süleyman I, ›der Prächtige‹ (reg. 1520–1566) ›*Qānūnī*‹ 22

U

ʿUmar ibn al-Ḫaṭṭāb (gest. 23/644) 62, 86
ʿUṯmān ibn ʿAffān (gest. 35/656) 86

Y

Yusūf al-Qaraḍāwī (gest. 2022) 39

Z

Zufar ibn Huḏayl (gest. 158/775) 59

Anhang

Da die Überblicksdarstellung zu den Normkategorien zu komplex ist, um sie im kleinen Format dieses Buches adäquat abbilden zu können, steht sie zum Download unter dem angegebenen Link bzw. QR-Code bereit.

Schema 5: Normkategorien im islamischen Recht

www.buchgestaltung-online.de/Verlinkung_Kurnaz/Kurnaz_HziR_Band_2_Anhang_Schema_5_Uebersicht_Normkategorien.pdf

Mehr Informationen zur Reihe und weitere interessante Titel zur islamischen Theologie finden Sie unter:

WWW.EBVERLAG.DE

ebv
BERLIN

EBVERLAG

Dr. Brandt e.K.
Jägerstraße 47
13595 Berlin

WWW.EBVERLAG.DE

Tel.: 030 | 68977233
Fax: 030 | 91607774
E-Mail: post@ebverlag.de